예수 정신에 따른 기독교 개혁

예수 정신에 따른 기독교 개혁

지은이/ 돈 큐핏

옮긴이/ 박상선·김준우

펴낸이/ 김준우

초판 펴낸날/ 2006년 10월 25일

펴낸곳/ 한국기독교연구소

등록번호/ 제8-195호(1996년 9월 3일)

경기도 고양시 일산구 장항2동 730, 우인 1322호 (우 410-830)

전화 031-929-5731, 5732(Fax 겸용)

E-mail: honestjesus@hanmail.net

Homepage: http://www.historicaljesus.co.kr

표지 디자인/ 정희수

인쇄처/ 조명문화사 (전화 498-3018)

보급처/ 하늘유통 (전화 031-947-7777, Fax 031-947-9753)

이 책의 저작권은 Polebridge Press사와의
독점계약으로 한국기독교연구소가 소유합니다.
저작권법에 따라 국내에서 보호받는 저작물이므로
무단전재와 무단복제를 금합니다.

Reforming Christianity

by Don Cupitt

Copyright ⓒ 2001 by Don Cupitt.

All rights reserved. Korean Translation copyright ⓒ by Korean Institute of the Christian Studies. The Korean translation right arranged with the author c/o Polebridge Press.

Printed in Seoul, Korea.

ISBN 89-87427-68-4 94230

  89-87427-06-4(세트)

값 10,000원

예수 정신에 따른 기독교 개혁

돈 큐핏 지음/박상선·김준우 옮김

한국기독교연구소

Reforming Christianity

by

Don Cupitt

Santa Rosa, CA: Polebridge Press, 2001

Korean Translation

by

Park Sang Sun & Kim Joon Woo

2006

Korean Institute of the Christian Studies

목차

<21세기 기독교 총서>를 발간하면서 · 7

머리말 · 17

서론 · 25

1장   기독교를 개혁하기 · 33

2장   작고 못생긴 사나이 · 45

3장   거룩함과 새어나감 · 57

4장   직접적 종교의 도래 · 69

5장   하느님 나라 종교 · 83

6장   바깥을 안으로 뒤집어서 · 97

7장   안을 바깥으로 뒤집어서 · 109

8장   생활방식 · 119

9장   자기초월의 문제 · 131

10장 종교개혁은 가능한가?(1) · 141

11장 종교개혁은 가능한가?(2) · 159

12장 개혁의 틀짜기 · 175

13장 채색된 베일 벗겨내기 · 185

14장 태양성과 역사 · 193

15장 태양같은 행동 · 203

16장 하나의 세계 · 221

17장 완전한 사회에 대한 꿈 · 229

18장 허무주의와 인도주의 · 239

19장 실천가능성 · 253

20장 전망 · 263

후기 · 273

부록 1: 민주적인 삶의 철학 · 274

부록 2: 교회 안의 하느님 나라 종교 · 276

참고문헌 · 279

〈21세기 기독교 총서〉를 발간하면서

　이 땅의 민초들은 20세기 전반부를 식민지 치하에서 수탈당했으며, 20세기 후반부는 냉전 분단체제 아래에서 숨죽이며 통곡하였다. 역사의 구비마다 바람 따라 눕히고 채이면서도 소처럼 묵묵히 일만 해 온 민초들은 이제 21세기 문턱에서 신자유주의라는 새로운 레비아탄으로 인해 신음하며 죽어가고 있다. 외세의 제국주의적 팽창주의 앞에서 권력자들이 보여준 무능과 야합, 부패의 결과가 사회적 혼란을 초래하고 민초들의 숨통을 조이는 역사가 오늘도 여전히 되풀이되고 있는 현실이다. 아니, 21세기는 이 땅의 민초들에게 더욱 혹독한 시련의 세기가 될 것으로 보인다. 전 세계적으로 죄 없는 생명체들을 대량 학살하는 악의 세력들이 그 마각을 더욱 분명히 드러내었기 때문이다.
　다시 말해서, IMF 관리 체제가 가져다 준 충격과 고통을 통해 우리는 "세계화 시대"의 허위와 타락을 은폐시키는 문화적 중독에서 깨어나, 한국 사회의 구조적 모순뿐 아니라, 세계경제의 구조적 모순, 더 나아가 인류문명의 절박한 위기에 대해 눈뜨게 되었다. 세계경제의 구조적 불평등과 생태계 파괴로 인해 전 세계의 약자들이 현재 "멸망의 벼랑 끝"에 서 있음을 분명히 깨닫게 된 것이다. 반만 년 민족사에 있어서 처음으로 보릿고개를 극복하자마자, 우리는 자본의 전략에 말려들어 재물과 소비에 눈이 멀게 되었고, 결과적으로 이웃과 역사, 민족의 미래와 꿈은 물론이며 자신의 삶에 대한 반성, 생명의 신비와 하늘의 음성을 잊어버림으로써 국가 부도의 위기를 맞이했지만, 악의 세력과의 싸움은 이제부터 단지 시작이며, 그 승패는 우리들의 각성과 치열한 연대투쟁 여하에 달려 있음을 깨닫게 된 것이다.

세계인구 가운데 상위 20%가 1998년 현재 전 세계 소득 총액의 86%를 움켜쥐고 있는 반면에, 나머지 80%의 인구는 전 세계 소득총액의 14%를 나눠먹기 위해 아귀다툼하는 현실에서 기독교는 과연 누구의 편인가? 가진 자들은 세계 곡식 총생산량의 47%를 가축의 사료로 사용하여 고단백질 육류 음식으로 배를 채우는 반면에, 다섯 살 미만의 굶주리는 어린이만 해도 2억 명이나 되며, 매일 4만여 명의 어린이들이 굶주림으로 죽어 가는 현실에서 "자비와 정의의 하느님"은 어디에 계신가? 또한 각종 공해와 오염으로 하늘과 땅, 강과 바다가 죽어가고 있을 뿐 아니라, 매년 5만 종 이상의 생명체 종자들이 이 우주에서 영원히 멸종되며, 35억 년 동안의 생명의 역사상 평균 멸종율의 4만 배나 빠르게 멸종이 진행되고 있는 상황에서, 지질학적으로 지난 6천5백만 년 동안 생명체들이 가장 아름답게 꽃피워왔던 신생대가 끝나 가는 상황에서 우리는 어떻게 "생명의 하느님"을 찬양할 수 있는가?

초국적 금융자본을 머리로 하는 세계 자본주의 체제라는 새로운 레비아탄이 "만인의 만인에 대한 투쟁"을 독려하면서 실직과 임금

삭감이라는 무기를 통해 노동자들끼리 서로 싸우도록 만들고 오늘날 가난한 사람들의 생사여탈권을 휘두르는 전능한 신으로 군림할 뿐 아니라, 교회와 성직자들을 포위하고 세계 제패를 위한 심리적 전술로 교회를 이용하는 현실에서 기독교의 "복음"이란 무엇인가? 복음이란 여전히 현실의 고통을 잊게 만들며, 세계의 모순들이 존재하지 않는 것처럼 감쪽같이 은폐시키는 허위의식인가? 저항이 싹틀 수 있는 비판적 사고와 부정적 사유를 그 뿌리부터 제거하는 전략인가? 제국주의자들이 토지와 천연자원과 노동력을 착취하는 동안에, 그들과 함께 들어온 식민지 선교사들은 하늘과 땅, 영혼과 육체, 정신과 물질을 분리시키고, 땅과 육체와 물질은 무가치한 것이며 대신에 영혼구원과 저 세상(하늘)의 보상을 바라보도록 가르치며, 가난도 하늘의 뜻이며, 재물은 신의 축복의 증거이며, 국가와 교회에 대해서는 무조건 복종할 것을 요구했던 것처럼, 오늘날에도 기독교는 여전히 선교사들이 물려준 식민주의 신학을 가르쳐 세계시장의 충실한 시녀로 남아 있을 것인가? 더 이상 "세속적 금욕"(막스 베버)이 아니라 "세속적 낭비"(헬무트 골비처)에 의해 유지되는 오늘날의 자본주의 체제가 "무한 경쟁"이라는 이름으로 인간의 이기심과 경쟁심, 소비주의와 향락주의를 부추기고, 도덕적 심성과 협동정신을 파괴시키는 오늘날에도, 예수는 여전히 우리의 모든 문제들에 대한 "해답"인가?

기존의 착취 구조를 지속시키기 위해 자본은 매스컴과 교육 제도를 통해 인간의 영혼을 팔아 넘기도록 만들며, 자신에 대한 긍지와 자신감, 이웃들과의 협동과 연대보다는 수치심과 경쟁심을 조장하는 현실에서, 예수의 복음마저 우리로 하여금 우리의 운명에 대한 주체성과 책임성을 양도하도록 만드는가? 더군다나 앞으로 50년 내지 60년 후 세계인구가 현재보다 두 배로 늘어날 것을 예상한 사탄의 세력은 세계 인류의 80%에 달하는 "잉여 인구"를 처리하기 위한 전략으로 이미 선진국 어린이들에게 온갖 잔인한 컴퓨터 게임들을 통해 "죽이는 것은 신바람 나는 것"(Kill and Enjoy!)이라는 장난감의 복음을 철저히 세뇌시키는 현실에서, "십자가에서 흘리신 피의 공로를 통한 대속적 구원"은 우리의 책임성과 주체성을 일깨우고 사탄의 세력에 맞서 치열하게 저항하도록 만드는가, 아니면 신의 섭리와 은총에 모든 것을 맡긴 채, "심령의 평안"에 만족하며 악의 현실을 수동적으로 받아들이고 폭력을 체념하도록 만드는 매저키즘을 불러일으키는가? "구원"과 "부활", 그리고 "영생"과 "재림"은 개인주의와 이기주의를 부채질하는가(egological), 아니면 우주와 생명의 신비 앞에 감사하고 겸허하게 만들며(ecological) 정의를 위해 예수처럼 당당하게 칼날 위에 서도록 만드는가? 지구 전역에 걸쳐 가난한 생명체들의 숨통이 나날이 더욱 조여드는데, 기독교는 무엇을 소망으로 가르치며, 무슨 대안을 갖고 있는가?

　21세기는 인류의 생존과 평화를 위한 문명전환의 마지막 기회가 될 것으로 보인다. 인간중심주의, 개인중심주의, 소유중심주의를 극복하고, 생명중심주의, 우주중심주의, 존재중심주의로 패러다임을 전환시키지 않는다면, 21세기는 짐승화(animalization)의 세계가 되고, 인류문명은 파국을 피할 수 없을 것으로 보인다. 그리고 기독교는 이러한 문명 전환의 핵심이 되는 "생명에 대한 우주적 각성과 자연에 대한 생태학적 각성, 그리고 사회에 대한 공동체적 각성"(한살림선언)을 통해 "지속가능한 미래"를 보장하는 생명중심의 가치관과 비전을 제시함으로써 "생태대"(토마스 베리)를 향해 출애굽해야 할 과제를 안고 있다.

그러나 21세기의 문턱에서 한국교회는 양적으로 점차 쇠퇴하고 있으며, 질적으로는 사회적 신뢰성을 잃어 가고 있다. 한국 갤럽의 <1997년 한국인의 종교와 종교의식>(1998)에 따르면, 한국의 비종교인들은 전체 인구(18세 이상)의 53.1%로서 세계에서 가장 높은 수준이지만, 이들 비종교인들 가운데 과거에 개신교 신자였다가 비종교인으로 이탈한 사람들이 73%에 이른다(불교 23.6%, 천주교 12%). 특히 젊은층과 고학력자 가운데 개신교를 이탈하여 비종교인이 되는 비율이 가장 높은 것으로 나타났다. 또한 비종교인들이 종교를 택할 경우 선호하는 종교는 불교 40%, 천주교 37%인 반면에, 개신교를 택하겠다는 사람은 22%에 불과한 것으로 조사되었다. 이런 사실은 한국교회가 21세기에는 유럽과 미국의 많은 교회들처럼 심각한 쇠퇴의 위기에 직면할 가능성이 매우 높다는 염려를 갖게 한다.

한국 개신교회가 이처럼 교회를 찾아온 사람들의 종교적 요청에 대해서조차 충분히 응답하지 못하여 많은 사람들이 교회를 떠날 뿐만 아니라, 대부분의 비종교인들로부터 가장 호감을 얻지 못하는 종교가 된 직접적 원인은 오히려 교회 내부에 있는 것으로 지적되고 있다. 즉 위의 갤럽 조사에서 "대부분의 종교단체는 참 진리를 추구하기보다는 교세확장에 더 관심이 있다."는 질문에 대해 "그렇다."고 응답한 사람들이 79.6%에 이른다는 사실은 위기의 원인이 교회 자체 안에 있음을 보여 준다.

특히 젊은층과 고학력자들이 교회를 떠나는 이유는 첫째로, 한국교회가 지난 30년 동안 교회성장에만 몰두하여, 하느님의 뜻과 진리를 가르치고 실천하는 일은 소홀히 한 채, 개체교회 성장제일주의라는 자폐증을 앓고 있기 때문이다. 한국 개신교회가 평균적으로 전체 재정 가운데 3.88%만을 불우 이웃돕기 등 교회 밖의 사회봉사비로 사용하고 있다는 사실은 그 자폐증이 얼마나 심각한 상태인지를 여실히 보여준다.

둘째로 교회성장을 위한 반지성적 분위기와 비민주적인 구조를 갖고 있기 때문인 것으로 지적할 수 있다. 이것은 본질적으로 교회를 인간과 세계의 총체적 해방을 위한 하느님 나라 운동(movement)으로 이해하기보다는, 영적 구원을 위한 기관(institution), 혹은 조직으로 이해하는 경향이 크기 때문이다. 자기 반성과 비판 없는 개인이나 단체는 타락할 수밖에 없다.

셋째로 한국교회가 사회적 신뢰성을 잃게 된 것은 기복적(祈福的)이며 내세지향적인 신앙으로 인해 개인의 영혼 구원에 치중함으로써, 이 세상에서의 책임과 공동체적 의무가 약화된 때문이다. 한국교회가 하느님은 악을 미워하신다고 고백하면서도 일반적으로 사회적 모순과 구조악에 대해 무관심한 채 내면적 유혹과의 싸움에 몰두하는 이유는 바로 이 때문이다.

넷째로 오직 믿음으로만 구원받는다는 교리를 내세워, 맹목적으로 믿을 것을 강요할 뿐, 성서와 기독교의 진리에 대해 정직하게 이해하고 실천하기 위해 질문을 제기하는 것 자체를 불신앙적 태도로 매도하고, 반성적 사색과 지적인 정직성을 억누르는 경향이 주체성을 확립하려는 젊은층과 고학력자를 교회로부터 떨어져 나가도록 만드는 주요 원인으로 풀이할 수 있을 것이다. "머리가 거절하는 것은 결코 가슴이 예배하지 못한다."(존 쉘비 스퐁 감독)는 진실 때문이다.

다섯째로 예수 그리스도는 영혼 구원을 위해 십자가에 달리심으로써 모든 죄를 용서하시는 분으로 경배될 뿐, 우리도 이 세상 속에서 그리스도를 따라 살아가야 하는 삶의 모델로는 이해되지 않고 있기 때문이다. "믿음을 통한 구원"(以信稱義)의 교리가 그 본래의 역사적 맥락에서 벗어나, 마치 불교에서 힘겨운 고행 대신에 손쉬운 염불을 택한 구원의 수단처럼 되어 버린 때문이다. 칭의(justification)의 목적은 정의(justice) 실천이다(로마서 6장).

여섯째로 지난 30년간 국민들의 교육 수준이 급격히 높아짐으로써 교인들의 지적인 욕구도 더욱 왕성해졌지만, 한국교회는 일반적으로 아직도 교회 문턱에서 이성을 벗어 놓고 교회 안에 들어올 것을 요구하고 있는 형편이다. 또한 "교리 수호"라는 미명 아래 성서에 대한 문자주의와 아전인수격 해석이 횡행하고 있다. 한국교회의 영성 운동조차 이처럼 개인주의적이며 비이성적이며 비역사적인 성서 해석에 기초함으로써, 성서와 기독교의 진리를 그 역사적 맥락과 단절시켰고, 우리의 신앙도 역사적 현실로부터 도피하도록 만드는 근본주의 신앙을 배태시키고 있는 실정이기 때문이다.

더군다나 21세기 한국사회는 자본주의의 세계화와 과학 기술의 발달로 인한 치열한 경쟁과 고실업 사회, 생태계의 파괴로 인하여 더욱 비인간적인 사회 문화 환경 속에 자리잡게 될 것이 분명하다. 이런 점에서 21세기에는 고통스런 현실로부터 도피하려는 근본주의가 더욱 기승을 부릴 것으로 예상되기 때문에, 한국교회가 교회 중심주의와 개인의 영혼구원 중심주의, 기복적 신앙과 근본주의 신학을 극복하고, 인간성과 공동체성을 회복하여 한국 역사 속에서 사회적 형평성을 확보하며 민족 통일을 위해 공헌할 것인지, 아니면 역사의 뒤안길로 물러날 것인지가 판가름날 것으로 예상된다.

이런 상황에서 <21세기 기독교 총서>를 발간하는 이유는 첫째, 인구의 절반이 넘는 비종교인들과 전체 인구의 70%가 넘는 비기독교인들에게, 그리고 자신들의 종교적 욕구가 충족되지 않고 있지만 아직 교회 안에 남아 있는 사람들에게 성서와 기독교의 진리를 정직하게 소개함으로써, 기독교 신앙에 대해 새롭게 이해하도록 이성적 발판을 마련하기 위함이다. 둘째로, 예수에 대한 이미지, 특히 그의 가르침의 의미를 정확하게 밝힘으로써, 21세기 한국의 기독교인들이 하느님의 뜻에 합당하게 살 수 있도록 돕기 위함이다. 우주 저편으로부터 들려오는 하늘의 선율에 따라 춤추면서 생명의 선물들에 대해 감사하며, 생명사의 창조적인 전개과정 속에 나타난 하늘의 뜻에 철저히 순종하여, 개인과 공동체의 잠재력을 극대화시키며 정의와 평화, 기쁨의 신천지를 위해 헌신하도록 우리를 부르는 예수는 우리가 본받을 "존재의 영웅"(에릭 프롬)이기 때문이다. 셋째로, 로마 제국의 억압과 착취 밑에서 신음하던 식민지 백성들을 해방시키기 위해 "식민지의 아들"(son of the colonized) 예수가 바라보았던 하느님 나라의 비전(vision)과 전략은 오늘날 세계

금융자본의 횡포 아래 신음하고 있는 이 땅의 민초들을 위해 교회가 무엇을 해야 하는지를 보여 주기 때문이다. 지금과 같은 소비와 낭비의 시대에 한국교회가 예수를 믿는 것이 곧바로 예수처럼 자기를 비우고 나눔과 섬김을 실천하는 길임을 온몸으로 살아 내지 않는다면, 인간의 영성과 주체성, 연대성을 파괴시키는 세속적 자본주의 문화와 근본주의 신학에 밀려, 점차 더욱 많은 젊은이들이 교회를 떠나게 되어, 한국교회는 붕괴를 자초할 것으로 예상되기 때문이다.

〈21세기 기독교 총서〉를 통해 비기독교인들이 기독교의 진리를 정직하게 이해하고, 한국교회는 신화적-문자적 신앙단계나 비분석적-관습적 신앙단계를 넘어 주체적이며 반성적인 신앙단계, 더 나아가 접속적 단계나 보편적 신앙단계(제임스 파울러)로 질적인 성숙을 이룩함으로써, 한국 사회 전반의 저주와 죽임의 역사를 극복하고 생명과 축복의 새로운 세상을 만들어 가는 일에 크게 공헌하여 하느님께 영광을 돌릴 수 있게 되기를 기도한다.

"진리는 오로지 진리 그 자체의 힘으로만 인정을 받으며, 그 힘은 강하면서도 부드럽게 정신에 스며든다."

- 교황 바오로 2세의 회칙 "세 번째 천년을 맞이하며"에서 -

1999년 성령강림절 기간
한국기독교연구소에서 김 준 우

머리말

<예수 정신에 따른 기독교 개혁>(원제 Reforming Christianity)이라는 이 책은 고도 2만7천 피트 상공에서 읽는 것이 도움이 된다. 내가 돈 큐핏의 이 최근의 책의 원고를 처음 읽은 것은 데이톤에서 어틀랜타로 가는 비행기 속에서였는데, 마침 폭풍으로 인해 기체가 몹시 흔들리고 있었다. 그 원고를 읽다가 눈을 들어 창밖을 내다보니, 비행기는 폭풍 구름을 피해 구름 위를 날고 있었다. 고대인들 같으면 창밖에 천당이 있을 것으로 기대했으리라. 그러나 신들의 현대판 전차(戰車, chariot), 곧 꿈이란 알루미늄 속에 담겨지고 제트 연료로 날아가는 비행기에서 바라보니, 천당은 없고 단지 이 세상을 덮고 있는 밝고 푸른 창공뿐이었다.

돈 큐핏에 대해 비판하는 사람들은 흔히 그가 기독교 전통의 다양한 요리들이 나오는 잔치 음식을 참으로 보잘것없는 비행기 기내(機內) 식사로 만들어버렸다고 비난했다. 그들은 프로파간다보다는 명쾌한 강의를 더욱 좋아하는 사람에 대해 짜증을 부리는 것이다. 큐핏은 교회의 변증론자 역할을 하는 대신에, 이미 오래 전부터 진실이 아닌 책은 쓰지 않음으로써 사람들을 격분시키기로 작정한 사람이다. 그는 꿍꿍이처럼 뒤에다가 무엇을 감추고 은폐시키는 사람이 아니라, 사실을 사실 그대로 직사포처럼 말하는 사람이다.

큐핏의 정직성은 "비행기에서 내려다 본 관점 "이라 부를 수 있는 것에서 오는 것이다. 그는 명확한 관점을 얻기 위해 오늘날의 문화적 논의가 함축하는 바를 추적하였다. 비행기에서 내려다보면 우리에게 익숙한 풍경에 대해 새롭게 볼 수 있는 것처럼, 큐핏은 우리의 부족적 스카이라인(tribal skyline)의 한계를 넘어서, 이 지상에서 살고 있는 우리의 삶을 이해하는 방식 자체를 새롭게 보도록 도전한다.

많은 종교철학자들과는 달리, 큐핏은 근대세계의 비판적 사상가들에 대처하기 위한 방화벽을 세우지 않았다. 계몽주의를 의식적으로 계승한 그는 우리가 우리의 세계를 구성하는 칸트의 통찰력을 검토한다. 헤겔은 그에게 실재란 우리가 역사적 발전과의 만남 속에 등장한다는 것을 가르쳤다. 또한 물리학, 생물학, 심리학을 융합시킨 것은 그의 글에 나타나는 뚜렷한 특징이다. 큐핏이 쇼펜하우어, 프로이트, 니체, 비트겐슈타인, 하이데거, 데리다 등이 불을 밝힌 비판 철학을 따르려함으로써, 사람들은 그를 배교자나 환원주의자라는 낙인을 찍었다. 그러나 실제로는 큐핏이 본회퍼가 그의 마지막 편지에서 단지 암시하기만 했던 것, 즉 종교 없는 기독교(religionless Christianity)의 모습의 초석을 놓고 있다고 말할 수 있다.

전통적인 철학의 토대가 무너져 내렸다고 선언하는 것은 지식인들만이 아니다. 우리들 자신도 일상생활 속에서 저 세상에 대한 믿음을 갖는다는 것이 부적절하다는 사실을 직감적으로 알고 있다. 심지어 오늘날 보수적인 신자들조차도 비행기의 창문을 통해서 단지 창공만 볼 수 있을 뿐, 그밖에 다른 어떤 세계도 볼 수 없다. 창공 너머에 여전히 눈에 보이지 않는 세계가 있다고 고집스럽게 주장하는 것은 단지 상상력이 너무 지나친 탓이다.

큐핏은 우리가 정말로 성장하기를 원하는지를 묻는다. 우리가 계속해서 자신을 속일 필요가 있는가? 권위주의와 전통주의로부터 벗어나는 세계적 추세에 우리도 가담하기를 원하는가? 이 세상은 태초에 만들어진 기성품이며, 우리 인간의 과제는 단순히 이 세상에 매혹 당하는 것이라는 식의 낡아빠진 생각에서 벗어날 수 있는가? 우리는 마침내 자유인의 땅에 들어갈 것인가?

아니면 포스트모던 세계의 신성모독에 맞서서 방어진지를 구축하는 교회들과 한 패가 될 것인가? 우리는 기이한 차폐물 뒤에서 들리는 수상쩍은 속삭임을 파악할 수 있으리라 믿고 이 세상을 아예 포기할 수도 있다. 그 차폐물 뒤에는 반드시 무엇인가 있다는 믿음을 간직하려고 노력할 수도 있다. 그러나 우리는 도로씨가 오즈(Oz)의 나라에서 무엇을 발견했는지를 알고 있다. 거기에는 우리에게 명령하고 전권을 휘두르는 타자(Other)는 없었다. 요란하게 울부짖는 소리 밑에는 오직 곤경에 처한 인간들만이 있었던 것이다.

저 세상을 떠받치던 신화가 낡은 인공위성처럼 땅으로 떨어지면서, 그 영원한 세상만 무너진 것이 아니다. 진보란 예정된 것이라는 19세기의 기관차 역시 탈선하고 말았다. 한 세기 동안의 전쟁, 인종학살, 원자폭탄의 위협, 경제적 요동으로 인해 모든 사람들은 불가피성에 대한 믿음도 거부하게 되었다. 우리는 역사를 주무르는 사람들의 행동을 결정짓는 신화적 이야기들을 이해하게 되었다. 우리는 이처럼 기초를 놓은 이야기들이 공간적으로나 시간적으로 이 세상 너머의 초월적 세계로 인도하지 않는다는 사실을 이해하기 시작했다. 오히려 그런 이야기들은 우리로 하여금 다시 이 땅에 관심을 갖게 만들며, 그런 이야기들을 말할 책임이 있으며 그 이야기들에 기초해서 건설할 사회적 세계에 관심을 갖게 만든다.

그렇다면 남는 것은 무엇인가? 오직 이 세계만 있을 뿐이다. 큐핏은 우리가 이제는 인생의 유한성(finitude)과 덧없음(transience)에 대해 명확하게 인식하고 살아야 할 때라고 주장한다. 그의 탁월한 문체를 통해 큐핏은 우리의 상상력의 방향을 새롭게 돌려놓는다. 비록 역사적 관점은 많은 것을 사라지게 만들지만 새로운 전망을 보여준다. 대부분의 사람들이 무시간적 영원의 세계에 집착함으로써 회피하려 하는 특징들에 주목함으로써 큐핏은 사물의 우연성(contingency)을 탐색한다. 그는 이 세계 밖에 있는 외적인 세계는 없다는 사실, 즉 이 세계가 우리가 갖고 있는 유일하며 모든 세계로서, 이 세계를 만들어 가는 것은 다름 아니라 바로 우리 자신의 과제라는 인식에서 벗어나지 않는다.

큐핏의 창조적인 사상을 파악하기 위해서는 한 예를 드는 것이 도움이 될 것이다. 간단한 뫼비우스의 띠를 생각해보자. 직사각형으로 긴 종이 띠를 만들어, 그 한쪽에는 1이라 쓰고, 반대쪽에 2라고 쓴 다음, 그 양끝을 연결하여 고리로 만들기 전에, 한쪽을 180도 돌려 안경처럼(∞) 만든 다음에 양끝을 테이프로 붙여 연결시키고, 손가락으로 한쪽 면을 따라가면, 그처럼 단순하게 돌린 것 때문에, 손가락이 계속 한쪽 면만을 맴돌게 된다는 사실을 깨닫게 될 것이다. 이것은 큐핏의 놀라운 주장을 그림으로 보여준다. 우리가 쳇바퀴돌리는 이야기들은 어떤 다른 세상으로 인도하지 않는다. 다른 면은 없다. 이처럼 의식적으로 돌려보면 생명은 신성한 것들의 연속체가 된다. 진화는 우리를 통해, 그리고 우리에 의해서 그 결정적인 방향전환을 맞이한다. 우연성, 유한성, 그리고 덧없음의 한복판에서, 우리가 우리 스스로를 생명의 내재적인 상호연결성(immanent interconnection)에 내어 맡길 때, 우리의 삶은 끝이 없으며 외부가 없는 것이 된다.

   큐핏은 바로 그의 우연성에 대한 관점 때문에 기독교 전통을 다시 그릴 수 있다. 교회는 거의 그 처음 단계부터 해왔던 것들로 인해 그 실체가 무엇인지 적나라하게 노출되어버렸다. 교회는 예수가 계속해서 부재한 것에 대해 변명함으로써 시작되었다. 교회는 역사적 예수의 말씀들을 소리나지 않게 감싸버리고 그 자체의 뜻대로 운영하는 것을 정당화시킴으로써 계속되어왔다. 하느님 나라에 관한 예수의 성가신 비전을 완전히 잊어버릴 수는 없었기 때문에, 교회는 그 나라가 얼마 후에 올 것으로 연기시켜버렸다. 교회가 예수를 천당에 가두어버린 동안, 교회는 기독교인들을 무릎 꿇린 채 통제하는 역기능을 발휘해 왔다. 그러나 교회가 세상의 숨통을 조이고 있는 동안이라고 해서 세상이 가만히 있었던 것은 아니다. 근대는 교회가 세상을 덮고 있던 지붕을 날려버리고, "발가벗고 파탄난 성가대"를 그대로 광명천지에 드러내었다. 주요 교단들의 교회들은 관광객들이나 둘러보는 곳이 된 형편이며, 그 거룩함은 교회 밖으로 새어나와 우리 인간의 거주지 전체에 퍼지게 되었다.

교회의 이런 몰락과 소란 한복판에서, 큐핏은 역사적 예수의 "거친 목소리"를 되살리고자 한다. 오늘날의 예수 논의를 주시하면서, 큐핏은 예수의 역사적 음성과 나중에 예수의 입 속에 넣은 말씀들 사이를 올바로 구분했다. 그는 하느님 나라에 대한 예수의 비전이 여전히 살아 있다고 본다. 그는 하느님 나라 신학이 "이 시대의 진리"라고 주장한다. 그는 우리가 예수가 가르친 새로운 삶의 방식대로 살면서 다른 사람들과 관계를 맺고 우리의 삶과 관계를 맺는 방식을 배운다면, 이 세상이 어떤 모습이 될 것인지를 생각한다. 즉 만일 그처럼 새로운 비전을 보고 있으며 방랑하는 소작농 예수가 우리가 사는 세상에 와서 단지 말로 가르치는 것만이 아니라 의미 있는 일을 한다면 무슨 일이 벌어질 것인가? 큐핏에게 지금은 예수가 다시 돌아올 때이다. 우리가 그 예수를 포함해서 서로에 대해 진지하게 대함으로써 우리가 마침내 서로에게 가슴을 열고 끌어안을 준비가 되어 있는가?

큐핏은 용기 있게 바로 이 점을 고수한다. 그에게는 자신의 이해관계를 위해서 무엇인가를 은폐하거나 신비화시킬 시간이 없다. 그에게 시간이 없는 이유는 우리 가운데 아무도 시간을 부정직하게 낭비할 시간이 없기 때문이다. 지금 여기가 우리가 생생하게 살아야 할 시간이며 장소이다. 우리는 하늘에서 받을 연금을 생각하면서 우리의 삶을 연기시켜서는 아니 된다. 큐핏은 우리에게 하느님 나라의 보화가 영원히 지연된 것이 아니라 바로 우리들 눈앞에 있지 않는지를 발견하도록 촉구한다.

큐핏의 주장에는 또 하나의 아이러니가 있다. 비록 교회와 그 교리의 신빙성을 회복시킨다는 것이 너무 늦었기는 하지만(교회 내부의 권력 투쟁과 교회의 자기 이익 때문에), 진정한 종교개혁이 오래 동안 진행되어왔다는 사실을 이해하는 것이 여전히 가능하다. 계몽주의 이래로 수많은 세속적 실험들은 하느님 나라의 신학이 이미 우리 문화의 혈관 속에 흐르고 있음을 시사한다. 그러나 종교 자체는 창조적인 시각에서 볼 수 있다. 현대의 연극이 중세 교회에 그 뿌리를 두고 있는 것과 마찬가지로, 새로운 종교적 모임들은 공동체의 꿈을 실현하기 위한 발사대, 즉 어떻게 하면 우리의 삶과 세상을 더욱 아름다운 것으로 만들 수 있는지를 발견하기 위한 발사대가 될 수 있다.

  이처럼 기독교를 역동적으로 재구성하는 일은 특히 미국인들의 마음에 맞는 것인데, 왜냐하면 독자들은 큐핏의 책이 째즈 연주임을 곧 깨닫게 될 것이기 때문이다. 그는 째즈의 반복 악절처럼 사고한다. 이 책의 각 장들은 그가 말하려 하는 것을 짧게 해석한 것들로서 각 장마다 조(調, keys)를 바꾸어 해명한 것이다. 그는 우리를 침묵하도록 만드는 것이 아니라, 우리의 두 발로 일어서서 선율에 맞추어 춤을 추도록 이끌며, 실제로 존재하며 돌아가는 사태에 가담하여, 그 음악이 멈추지 않고 흐르는 동안 즉흥적 변주에도 맞추면서 우리 자신을 잊은 채, 영광스럽게 솟아오르도록 이끈다.

아써 듀이
자비에르 대학교
2000년 성탄절에

서론

 오늘날 교회들은 사라져가고 있다. 대다수 통계에 의하면, 적어도 유럽에서는 남아 있는 교회들이 매 십 년마다 1/4씩 사라지며, 한 세대마다 절반씩 감소하고 있다. 이러한 감소의 주된 이유는 기독교의 중요한 믿음들의 객관적 진리성에 관한 일반 대중들의 확신이 무너지고 있기 때문이다. 19세기 말까지만 해도, 교회의 지도자들은 일반 대중을 상대로 하여 기독교 교리의 진리성에 대한 정당하고도 설득력 있는 이성적 논증을 하는 것이 가능하다고 솔직히 믿었었다. 그러나 오늘날 교회의 지도자들은 그러한 논증이 불가능하다는 사실을 알고 있을 뿐만 아니라, 그 누구도 더 이상 기독교 형이상학을 발전시키려는 시도조차 하지 않는다.[1]

 도대체 그 동안 무슨 일이 있었기에 그런가? 첫째는, 하느님의 존재와 속성, 그리고 인간 영혼의 존재, 도덕적 자유, 불멸성에 관한 논증 등, 신앙에 관한 전통적인 철학적 토대가 모두 무너졌기 때문이다. 즉 고대의 기독교 자연철학은 근대 자연과학 세계관으

---

[1] 총력을 기울인 기독교 형이상학의 시도는 아마 틀림없이 데카르트의 기계론적 세계관이 지배하고, 커드워(Cudworth)의 기독교 플라톤주의는 쇠퇴해가는 것이 이미 명확해진 때에 집필된 Ralph Cudworth의 *True Intellectual System of the Universe*(1678)이다.

로 대체되었고, 인간의 경험세계를 성과 속이라는 두 개의 큰 범주로 나누는 것과 같은, 종교에 관한 전통적 전제들이 사라졌기 때문이다. 왜냐하면, 이 사회가 더 이상 옛날 방식의 전통지향적이지 않기 때문에, 사람들은 더 이상 우리의 삶이 교회와 성서가 가르쳐 온 계시된 진리라는 고정된 틀에 의해 항상 짜여져야만 한다고 생각하지 않는 것이다. 이슬람 사회에서는 아직도 그 사회의 기본적 틀을 제공해주는 이슬람 종교의 영속성을 전반적으로 수용하는 토대 위에서 공개적인 토론이 행해진다. 그 정도로, 이슬람 세계는 오늘날도 하나의 거대한 지역적이며 문화적인 사실(fact)로서 존재한다. 그러나 기독교 세계(Christendom)는 더 이상 그런 식으로 존재하지 않는다. 지난 백 년 혹은 이백 년에 걸쳐, 성서비평학은 성서를 종교적 진리에 대한 공적 표준으로 인정해온 낡은 권위를 부식시켜왔다. 우리는 더 이상 성서 안에서 (하느님의) 하나의 음성만을 듣지 않는다. 단지 인간들의 서로 다른 아우성 소리들을 듣게 될 뿐이다.

　이렇듯 커져 가는 난관들에 봉착하여, 대다수 형태의 기독교는 19세기 이래로 점진적으로 그들의 시각을 낮추어, 전통주의, 권위주의, 혹은 "신앙"이란 사람들이 무엇이든 믿는 것에 대한 일종의 자격증이라고 생각하는 태도로 후퇴하였다. 그 결과, 설교와 기독교 저작들은 일반 대중들의 이해가능성(intelligibility)을 잃어버렸고, 점점 하나의 컬트(a cult) 안에서만 통용되는 은어(隱語)처럼 들리게 되었다. 불가피하게도, 교회는 일반 대중들로부터의 존경심과 자부심을 지속적으로 상실하게 되었다.

필자가 소속되어 있는 영국 성공회만큼 이러한 현대의 발전과정이 하나의 재난으로 나타난 교회는 없을 것이다. 1845년에 존 헨리 뉴만(John Henry Newman)이 성공회를 떠나 로마 가톨릭으로 옮겨갈 때만 해도, 그는 영국 성공회로부터 더 작은 교단으로 옮겨가는 셈이었다. 그 당시만 해도 영국 성공회는, 사회적으로나 지성적인 위상에 있어, 기독교 세계 안에서 타의 추종을 불허하는 것처럼 보였었다. 오늘날의 상황에 대해서는 굳이 설명할 필요도 없을 것이다. 그럼에도 불구하고, 어느 누구도 종교개혁에 대해 말하지 않는다. 그와는 반대로, 교리적인 보수주의자들이 목청을 높이는 상황에서, 어떠한 형태의 몰이성(irrationality)도 참아낼 준비가 되어 있는 반면에, 이성적으로 기독교를 해석하며 변호하기를 시도하는 수정주의자들(revisionists)은 불행하게도 곧바로 영원한 사회적 추방상태에 처해질 따름이다.

이런 상황에서 현대적 종교개혁이란 그 생각 자체가 이미 물 건너 간 것처럼 간주된다. 아랍세계에서 이슬람 교리는 아직도 모든 것이 거기에 종속되는 일종의 권위적인 이성의 질서(Order of Reason)의 기초를 제공하고 있다. 그러나 근대 민주적 서방세계에서는, 모든 것을 포괄하는 지난날의 강력한 형이상학적, 종교적 의미를 지닌 이성의 질서(Order of Reason)는 더 이상 존재하지 않는다. (만약 미국에서 헌법이 그와 비슷한 위치를 차지하고 있다고 말하지 않는다면 말이다). 대체로, 현대 서방세계에서는 누가 권력을 장악하든 간에, 여전히 권위적인 위치를 차지하는 것은 단지 기술문명적이며 관료적인 합리성, 즉 효율성에 대한 믿음(belief in efficiency)뿐이다. 현대인은 유동적이며 다원주의적이다. 현대인은 더 이상 구세대의 강력한 이성을 숭상하는 이성주의자(Rationalist)가 아니다. 현대인은 더 이상 저 바깥에 존재하는 진리(객관적으로 존재하는 진리 - 역주), 그래서 누군가 듣기를 기다리고 있는 진리의 존재를 믿지 않는다.

이런 현실 속에서, 나는 왜 기독교의 합리적 개혁에 관하여 말하고 있는 것인가? 답을 하자면, 나는 결코 기독교가 그 옛날 유럽에서 가졌던 대중적 지위를, 혹은 아랍 세계에서 이슬람 종교가 현재 갖고 있는 지위를 회복할 수 있다고, 혹은 그런 지위를 다시 가져야만 한다고 주장하는 것이 아니다. 그 반대로, 나의 기독교 개혁은 기독교가 일반 대중들에게 그 어떤 형태의 공적인 권위를 지닌 초진리(supertruths)를 내놓는 듯이 행세해서는 안 된다는 의미에서, 교조주의를 넘어선 탈교조적인(post-dogmatic) 것이 될 것이다. 다시 말하면, 철저한 개혁으로 그 틀을 새롭게 바꾼 기독교 신앙고백과 실천이 교조 이후(after dogma), 교회 이후(after the Church)의 시대를 사는 현대의 생각하는 사람들에게 어떻게 다시 매력적인 것이 될 수 있는지를 보여주는 것을 목표로 삼고 있다. 다원주의적이며 민주적인 사회 속에서 사람들은 전체주의적인 요구를 하는 이데올로기들을 의심의 눈초리로 바라보는 것이 당연하며, 따라서 우리는 기독교가 단지 하나의 **참된**(true) 삶의 방식―왜냐하면 우리는 절대적인 것을 포기하기 때문에―을 제공하는 것으로서 사람들에게 제시하는 것에 만족해야만 한다. 그 참된 삶의 방식은 우리 자신에 관한 우리의 이해에 **참될** 뿐만 아니라, 현대세계에 대해서도 **참된**

것이며, 우리가 영위하고 있는 우리의 삶에도 참된 것이다.

말이 난 김에, 우리가 도그마를 포기한다는 것은 기독교가 어떤 계시된 진리(revealed truth)라는 생각을 포기한다는 것이며, 모든 형태의 기독교란 가장 오랜 형태로부터 최신의 형태에 이르기까지, 결국 역사가들이 이해하듯이 단순히 인간의 문화적 산물(human cultural formations)이라는 사실을 인정하는 것임을 되풀이 강조할 필요가 있다. "정통"이란 권력자들이 자신들의 권력을 공고히 하고 확장하는 방법으로 고안한 하나의 신화다. 실제로, 원래의 순수한 기독교의 본질이란 것은 결코 존재한 적이 없었다. (즉 여러 세기를 걸쳐 내려오면서 오염되고, 그래서 오늘날 회복될 필요가 있는 기독교 원래의 순수한 본질이란 것은 없다.[2]) 따라서 내가 주장하는 개혁된 기독교가 좀더 순수하고 좀더 진정하며 좀더 원래적인 기독교로 되돌아가는 것을 뜻한다고 주장할 수는 없다. 과거는 결코 실제로 회복될 수 있는 것이 아니며, 우리는 이런 문제들에 대한 객관적인 판단 규범을 갖고 있지 못하기 때문에, 우리가 예술을 판단하듯 순전히 주관적이며 인간적으로 확립된 기준에 의해서 종교를 판단해야만 한다. 이런 맥락에서 우리가 비록 종교적 진리에 대한 보편적인 평가 기준을 갖고 있지는 않지만, 좋은 종교와 나쁜 종교를 분명하게 구분할 수는 있다. 따라서 오늘날 교회의 기독교(church Christianity)는 더 이상 그 스스로가 입증할 수도 없는 엄청나게 큰 주장들을 너무 많이 쏟아내고 있으며, 분명히 급속도로 몰락

---

[2] 여기서 강조되어야 할 요점은 Bart D. Ehrman의 *The Orthodox Corruption of Scripture*에서 잘 지적되었다.

하고 있으며, 단지 하나의 종교로서도 더 이상 잘 작동하지 않고 있으며, 별로 생산적이지도 않다는 사실을 지적할 수 있다. 즉 기독교는 더 이상 중요한 건축물이나 예술작품, 혹은 문서를 생산해 내지 못할 뿐 아니라, 정말로 중요한 인생들을 산출하지도 못하고 있다. 그야말로 있으나 마나 한 종교가 되어버렸다. 1960년대만 하더라도 교회의 기독교는 여전히 인도주의적인 윤리를 발전시키는 데 공헌하였으며, 교회가 도덕적 솔선을 보여주기도 했다. 그러나 이제는 그처럼 가치 있는 일조차 중단되었으며, 최근에는 교회가 교회 밖의 이질적 사람들에 대해 공포를 느끼는 도덕주의 속으로 빠져드는 것을 통해 마지막 지푸라기를 잡으려 한다. 결과적으로 교회의 기독교는 끝장이 났다. 교회 기독교는 스스로를 개혁하지 않을 것이며, 심지어 개혁하고 싶다 하더라도 개혁할 수 없을 것이다. 왜냐하면 교회 기독교는 스스로를 변화시킬 충분한 의지가 없으며 에너지도 없기 때문이다. 따라서 기독교 전통이 계속 이어지기를 바라는 우리들은 교회에 대해 염려할 것이 아니라, 새로운 형태의 종교생활, 즉 진정으로 진실하며, 살아낼 수 있으며, 생산적인 새로운 형태의 종교생활을 발전시키는 작업이 최선책이다. 그 새로운 형태의 종교생활을 기독교적인 생활이라고 부를 것인지, 아니면 다른 이름으로 부를 것인지는 그다지 중요한 문제가 아닐 것이다. 오늘날 '기독교'라는 이름이, 그 이름을 가지고 장사하는 많은 사람들에 의해 나쁘게 변색되었기 때문에, 차라리 기독교라는 이름을 사용하지 않는 것이 더 좋다고 말하는 사람들의 주장을 이해할 수 있다.

그러나, 나는 아직도 기독교라는 옛 이름에 대해 나만의 어떤 개인적 감정을 갖고 있다. 오늘날 새로운 종교개혁을 시도하도록 자극하는 여러 요소 중의 하나는 역사적 정통 기독교가 원래의 예수(original Jesus)의 의미와 메시지에 대해 터무니없을 정도로 잘못된 해석에 근거해 있다는 사실이다. 그러나 오늘날 여러 이유들 때문에, 원래 유대인 교사였던 예수가 가르친 하느님 나라 종교(the kingdom religion)는 교회 종교(church religion)보다 훨씬 더 많은 사람들의 관심을 끌고 있다. 여기서 교회 종교란 오늘날 정교한 성례전을 통해 중보되고, 약속되었으나 연기된 구원, 곧 성육하신 하느님이라는 개념을 중심으로 발전한 종교를 말한다. 예수, 즉 긴박한 세상의 종말과 인도주의, 그리고 일종의 허무주의까지를 독보적으로 결합시킨 예수는 그에 대해서 잘못 읽어낸 오늘날의 전통적인 기독교보다 훨씬 더 많은 사람들의 관심을 끌고 있다. 그래서 당분간 나는 기독교라는 오래된 상표를 붙잡으려고 한다. 또한 어떤 식으로든 이 기독교를 시작했던 한 유대인 교사에 대해 집착하려 한다. 이제 예수가 말할 시간이다. 즉 그가 마침내 다시 돌아와야 할 시간이다.

교회의 기독교가 죽어 가는 두 번째 이유는 기독교가 신뢰할만하고 매력적인 종교생활의 그림을 제시하지 못하기 때문이다. 기독교는 종교로서도 너무 천박하다. 교회에 다니고, 올바른 교리를 믿고, 기도하고, 헌금 생활하고, 그밖에 뭐가 있는가? 1960년대까지만 해도 기독교 윤리는 꽤 존경받았으며, 기독교인들은 중요한 인도주의적 자선활동을 시작하고 발전시켰다. 그러나 오늘날 기독교 윤리에 대한 대중들의 평판은 망가졌으며, 너무나 많은 불행과 해악의 증거들이 교회 내에 존재한다. 그동안 너무 많은 아동 성추행, 난폭한 여성혐오, 동성애 혐오, 그리고 새로운 기술과 과학의 발전, 특별히 의학과 유전공학에 대한 반사적인 두려움과 적대감이 교회 내에 뙈리를 틀었다. 어떤 지역에서는 민족주의와 너무 심한 충돌도 벌어졌다. 공공기관이 교회 대표들을 그들의 윤리위원회 위원으로 임명하는 데 민감하게 반응하는 것도 이제는 더 이상 놀라운 일이 아니다.

오늘날 아이리스 머독(Iris Murdoch)같은 작가가 기독교 신앙생활을 전혀 하지 않으면서도 종교적 삶에 대해 말하는 데 많은 관심을 가져야 했다는 것이 바로 우리 시대의 특징이다. 교회들과 종교는 서로가 분리되어버렸다. 바로 이런 시대적 배경 속에서, 비록 교회와 기독교 교리의 신뢰성을 회복하는 일이 너무 늦었다고 생각된다 할지라도, 우리는 기독교적인 종교생활의 형태를 이해가능하고 매력적인 방식으로 제시할 길을 찾을 수 있을 것이라고 생각한다.

1

기독교를 개혁하기

원시교회 제1 세대와 친우회(The Society of Friends, 퀘이커)같은 몇몇 예외가 있기는 하지만, 교회 기독교(church christianity)는 지금까지 대다수 사람들이 알고 있는 유일한 기독교 형태일 것이다. 오늘날 기독교는 급격히 무너지고 있다. 그러나 기독교의 비교회적 형태(non-ecclesiastical forms)에 관해, 또한 옛 신앙의 개혁 및 갱신의 가능성에 관한 토론은 심지어 이처럼 늦은 시간에조차 거의 찾아볼 수 없다. 지금 개혁이 필요한 것은 단순히 교회만이 아니고, 오히려 기독교 신앙 그 자체라고 하는 이 주장은, 종교에 대한 사고가 비판적이기보다는 전통적인 사람들에게는 물론 거슬리는 일이 될 것이다. 그러나 기독교의 기원과 그 이후 초대교회 역사를 공부한 사람들은 누구나 기독교가 지금껏 발전해온 역사가 반드시 필연적인 것이 아니라는 주장에 익숙해 있다. 즉 최초의 기독교는 서로 다른 사상과 학파들의 난장판이었다. 결국 지배적인 어떤 믿음이 나타나게 되자, 스스로를 정통 혹은 적법으로 선언하고, 다른 입장들은 이단으로 선언했다. 그 지배적인 믿음은 심지어 자기를 원형

(original)이라고까지 선언했다. 그러나 신약성서 자체는 유일한 원형 혹은 진정한 신앙은 원래 없었음(no single original and authentic faith)을 보여준다. 기독교의 발전 과정은 아마도 다른 길을 걸어왔을 수도 있으며, 그랬어야만 했다. 더 나아가, 중세 말기에 이미 하나의 종교개혁이 있었다. 그런데 왜 우리는 근본적인 문화적 대격변 속에서도 또 다른 종교개혁의 가능성을 고려하지 않는가? 최소한 1960년대까지만 해도 새로운 종교개혁의 가능성이 논의되었다. 그런데, 왜 오늘날은 그러한 생각을 다시 하지 않는 것일까?

어떤 이들은 분명히 자신들이 "복음"이라고 부르는 것, 즉 "어제도 오늘도 그리고 영원히 동일한" 것이라고 주장하는 복음이, 인간의 산물이며 원래의 예수 및 그의 메시지와는 매우 다른 것이라는 학자들의 주장을 거부할 것이다. 또한 그들의 복음은 오늘날에는 통하지 않으며, 더 좋고, 참된, 보다 적절한 메시지로 대치되어야 할 필요가 있다는 주장도 거부할 것이다. 그러나 나는 그들의 생각을 바꾸려고 시도할 것이다. 간단히 말해, (내가 이미 다른 데서 지적했듯이), 우리가 오늘날 통과하고 있는 문화적 변화는 너무 크기 때문에 종교적 사고에 있어 근본적 혁명이 요구된다. 전통적인 종교적 및 철학적 사고에 깔려 있던 뿌리깊은 전제들은 오래 전에 이미 깨졌으며, 이제는 포기해야만 한다. 내가 주장하는 것은, 오늘날의 새로운 상황에서 최선의 대응책은 기독교를 그 역사적 발전과정의 다음 (마지막) 단계로 밀어 부치는 것이다.3) 이것은 전

---

3) 왜 이러한 움직임이 오늘날 적절한 것인지에 관한 이유들이 나의 책 *Kingdom Come in Everyday Speech*에 나와 있다. 핵심은 이것이다: 종교개혁 시대에 급

통적인 신학적 언어로 말하자면, '교회 신학'(ecclesiastical theology)
으로부터 '하느님 나라 신학'(kingdom theology)으로의 이동을 의미
한다. 왜냐하면 전통적으로 교회의 시대 다음에는 마침내 예수의
재림과 천년왕국, 새 예루살렘, 혹은 그리스도의 왕국 등으로 다양
하게 불려진 새로운 메시아 시대의 도래로 이어질 것으로 믿어져왔
기 때문이다. 이것은 우리에게 익숙한 중보(mediated) 형태의 종교
(그리스도와 교회의 사제들이나 성례전을 통해 중보된 형태 - 역주)로부터, 사
람들이 항상 이생에서가 아니면, 최소한 사후에라도 가능하리라
믿어오면서 희망해온 직접적(immediate) 형태의 종교(하느님과 그리스
도를 직접 마주 대면하는 형태 - 역주)로의 변화를 뜻한다.

  그의 가르침이 기독교의 발전을 점화시켰던 나사렛 예수는 지금
여기에서의 직접적 종교(immediate religion)의 가능성을 설교했다.
그는 "하느님 나라" 라는 새롭고 기이한 이름으로 이 종교를 불렀
다. 그리고 그는 그 시대의 중보된 종교의 가장 중요한 상징, 곧
"성전"의 파괴를 예언했다. 그러나 그는 그 하느님 나라가 분명히
확립되는 것을 보지 못하고 죽었으며, 그의 사후 하느님 나라는 지
연되는 것처럼 보였다. 교회 및 교회의 가르침은 그 후 점차 일종
의 미봉책, 곧 하느님 나라의 약속과 그 성취 사이의 난처한 중간

  진주의자들은 교회로부터 하느님의 나라로 밀고 나가려 시도했다. 루터(그리고
전반적인 사회)는 급진주의자들을 반대했으며, 거의 다 밀어냈다. 그러나 그들
의 사상, 양심, 그리고 결사의 자유, 사회적 불평등에 대한 그들의 저항, 그리고
교회 정치에 관한 민주주의적 사상은 남아 있다. 근대성의 많은 부분들은 기독
교 자체의 장기적인 프로그램의 세속적 실현으로서 계속 발전해왔지만, 교회는
여전히 이 사실을 제대로 인식하지 못하고 있다. 오늘날 기독교인들은 그들이
'세계'라 부르는 것을 따라잡기 위해서 '하느님 나라' 단계로 밀어 올려야만 한
다.

기(interim)를 때우는 하나의 임시 조직이 되었다. 교회의 사명은 마침내 하느님 나라가 임하는 그 때를 위해 깨어 준비하기를 원하는 깨어 있는 성도들을 모으고, 하나의 조직체로 준비시키는 일이었다.

이후 계속된 교회사는 셋 혹은 넷으로 구분될 수 있다. 첫째 단계는, 하느님 나라에 대한 완전한 선포가 이상하게 지체되는 것에 대한 일련의 이유들에 관한 교회의 가르침으로 구성되어 있다. 당시의 유대교 신앙에서는, 죽은 자들의 부활은 종말의 때에 일어날 것이었다. 그러나 예수는 부활했으며, 다른 이들도 이미 예수와 함께 부활했다고 믿는 사람들이 있었다(마태 27:51-3). 따라서 하느님 나라는 이미 시작되었다. 그러나 여기에는 한 가지 어려움이 있었다. 즉 부활하신 주님은 믿는 이들, 곧 신앙의 눈에 의해서만 보여진다는 것이었다. 달리 말하자면, 세상은 이전과 달라진 것이 없다는 것이다. 왜 예수는 세상에 계시지 않고, 재림은 지연되는 것인가? 교회는 예수가 현재 무대 뒤편에 있기 때문에 없는 것처럼 보이는 것이라고 대답했다. 하느님은 예수를 그 우편 보좌에 앉히셨다. 그러나 그분의 부재는 일시적인 것이다. 그분은 머지않아 메시아(Messiah)로, 그리고 심판주(Judge)로 이 땅에 오실 것이다(행 1:11, 3:17-21).

이처럼 원시교회는 승천하신 주님 그리스도를 우러러보며, 그분이 곧 다시 오시기를 요청하며 예배하기 시작했다. 또한 이 원시적 단계에서 기독교 도그마는 현재의 보이지 않는 세계에 숨겨져 있는 그 어떤 것이 조만간 이 세계에 나타날 것에 대한 믿음의 형태를 띠고 있다는 사실을 주목해야 한다. 이것이 바로 기독교 최초의 도그마가 취했던 형태이다. 즉 그것은 종말론적 희망의 표현이었다.

그 다음 둘째 단계는 속사도(續使徒, sub-apostolic) 시대로서, 이 시대에 교회는 복합적인 중보종교(mediated religion)의 형태로 발전하였다. 이 때 믿음 교리들의 체계화, 그리고 성례전들이 시작되어 사람들이 그런 예배의식을 통해 그리스도에게 소속되고, 그분의 도래를 기다리게 되었다. 또한 이 시대는 사도들 및 그 조력자들 가운데 교회의 지배자들인 교직계급이 시작되었다. 시간이 지남에 따라 그들은 교회생활의 모든 부문을 지배하게 되었고, 그들 자신이 "교회"인 것으로 생각하게 되었다. 주교들의 회의가 곧 모든 교회의 공의회가 되었다.

셋째 단계에서는, 완전히 틀을 갖춘 교회 기독교(ecclesiastical Christianity), 곧 가톨릭 교회(Catholicism)가 2세기 후반부터 발전하기 시작했다. 하느님 나라는 너무 멀리 미래로 연기되어 역사의 지평선 너머로 완전히 사라지게 되었다. 교회는 더 이상 잠정적인 조직체가 아니고 영구적인 사실이 되었다. 시간이 종말에 이르기까지, 교회는 손상되지 않을 것이고, 심지어는 그 자체를 오류가 없는(infallible) 것으로까지 생각하게 되었다. 처음에 예수 그리스도 및 새로운 그의 나라의 부재에 대한 변증으로 시작되었던 기독교 교리들은 이제 천당으로 들어가는 개별 입장권이 되었다. 사람들은 그분의 오심을 준비하는 것이 아니라, 그분에게 가는 것을 준비하게 되었다. 이 땅에서의 삶은 죽음을 대비하는 일에 소모되었다. 교회 안에서, 성례전의 은총은 엄한 규정을 통해 저 천당으로 한꺼번에

들어가도록 인도하는 매우 관료적인 구원의 장치로서 베풀어졌다. 누구나 인생에서의 최대 관심은 그 자신의 영원한 구원이어야만 했으며, 그 구원의 유일한 열쇠는 교회가 갖고 있었다. 이 세계는 그와 같은 구원을 입증하는 터전 이외에는 중요하지 않은 것이 되었다. 보통 사람들을 위한 윤리는 지극히 개인주의적인 것이 되었고, 오직 죄를 피하고 은총 아래서 죽는 것을 확보하는 일이 가장 중요하게 되었다.

넷째 단계, 곧 중세 후기시대에 이르러 마침내, 몇몇 사람들은 중보된 종교는 인류가 고안해낸 가장 거대하고 '전체적인' 제도, 괴물스런 우상이 되었다고 말하기 시작했다. 거대한 구원 장치인 중보종교의 체계는 더 이상 그 자신 너머를 제시하지 못했다. 반대로, 교회의 판결권은 결코 끝나지 않을 것임을 확실히 하였다. 한 때 신속한 재림의 약속과 그 부재에 대한 한시적 설명체계였던 교회의 교리는 이제 오류가 없는 교사들에 의해 보증된 형이상학적 도그마가 되었다. 일련의 올바른 채널로서의 교회의 중보체계는 이제 결과적으로 그 자체가 종교적 대상이 되었다. 이제 그 전체 체계가 실제로 그 너머의 참된 초월적 대상을 가리키는지 아닌지는 우리가 결코 알 수가 없기 때문에, 중요하지 않은 문제가 되었다. 신자들은 다만 교황과 신조(信條), 그리고 교회와 성례(聖禮)를 믿었다. 즉 교회를 통한 기계적 구원에 대한 지적이며 도덕적 예속은 보통 신자들에게는 그들이 '신앙적'이며 참된 종교라고 생각하는 일종의 안전의식을 부여해 주었다. 심지어 오늘날까지도 많은 사람들이 기독교인들을 실제로 특정한 교리체계를 믿으며, 특정한

"순종'에 사로잡힌 사람들로 정의하고 있다.

교회가 이런 점에서 너무 지나쳤기 때문에, 신비가들, 저항가들, 그리고 반역적 신학자들이 나타날 수밖에 없도록 만든 방식에 대해서는 우리가 여기서 자세히 설명할 필요가 없다. 19세기말에 신 죽음(the Death of God)의 문제 제기가 바로 그 대표적인 경우였다는 사실을 언급하는 것만으로 충분할 것이다. 무엇보다도, 신 죽음의 문제 제기로 인해, 그 이후 관심의 초점을 영속적으로 또한 결정적으로 이 세상, 곧 인간 세상, 현실 세계로 돌이키는 결과를 가져왔다. 저 세상적인 중보종교(otherworldly and mediated religion)의 거대한 장치는 갑자기 공허하고 진부한 것처럼 보이게 되었다. 도대체 그 따위 종교가 무슨 소용이 있단 말인가? 왜 우리는 그렇게 오랫동안 그런 종교를 참아왔는가? 왜 우리는 그동안 우리의 참된 행복은 죽음 저 너머에서 시작될 뿐이라는 가르침에 설득 당해, 삶을 위한 우리의 감정이 독살되도록 만들었던가?

이런 질문들을 제기하는 것은 당연히 니체(Nietzsche)라는 이름과 19세기말의 서구 문화가 그 방향을 바꾸기 시작한 순간을 암시한다. 당시까지 사람들을 항상 인도해왔던 일련의 깊은 철학적 및 종교적 전제들이 무너지기 시작했다. 형이상학의 종말, 즉 우리가 사는 이 세상 너머에 더 참된 세계가 있다는 믿음이 끝장나자, 사람들은 먼 훗날에 대한 생각을 단념하고 현재의 삶 속에 담겨 있는 구체성과 잠정성에 그들의 전 관심을 기울이기 시작했다. 많은 철학과 종교사상들이 후에 실존철학이라 불려진 방향으로 전환했다. 이전에 '하느님'에게 바쳐졌던 헌신이 점차적으로 새로운 대상,

즉 처음에는 '실존' 그리고 그 이후에는 '삶'이라는 주제에 바쳐졌다.

이러한 배경에서, 나는 오늘날의 종교개혁이 앞으로 나아가기 위해서는 처음으로 되돌아가야 한다고 주장하는 것이다. 왜 지금 교회 신학을 포기하고 역사적 발전과정에서 오랫동안 약속되어온 그 다음 단계, 곧 하느님 나라로 기독교 운동이 나아가야 하는지를 알기 위하여, 기독교 신앙의 초창기 시작과 그 초기 발전과정의 흥미진진하고 복합적인 이야기를 회고해보는 것이 필요하다. 하느님 나라는 순전히 이 세상에 관한 것이다. 그것은 새로운 윤리이며, 우리 자신을 삶과 연결시키는 새로운 방식이다. 그것은 교회 시대 이후(post-ecclesiastical)의 것이자, 탈도그마적(post-dogmatic)인 것이다. 우리는 이 새 시대를 위해 기도해왔으며, 이제 그 시대가 온 것이다.

하느님 나라는 순수한 종교적 직접성이다. 다른 많은 종교 체제와 같이 이스라엘에서도, 지상에서의 하느님의 지배를 대신하는 왕에 의한(through) 지배와 하느님에 의한 직접적 지배 사이에는 큰 차이가 있다. 하느님이 직접 다스릴 때―이상적 과거와 이상적 미래에서처럼―는, 사람들이 즉각적으로 아무런 내적 갈등 없이 하느님의 법에 순종하도록, 하느님께서 사람들 사이에 거하시고 그들의 마음 속에 당신의 영을 넣어 주셨다. 놀라운 것은 자기 표현과 도덕적 행위는 항상 일치한다는 점이다. 이처럼 직접 종교(immediate religion)는 하느님에 대해 약간 실재론적(semi-realist)이다. 즉 하느님은 믿는 자들과 아주 가까이에 있으며, 믿는 자들과 함께 거하시며, 참으로 믿는 자들에게 집중하신다. 이것이 바로 예수께서 하느님의 나라는 너희 '가운데' 혹은 '안에'(entos) 있다고 말씀하셨을 때에 마음에 그렸던 바로 그 나라이다. 하느님 나라는 "은밀하게 자라난다." 그것은 우리 앞에 어느 날 나타난다. 하느님은 더 이상 믿는 이들 옆에 타자로서 존재하는 분이 아니라, 완전히 내재화되신 분이다. 그러므로 예수의 가르침 가운데 매우 놀라운 것은 바로 하느님의 내재화 및 숨어 계심이다. 하느님은 너무 가까이 계시기 때문에 사라진 것처럼 느껴질 정도이다. 그 종교적 세계는 이 세상의 삶과 일치하며, 만물은 거룩하게 된다.

하느님 나라 종교에서 옛 시대의 객체적 하느님은 사라졌음을 강조하는 또 다른 대안적 방식은 알버트 슈바이처(Albert Schweizer)가 취했던 길을 따르는 것이다. 그는 칸트의 제자였고, 신에 대해 비실재론자(non-realist, 신이 저 밖에 어딘가에 객체적으로 실재한다고 믿지 않는 사람 - 역주)였다. 슈바이처는 우리가 역사에 진실해야 하며, 예수는 하느님 나라가 하느님의 초자연적 행위에 의해 도래할 것을 기대했었다는 것을 인정해야 한다고 주장했다. 그러나 오늘날에는 우리가 그와 같은 하느님의 초자연적 개입을 기대하는 세계관을 지지하지 않으며, 그 대신 비실재론적 방식으로 하느님을 이해하여, 하느님은 도덕적 요구를 인격화한 존재(God as personifying moral requirement)로 이해한다. 이 경우, 하느님 나라의 도래는 우리의 도덕적 분투, 곧 우리에게 달려 있다. 슈바이처의 비실재론적 신 이해는 그로 하여금 역사적 예수에 관해 진실하도록 했을 뿐만 아니라, 오늘날 우리의 세계관에 대해서도 진실할 수 있도록 해주었다.

그러나 이러한 신 이해는 일반 교인들, 즉 신학적 실재론(하느님이 저 밖에 객체적으로 실재한다고 믿는 주장 - 역주) 및 그리스도의 중보(mediation)에 열광하는 일반 교인들의 마음과는 동떨어진 것이다. 그들은 하느님을 초월적 영역에서 신자들을 좌지우지하며 지배하는 신비하고 엄격한 주권적 타자로 투사하였다. 하느님과 신자 사이의 이 무한한 질적 차이는 둘 사이의 행복한 종교적 관계를 불가능하게 만들면서, 그 간격을 메워 줄 어떤 중보자(a Mediator)를 필요로 한다. 교회 기독교에서는 승천하신 예수가 바로 그 중보자가 되며, 방대한 전체 중보체제(the whole vast system of mediation), 곧 교회, 목회자, 그리고 성서와 교리는 모두 그분 승천하신 예수에게 속해 있을 뿐만 아니라, 그분을 증거하는 것이었다. 이러한 배경 아래에서 우리는 왜 성육하신 하느님의 아들, 곧 중보자가 성부 하느님과 동등하고 성부 하느님과 똑같이 영원하신 분이며, 동시에 우리와 같은 완전한 인간이라는 신앙조항이 성립되었는지를 이해할 수 있다. 이러한 생각은 그 중보체제의 종교적 효율성을 보장한다. 게다가 이 거대한 중보체제 자체가 지고의 종교적 목표가 되는 길을 열어놓았다. 만약 하느님이 객관적이고 무한하며 이해할 수 없는 분이고, 중보자 예수 그리스도가 하느님께로 향하는 유일한 길이라면, 예수는 결과적으로 우리에게는 유일한 신이 된다. 그리고 성자 예수가 막강한 종교적 중보 장치, 곧 그분이 토대와 보증이 되시는 교회라는 형태 안에서 우리 가운데 존재한다면, 교회를 향한 일종의 우상숭배를 피할 수 없다. 그리고 이것은 마침내 드러났다. 교회 기독교는 마침내 마지막 거대한 형태의 우상숭배가 되었다.4) 최소한 위대한 개신교 종교개혁가들은 그렇게 생각했다. (비록 슬프게도 그들이 그 우상숭배를 완전히 극복해내지는 못했지만 말이다.)

이 모든 것은 오늘날 그 쇠퇴기에 놓인 교회 기독교가 왜 그렇게 불분명하고 혼란스러운지를 보여준다. 공관복음서 안에서 우리는 원래의 예수, 곧 하느님 나라의 예언자로서 우리에게 종교적 직접성을 곧바로 선택하고 살아내라고 촉구하는 그의 거친 음성을 아직도 들을 수 있다. 그러나 신약성서에는 또한 매우 다른 신학을 가르치는 문서들도 포함되어 있는데, 이 다른 신학은 새롭게 예수를 핵으로 삼아 거대한 종교적 중보체제를 고안해낼 신학이었다. 따라서 예수는 종교적 중보체제에 대해 비판하고 반대하다 죽어갔지만, 그의 비판과 반대는 이제 새로운 종교적 중보체제의 토대로 둔갑하였다. 그래서 니체는 오직 한 사람만의 기독교인이 있었으며, 그는 십자가에서 죽었다고 말한 것이다. 그의 주장은 옳다.

교회 기독교가 얼마나 뿌리깊게 예수를 오해하고, 잘못 표현해 왔는지를 파악하고 그것을 인정하는 데는 많은 시간이 걸렸다. 아마도 만약 요한복음이 신약성서 정경에 포함되지 않았다면, 우리는 예수가 가르친 종교와, 그분을 기초로 해서 만든 종교 사이의 모순을 아직도 알아채지 못했을 것이다. 확실히 19세기에, 스트라우스(D. F. Strauss)같은 학자들을 통해, 공관복음서와 요한복음 사이

---

4) 물론 이 중 많은 부분은 도스토예프스키의 『카라마조프가의 형제들』(1879-1880)에 나오는 대심문관에 의해서 잘 언급되었다. 그러나 도스토예프스키는 그의 비판이 모든 형태의 교회 기독교에 적용되고 있는 데 반해, 로마 가톨릭을 그의 주된 공격목표로 삼는 쉬운 길을 택했다.

의 엄청난 간격이 밝혀짐으로써 기독교가 그 초기 발전단계에서 (예수의 가르침으로부터) 얼마나 멀리 벗어났는지를 깨닫게 되었다. 즉 공관복음서에서 예수는 하나의 인간 교사(human teacher)로서 혹시 메시아일지도 모르는 인물이었다. 그러나 요한복음에서는 예수가 그 자신의 영광을 나타내기 위하여 이 땅에 온 성육화된 신적 존재(an incarnate divine being)이다. 그리고 오늘날까지 교회가 예배해왔던 예수는 바로 이 요한복음의 예수였다. 그러나 오늘날 교회 기독교가 종말을 맞이하는 것을 볼 때에, 우리는 원래의 예수가 선포했던 훨씬 더 높은 단계의 종교로 되돌아갈 가능성에 대해 깊이 생각할 수 있다. 왜냐하면, 이제 우리는 마침내 직접적 종교(immediate religion)를 받아들일 준비가 되었다고 생각할 이유가 있기 때문이다.

자신의 시대보다 2000년 앞을 미리 살았던 어떤 사람에 대해 생각하는 것은 흥미 있는 일이다. 그러나 2000년이라는 세월은 사람들이 이러한 사실을 이해하기까지 기다려야 하고, 또한 그의 추종자들과 동지들이 따라오기를 기다려야만 하기에는 참으로 긴 시간이었다.

2

작고 못생긴 사나이

1975년에 나는 1세기 팔레스타인에서 십자가형에 처해졌던 한 남자의 잘 보존된 유골을 살펴볼 기회가 있었다. 못자국은 내가 예상했던 자리들, 곧 양쪽 손목 바로 위와 아래 팔의 두 뼈 사이, 즉 요골과 척골 사이에 반듯하게, 그리고 보다 더 잔인하고 파괴적으로 두 발목을 옆쪽으로 관통해서 나 있었다. 그는 마른 체형이었다. 그리고 소년처럼 보였다. 그러나 우리는 다른 고고학적 증거들을 통해서, 고대 팔레스타인의 유대인들은 오늘날 우리들의 기준으로 보자면 체구가 작은 사람들이었다는 것을 알고 있다.

그 유골은 고대 예루살렘 도시에서 북서쪽으로 약 1마일 정도에서 발견되었다. 불가피하게도, 이 유골들이 나사렛 예수의 것일 수도 있다는 생각이 스쳐갔다. 나는 고대 이방 저술가 켈수스(Celsus)를 생각했다. 그는 한 책에서, 기독교인들을 반박하면서, 신적인 영혼을 소유한 사람은 어떤 식으로든 아주 특이한 외모일 수밖에 없다고 주장했었다. 켈수스는 신적인 인간(a divine man)은 키도 크고 이목구비가 뚜렷하며 고결해 보여야 한다고 하면서, 예수는 전혀 그렇지가 않았다고 말했다. 즉 "그의 몸은 작고 못생기고, 별 볼 일 없었다." 1) 기독교 학자인 오리게네스는 그런 비난을 부인하지 않았는데, 그보다 앞서 알렉산드리아의 클레멘스와 터툴리아누스(둘 다 기원후 200년경에 활동) 등 많은 기독교 저술가들도 예수를 그렇게 묘사했었다.

이 저술가들은 모두 다 이사야 53장의 하느님의 "고난받는 종"이 못생긴 모습으로 그려진 것에 영향을 받았을 것이다. 그러나 누가복음에는 예수에 대한 사람들의 조롱을 묘사한 구절이 있다. "의사여, 너 자신을 고치라!" 이 구절이 명백하게 의미하는 바는 예수가 다른 사람들의 고통을 치유하는 일 속에서, 예수 자신이 개인적으로 이런 저런 고통을 당했으나, 누가의 예수는 그것을 그런 식으로 받아들이지 않았다는 사실이다. 누가는 이 구절을 다음과 같이 바꾸어서 말한다: "당신이 가버나움에서 행했다고 우리가 들은 그 일을 당신의 고향인 이곳에서도 행하라!" 이 때 예수는 "선지자는 고향에서 받아들여진 적이 없다"고 대답한다.2) 마태복음은 누가복음을 따라, 예수에 대해 잘 알려진 이런 비난을 알고 있는 것처럼 보이는데, 거기에 구원론적 해석을 부여하는 방식을 취한다. 즉, 예수의 대적자들은 십자가에 달린 그를 조롱하면서, "저가 다른 사람은 구원하면서 자기는 구원하지 못하는구나" 하고 말한다.3)

---

1) Origen의 *Contra Celsum* VI권 75페이지, (tr. by H. Chadwick, 1953) pp. 388 이하를 보라.
2) 누가복음 4:23 이하.
3) 마태복음 27:42 이하.

이처럼 마태와 누가는 모두 예수의 외모는 호감을 주지 못했다는 강한 전통을 알았음에 틀림없으며, 서투르게도 그것을 무마시키려 했다. 그럼에도 불구하고 이런 전통은 사라지지 않았으며, 다음 세기 혹은 그 다음 세기 동안에, 예수는 통상적으로 다음의 두 가지 특이한 형태를 띠고 있다고 말해졌다. 즉, 그의 육체의 때에, 주님은 참으로 "볼품 없는" 외모를 가졌지만, 부활하신 주님은 신앙의 눈을 가진 이들에게 고상하고 아름다운 외모를 지닌 분으로 보여졌다. 따라서 부활하신 주님을 알아보기 어려웠다고 보고하고 있다.4) 즉 그분은 외모가 상당히 바뀌었다는 말이다.

그러나, 기독교 전통, 특별히 기독교 예술이 발전해감에 따라, 볼품 없는 외모라는 오래된 전통은 덧칠해지면서 잊혀졌다. 즉 영광스런 그리스 신의 부활한 모습을 거꾸로 예수의 지상적 생애의 외모에 투사하는 일이 일상화되었다. 이미 우리가 요한복음의 경우에서 본 것처럼, 이러한 경향은 그분의 가르침과 이 땅에서의 인간적 삶, 곧 그의 인격과 행위를 이해하는 방식에 막대한 영향을 끼쳤다. 단적으로 말해서, 예수의 원래 가르침은 오해되었고 무시되었으며, 그의 삶은 더 이상 정상적인 인간의 삶으로 여겨지지 않게 되었다. 그 대신에, 예수는 성육한 하느님(God Incarnate)으로 생각되었고, 그의 삶은 계시적 순간들에 대한 일련의 신학적 회화화의 과정—그 각각에서 그의 영원한 영광의 어떤 것이 시공의 세계에 나타난—을 통해 장엄한 신의 출현으로서 여겨졌다. 그는 이런 방식으로 자신을 드러내기 위해 이 세상에 오신 것이다. 예수에 관

---

4) 누가복음 24:15 이하, 요한복음 20:14, 21:4.

한 각각의 회화들은 그리스 비극의 확인 장면들의 한 순간처럼 되었다. 그것은 계시의 초역사적 순간이다. 즉 그 순간에, 그리고 오직 그 곳에서만 영원한 존재가 빛난다.

이처럼 예수의 생애를 일련의 신학적인 회화들, 어떤 "여정들"(stations)의 세트로 그리는 일은 서방과 동방 모두의 기독교 예술사에 가장 분명하게 드러난다.[5] 신약성서 정경에 나타난 예수의 모습을 그린 회화들은 약 50개다(그밖에 14개의 '십자가의 여정들'을 그린 회화들이 있다). 그 위대한 장면들은 예수의 수태, 탄생, 십자가, 죽음, 매장, 그리고 부활 사건에 집중되어 있다. 왜냐하면, 이 장면들이 예수의 인격과 사역에 관한 정통적 이해의 중심이 되어왔기 때문이다. 예수의 신적인 능력의 장엄한 증거로서의 기적 사건들 역시 한 세트의 신학적 회화들로 발전되어왔으나, 그분의 인간적 삶의 일상성과 도덕적 가르침들은 결코 신조로 만들어지지 않았으며, 교회력이나 교회의 봉헌 그 어디에서도 기념되어지지 않았다. 이처럼 그것들은 누락되었고 관계없는 것으로 치부되었다. 그의 보통의 삶은 아무도 원하지 않았다.

내가 아는 한, 그 회화들의 성경상의 순서나 그 표제에 따라 열거할 가치가 있다고 생각한 사람은 이제까지 아무도 없었다. 그 회화들은 다음과 같다. (15-19는 나머지 순서와 조금 다르다)

---

5) Neil MacGregor and Erika Langmui, *Seeing Salvation*과 *The Image of Christ*를 보라. Neil MacGregor와 그의 조교 Erika Langmuir는 역사적 예수, 사복음서의 예수, 그리고 완전히 발전된 라틴기독교의 성육신 하느님을 하나의 동일한 것으로 본다는 점을 주목하라.

유아기

1. 수태고지
2. 방문
3. 탄생
4. 목자들의 경배
5. 동방 박사들의 경배
6. 성모 마리아와 그리스도
7. 그리스도의 할례
8. 예루살렘 성전에 나타나심
9. 이집트로의 피난
10. 유아대학살
11. 아기 세례요한과 성모 마리아, 아기 예수의 만남
   (성 안나 혹은 엘리자벳과의 만남)
12. 율법학자들 가운데 계신 그리스도

목회

13. 그리스도의 세례
14. 광야의 그리스도
15. 가나의 혼인잔치
16. 베데스다 연못에서 중풍병자를 고치심
17. 바리새인 시몬의 집에서의 그리스도
    (막달라 마리아와 함께)
18. 야이로의 딸을 살리심

19. 나자로를 살리심
20. 그리스도의 변형

수난
21. 그리스도의 예루살렘 입성
22. 성전정화
23. 최후의 만찬
24. 그리스도를 배반함 (가룟 유다가 대제사장에게)
25. 겟세마네 동산에서의 고민
26. 유다의 키스(그리고 그리스도의 체포)
27. 대제사장 앞에선 그리스도/베드로의 그리스도 부인
28. 빌라도 앞에 선 그리스도
29. 이 사람을 보라
30. 빌라도가 손을 씻음
31. 기둥에서 채찍질을 당하심
32. 가시관
33. 그리스도를 조롱함
34. 갈보리로의 행진/ 십자가를 지고 가시는 그리스도
35. 베로니카의 손수건
36. 십자가형을 기다리고 계신 그리스도/ 슬픔의 인간
37. 십자가형
    A. 군인들이 그리스도의 옷을 나눔
    B. 성모 마리아와 성 요한

    C. 참회하는 강도

    D. '내가 목마르다'

    E. 창에 찔리신 그리스도

38. 십자가에서 내려지는 그리스도
39. 피에타
40. 매장
41. 죽으신 그리스도

부활

42. 부활 (빈 무덤과 군사들)
43. 무덤가의 세 마리아
44. 부활 후 막달라 마리아 앞에 모습을 나타낸 예수
45. 엠마오에서의 만찬
46. 의심하는 도마
47. 그리스도의 승천

특정 사건에 해당되지 않는 주제들, 혹은 잔치

48. 영광 가운데 보좌에 앉으신 그리스도
    (천국에서 왕위에 임하심)
49. 선한 목자
50. 세상의 빛
51. 베드로를 향한 그리스도의 사명위임/ 베드로에게 열쇠를 주시는 그리스도

많은 설명들이 한꺼번에 요구된다. 이 목록을 보다 권위 있게 하기 위해서는, 기독교 미술 분야에서 성화들을 완벽하게 분류한 데이터베이스—아직 존재하지 않는다—를 참고할 필요가 있다. 목록 15-19는 다른 목록들의 성경적인 순서와 별도이다. 즉 그 회화들은 그리스도의 공생애 사역의 개별적 장면들을 보여주는 전형적인 예들이지만, 그 장면들은 기독교 미술에서 비교적 흔하지 않을 뿐만 아니라, 그 어느 것도 성경의 예수의 모습을 그린 회화 세트에 포함되어 그 표제와 함께 받아들여진 것이 거의 없었다.[6] 막달라 마리아가 관련된 잘 알려진 장면들(17,44)은, 세례 요한의 삶에 살로메가 관련된 장면들처럼, 예수의 삶에 에로틱한 의미를 제공하는 것처럼 보인다.

어떤 장면들은 너무 잘 알려져서 그와 연관된 다양한 이차적 장면들로 발전될 정도였다. 무엇보다도 수난설화가 그러하지만, 동방박사들의 경배 장면 이전에 동방박사들의 여행 장면, 그리고 이집트로의 피난 장면에 이어 이집트로 피난 도중의 휴식 장면 등으로 발전되었다.

공들여 다듬은 흔적은 다른 방식으로도 나타난다. 즉 예수 그리스도의 생애는 동방 성인들의 삶의 일반적인 패턴과도 일치해왔다. 그것은 부처, (영국 레이체스터에 있는 자이나교 성전의 스테인드글라스 창에 새겨진 것처럼) 마하비라(Mahavira, 기원전 6세기, 자이나교의 창시자 - 역주), 그리고 티아나의 아폴로니우스(Appolonius of

---

[6] 17번, 바리새인 시몬의 집에서의 그리스도는 기독교 예술에서 공통적으로 표현된 예수의 공생애에서 기적과 상관없는 거의 유일한 장면임을 주목하라.

Tyana)의 생애와도 비슷하다. 또한 그리스도의 삶에 나타난 그 원형적인 패턴은 워낙 강력했기 때문에, 그분과 연관된 다른 이들에게도 그 패턴이 퍼져나갔다. 이처럼 성모 마리아의 일생도 영면(Dormition), 성모승천, 대관식으로 끝나는 일련의 회화들로 발전하여 그리스도의 생애 주기와 매우 밀접하게 병행한다. 이러한 생애 패턴은 세례요한과 성 베드로의 경우에도 어느 정도 적용된다.

목록 7에서 10까지를 바른 순서로 나열하려고 할 때, 혹은 마리아의 생애를 그리스도의 생애와 나란히 견주어가며 써가려 할 때 금방 발견하게 되듯이, 증거, 역사성, 그리고 일관성에 대한 고려는 확실히 그동안 그다지 중요하게 생각되지 않았다. 기독교 신앙은 대중의 요구에 부응하기 위해 새로운 주제들을 기꺼이 창출해내었다. 동방에서의 우상파괴를 둘러싼 한번의 대격동, 그리고 이후 서방에서의 종교개혁 당시의 사건을 제외하고, 기독교 예술은 줄곧 대중적이었으며 참으로 인기가 높았다. 기독교 예술은 그 후원자들의 요구들을 고려하면서, 교회의 변화와 다양한 규칙들, 그리고 신학과 대중적 경건의 발전 과정들을 면밀히 따라왔다. 실제로 기독교 예술사는 기독교 역사 그 자체의 탁월한 이미지이며, 우리가 '기독교'라고 일컬어온 거대한 실체가 실제로는 그 추종자 내지는 지지자라고 자칭하는 사람들에 의해 부끄러운 줄 모르고 어느 정도까지 창조되었는지를 분명히 우리에게 보여준다. 공식적 신학은 그 종교체제 전체를 '거룩한 전통'(Holy Tradition), 곧 하느님에 의해 제정되었고, 하느님에 의해 영속되며, 하느님에 의해 어떤 잘못도 끼어들 수 없는 신성한 것이라고 설명한다. 사람들은 이 거룩한 전통의 신성한 객관성을 강렬하게 그리고 열정적으로 느끼며 확신한다. 그러나 역사적 연구는 기독교 예술이 문화적 전통이나 공동체적 환상이란 면에서 거대한 집단적 민속예술이었음을 보여준다. 사람들은 그들이 필요하다고 느끼는 종교를 만들어왔으며, 그렇게 함으로써 그 객관적 소여성(givenness)에 대해 확신해왔다. 여기에는 하느님의 설계에 의한 종교라는 논증이 관련되었는데, 즉 기독교는 우리의 본성에 완전히 조화된 것이기 때문에, 현명하고 자애로운 창조자에 의해서 기독교의 모든 세밀한 영역까지 우리를 위해 특별히 설계된 종교임에 틀림없다는 논증이다.

하느님의 설계 논증의 모든 변형들처럼, 이것도 증거가 없다. 즉 어떠한 외부의 설계자를 전제할 필요가 없다. 왜냐하면, 종교를 만들어내고, 그것을 우리의 필요에 맞도록 고쳐나간 이들은 바로 우리 자신들이었다고 생각하는 것이 보다 단순할 뿐만 아니라 우리의 경험적 증거와도 일치한다. 그런데 왜 우리는 그 명백한 것을 흔쾌히 받아들이지 않으며, 마치 우리가 다른 게임을 하듯이, 우리의 종교를 이해할 때, 기독교의 과거란 순전히 인간들의 역사이며 인간들의 현재의 성격에 의한 것임을 정직하게 인정하면서 받아들이지 못하는가? 왜 그럴 수 없는가? 지금까지도 많은 사람들이 자발적으로 참여하는 초자연적 기독교의 마지막 모습은 예수 탄생 연극이다. 심지어 마태복음과 누가복음 안에서조차 이미 예수 탄생 이야기는 단지 경건한 민담일 뿐이라는 것을 알고 있지만, 사람들은 그 이야기를 좋아한다. 그것은 허풍이며, 단지 민속일 뿐이다. 그런데 왜 우리는 그와 같은 '비실재적인' 기초(외부적인 하느님의 설계를 인정하지 신학 - 역주) 위에서 우리의 종교를 실천해서는 아니 되는가?

전통적 기독교에 관한 비실재적 이해와 실천이 왜 유효하지 않으며, 왜 이제 우리는 기독교의 개혁을 말해야만 하는지를 알기 위하여, 기독교 예술이 그리스도를 묘사해온 방법과 묘사하지 않은 내용들을 좀더 살펴볼 필요가 있다. 우리는 기독교 예술이 기독교 경건에 관해 매우 많은 것을 드러내고 있다는 사실을 이해하게 될 것인데, 이것은 다시 말해서 기독교가 성모 마리아나 예수를 보통의 인간적 삶을 산 것으로 그려내는 것이 지금까지 매우 불가능했다는 사실을 깨닫게 될 것이다.

해설

전통지향적 사회에서는, 어떤 예술가도 그가 좋아하는 방식으로 신성한 주제를 그려낸다는 것이 결코 자유롭지 못했다. 그는 항상 모범적인 표준 장면만을 그려내야 했고, 매우 세세한 성상 제작의 규칙을 따라야만 했다. 그 결과, 기독교 문화 속에서 예술 전통은 예수의 이미지, 곧 교회신앙을 위한 신적인 구세주로서의 이미지를 찍어내는 "제5 복음서"가 되었다. 사람들은 단지 예수는 턱수염이 났고, 무덤에서 그 몸이 일어나셨다는 등등에 대해서만 알고 있다. 오늘날까지도 역사적 비판적 연구가 발견해낸 예수는 이태리 미술이 그려낸 예수와 사뭇 다르다는 주장에 대해 사람들이 흥미를 갖도록 하는 것은 여전히 어려운 일로 남아 있다. 1970년대 프랑코 제피렐리 감독의 장편영화 "나사렛 예수"(1976)는 50개의 표준 성화를 시각적으로 그려낸 작품으로서 출시되었다. 이 영화는 만일 세부사항에 있어 전통에 충실한 관객들의 기대에 따르지 않는다면, 이 영화가 예수를 그려낸 영화라는 것을 사람들이 모를 수도 있기 때문에, 아마 그러한 형태를 취해야만 했을 것이다. 제피렐리 감독의 영화는 이미 사람들의 머리 속에 있는 영상을 복사해내야만 했다. 그렇지 않았다면, 사람들은 그 감독에게 매우 화를 내면서 그를 신성모독자라고 불렀을 것이다. 따라서 이 책에서의 나의 문제는 전체 기독교 예술 전통을 극복할 예수를 회복하는 것이다. 이 일은 결코 쉬운 일이 아니다. 그 누구도 그 동안 해낼 수 없었던 일이기에.

3

거룩함과 새어나감

나는 지금까지 기독교 예술에서 예수와 성모 마리아의 생애(그리고 조금 덜 하지만 세례 요한도)가 치밀하게 정의된 일련의 연속적이며 정적인 그림들로서 표현되어왔다는 것을 말했다. 그 각각의 그림은 영원한 분이 시간 속에서 그 자신을 드러낸 순간들이기에, 인기 있는 설교 주제가 되었다. 그림 속의 행동은 하느님의 능력이 발휘되는 순간, 혹은 그것을 알아차리는 순간에 고정되어 있다. 설교자는 그것을 둘러싸고 있는 환경을 묘사하고 거기 관련된 상징들을 해석함으로써 이 모든 것을 설명한다. 그 순간은 인간들이 상호작용하는 흘러가는 시간 안에 존재하는 그런 순간이 아니다. 오히려 그 순간은 인간 상호작용이 얼어붙고 말았던 순간, 즉 처음부터 빛나고 있는 "영원한 분"에게 인간의 모든 주의가 집중되는 순간이다. 그래서 예수의 생애에서 다른 사람들과 시간 속에서 가졌던 모든 활동은 제거되고, 50개의 동결된 틀로 대체되었다. 이그나티우스 로욜라(Ignatius Loyola)는 명상가들에게 예수의 인간적 생애를 묵상하도록 권장했다는 점에서 부분적이긴 하지만 예외적인 휴머니스트가 되기에 충분하다. 그러나 그와는 달리 주된 전통에서는, 어떠한 하느님의 계시도 보통의 인간적 생애의 일상적인 시간 안에서는 발생하지 않는다. 아니 발생할 수가 없다. 그것은 오직 50개의 정형화된 장면 안에서만 일어날 수 있다. 영원한 성자 하느님은 오직 그 정형화된 틀 안에 그의 신성이 상징적으로 계시되기 위해서만 육체를 입고, 인간적 생애를 산다. 이것은 묘하게 축소된 성육신의 모습이다. 왜 그래야만 하는가?

기독교 예술에서의 중심인물, 곧 예수와 마리아가 거의 언제나 그 시선을 약간 다른 데로 돌리고 있으며, 고립되고, 슬프고, 수동적이며, 누군가를 책망하는 것처럼 보이는 것, 그리고 보통 굳게 입을 다물고 있다는 사실을 주목할 필요가 있다. 특별히 성모 마리아는 항상 수녀처럼 옷으로 두껍게 감싸여 있으며, 그 눈은 얌전히 아래를 내려다보고 있으며, 마치 그녀의 독특한 소명을 위해 기꺼이 희생물이 되기를 원하는 듯한 수동적인 모습이다. 기독교 미술의 그 어디에서도 마리아가 그녀의 남편의 눈을 바라보고 있다든지, 심지어 남편을 쳐다보고 있는 것조차도 찾아볼 수 없다. 가톨릭 신앙에 의하면, 그녀는 너무 거룩해서 혼인 생활 중에 신방을 차린 적도 없다. 그녀의 다른 자녀들은 신약성서에 자주 언급되고 있음에도 불구하고 인정되지 않으며, 심지어 예수를 출산했음에도 그녀의 처녀성은 조금도 손상되지 않았다. 기독교 예술이 마리아를 이처럼 기이하게 그리고 있기 때문에, 탈기독교 시대의 작품들은 마리아를 이전에는 생각해 낼 수도 없는 방식으로 그려냄으로써 대중을 자극하고자 했다. 즉 한 유명한 스페인 회화작품은 마리아가 말썽을 부리는 아기 예수의 엉덩이를 때리는 장면을 그려낸 것도 있다.

이와 유사하게 기독교 예술에서 예수는 흔히 근엄하고 꾸짖는 표정을 짓고 있다. 공관복음서는 예수를 다양한 비판자들 및 반대자들과의 치고 빠지는 논쟁을 상당히 즐기는 인물로 묘사하고 있지만, 나는 기독교 예술 그 어디에서도 예수가 활발한 대화에 몰두하고 있는 모습을 그린 것을 본 적이 없다. 말이 없는 유대인이란 정말 이상한 것이다. 또한 예수가 타인으로부터 물러 서 있는 모습은 그의 행동에도 나타나는데, 특히 부활한 예수가 막달라 마리아와 만나는 주제를 다양하게 다룬 그림(Noli me tangere)에서는 매우 우아하게 묘사되어 있다. 거룩한 사람이 타협할 위험성이 있는 자리에 있다는 것은 생각할 수 없다. 그는 약간 떨어져 있어야만 한다. 사람들과의 접촉은 그것이 성적이든, 행동으로든, 심지어 단순한 대화일지라도, 그의 거룩이 새어나갈 위험이 있는데, 예수의 옷을 만졌던 혈루증 앓는 여인의 경우에서 잘 드러난다(누가 8:46, 누가 7:39을 비교). 여성과의 접촉은 잠재적으로 부정해져서 약해지는 것으로 간주되었다. 특별히 군인들이나 선원들, 광부 혹은 운동선수의 경우에 그렇다.

거룩은 분리를 의미한다. 이것이 바로 기독교인들의 상상력이 결코 성육하신 주님이나 그의 어머니를 완전히 인간적 생애를 사신 분으로 그려내지 못한 이유이다. 성 베네딕트도 기독교 수사는 보통 사람들과 떨어져 살아야만 하고, 가장 거룩하신 분 그리스도는 더한층 그렇게 해야만 했었다고 확고하게 믿었다.

좀더 자세하게 설명할 필요가 있겠다. 레위기, 에스겔 40-48장, 그리고 구약성서의 다른 곳에서, 우리는 거룩에 관한 모든 고전적 종교 개념이 상당히 자세하게 규정되어 있는 것을 발견한다. 거룩한 존재와 일상적인 존재, 정결한 사람들과 불결한 사람들 사이의 이중적인 구분은 종교의 근본적인 원리이며, 종교가 이 세계를 구성하고 기본적인 우주론을 제시하는 방식을 깔끔하게 보여준다. 우리의 경험 세계 전반에 걸쳐, 정결한 것과 불결한 것, 거룩한 존재와 일상적인 존재 사이에는 명백한 구분이 있어야만 하며, 그 구분은 반드시 존중되어야만 한다. 그 완전함을 우리가 보존하려고 노력해야만 하는 거룩한 것 가운데 매우 중요한 것이 인간의 몸이다. 몸과 외부 세계 사이의 경계를 넘나드는 것에 대해서는 크게 주의해야만 한다. 즉 사람들은 정결한 음식만을 먹어야 하고, 몸으로부터 더러운 물질을 배출해낸 후에는 그 자신을 정화시켜야 한다. 여인들에게 월경과 출산은 불결함의 원인이 되며(레위기), 문둥병과 같은 피부병은 매우 심각한 불결함의 상태를 야기하고, 많은 사회에서는 상처가 있다든가 부상당하는 것도 사람을 불결하게 만드는 것으로 간주된다.

거룩에 대한 이런 고전적 개념들은 오늘날의 독자들에게 매우 친숙할 뿐만 아니라, 인류학자 메리 더글라스(Mary Douglas)에 의해 특별히 명확하게 설명되었다.[1] 이 거룩의 개념들은 복음서 이야기들에서 아직도 어떤 역할을 해내고 있다. 그러나 예수의 가르침과 사도행전의 새로운 세계에서는, 정결함과 불결함의 경계에 관한

---

1) Mary Douglas의 *Purity and Danger*와 *Natural Symbols*를 보라.

전통적 이해가 크게 도전받고 심지어 폐기되어야 한다는 주장도 있다(마가 7:14-23; 행전 10:1-11:8). 이방 교회에서는 모든 것이 '정결' 하며, 모두가 거룩하고, 그 무엇도 불결한 것은 없다.

그러나 이것은 지속되지 않았다. '기독교'가 거대한 중보종교의 체계로 발전되자, 거룩한 것과 보통의 것, 정결한 사람과 불결한 사람에 관한 거의 모든 오래된 관념들이 되돌아왔다. 그 영향은 마침내 완전히 거룩한 사람은 이 세상에서 전적으로 정상적인 인간의 삶—여성으로든 남성으로든—을 산다는 것을 상상할 수 없는 것으로 만들었다. 즉 시간성과 변화, 그리고 타인과 교류하는 것은 항상 거룩함이 새어나가고, '능력'의 상실을 야기할 수 있는 위험을 안고 있다는 것 때문이었다. 예수나 마리아가 보통 사람의 삶에 그 자신을 완전히 헌신할 가능성은 없게 된 것이다. 예술세계에서는 우리가 그 두 사람 중 어느 누구도 편안히 쉬고 있는 것을 볼 수가 없다.

사람들은 기독교인들이 특별히 성(sex)에 대해 전전긍긍하고 있다고 상상하는 오류를 종종 범한다. 그것은 일종의 지나친 단순화이다. 왜냐하면, 성은 육체와 체액이 섞이는 것과 연관되어 있기 때문에, 육체의 완전성을 잃어버리고 거룩성을 잃어버리는 원인이 되기 쉽다. 그러나 이것은 이 세상에서 다른 사람들과 어울리는 모든 일들에서도 마찬가지이다. 그 요점은 어떤 공동체의 활동에 동참하기를 무척 신경을 쓰면서 주저하는 수줍어하는 성격의 사람들에게 아직도 사용하고 있는 관용어에서 분명히 나타난다. 즉 "망가져!" 이 말은 성스러운 것을 더럽히는 것에 대한 두려움을 극복해야만 한다는 것을 의미할 때 영국에서 쓰는 말이다. "흠뻑 빠져버려!" 란 말은 생생하게 성적인 의미를 지니고 있다. "뒤섞여!" 이 말은 헌신을 두려워하지 말라는 것이다. "개입해!" "손을 뻗어!" 이 말들은 당신 자신의 육체를 던져 공동의 과제에 기여하라는 말이다. "손이 더러워지는 것을 두려워 말아!" 이런 관용어들이 보여주는 것은 성에 관한 종교적 염려가 인간의 몸의 정결, 완전성, 혹은 거룩성에 관한 훨씬 더 일반적인 염려의 단지 한 경우일 뿐이라는 점이다. 타인들과의 어떠한 종류의 접촉이나 성적 행위도 거룩함을 더럽히고 그의 능력이 새어나가는 위험한 일이라고 느껴왔다. 특별히 어떤 종류의 시련이나 전투 혹은 특별한 위험에 맞닥뜨린 남자들의 경우, 같은 남자들끼리의 사회 안에 머물면서 여인을 멀리하는 것이 자신의 힘을 보존하는 최선이라고 생각해왔다.

기독교 변증가들은 종종 하느님이 그리스도 안에 성육신함으로써 만물을 거룩하게 만들었다고 주장한다. 그러나 실제로는 그와 반대로, 하느님이 예수 안에 성육했다는 이 믿음은, 그 믿음으로 인해 '기독교' 가 하나의 새롭고 매우 정교한 중보종교의 형태로 발전하는 과정의 한 부분으로 생겨난 믿음인데, 이 중보종교는 성과 속, 불결과 정결에 관한 모든 옛 개념들을 다시 회복시켰고, 불과 몇 년 전까지만 해도 그 중보종교가 왕성했다. 심지어 오늘날에도 '종교적 삶' 이란 독신생활을 의미하는 사람들도 꽤 많이 있다.

이러한 영향은 동방과 서방 기독교에 기묘한 모순을 끌어들였다. 즉 한편으로 교회는 성육하신 성자 예수와 성모 마리아는 완전히 인간의 삶을 살았다고 주장했다. 그러나 다른 한편으로는 거룩한 것과 불결한 것에 대한 고대의 사상—교회가 현재까지 고수하고 있는 사상—은 예수나 마리아가 시간 속에서 인간적인 삶을 살 수 있었다는 것을 상상할 수 없도록 만들었다. 거룩은 그 순결성과 완전성을 보존하기 위해 타인으로부터의 분리와 거리두기를 요구한다. 그러나 시간 속에서의 인간의 사회적 삶이란 언제나 계속적인 육체적, 성적, 경제적, 언어적 교환 과정이다. 우리는 다른 사람의 어떤 부분을 받아들이고, 나의 어떤 부분을 다른 사람들에게 넘겨주면서 섞여지는 것이다. 우리는 단순한 보통 사람의 삶을 살면서 동시에 우리 자신의 정체성과 완전성이 손상되지 않도록 보존할 수는 없다. 이런 이유 때문에 우리는 아직도 신약성서를 읽을 때 예수, 마리아, 세례 요한, 열두 사도, 바울, 디모데, 바나바 등이 독신의 삶을 살고 있다고 가정한다. 본문이 시사하는 바로는 그와 반대이지만 말이다.

이 모든 것들은 성육하신 하느님의 인간적 삶을 상상해보려고 시도하는 기독교 예술은 그 50여 개의 일련의 정적인 회화들보다 더 나은 어떤 것을 내놓을 수 없었다는 사실을 설명해준다. (그리고 설교자들은 그 50여 개의 회화들이 영원하신 분이 이 시간적 세계 안에 그 자신을 상징적으로 드러낸 순간들이라고 해석한다.) 또한 하느님의 어머니(the Mother of God)였던 어떤 여인을 상상하면서, 기독교인의 상상력은 그 여인을 전혀 여인답지 않은 여인으로 그려내는 것 이상의 길이 없었다. 교회의 메시지는 거룩한 것에 관한 그 자체의 개념에 의해 치명적으로 둔감하게 되었는데, 그 개념은 하느님과 그리스도에 관한 교회의 피상적 교리보다 더 오래되고 깊으며 강한 것으로 보인다.

우리는 이제야 비로소, 19세기에 에른스트 르낭(Ernest Renan)을 비롯한 몇몇 사람들이 예수의 생애에 관한 소설을 쓰려고 시작했을 때, 정통 기독교는 끝장났다는 유명한 말의 의미를 이해할 수 있다. 왜냐하면, 만일 당신이 예수를 소설 속의 한 인물로 삼으려 한다면, 당신은 그를 시간 속에서 완전히 주고받는 과정 속에 살고 있는 진짜 사람으로 그려내야 하기 때문이다. 그렇게 되면, 당신은 지금까지의 거의 모든 전통 종교에 근본적이었던 성육신의 교리와 거룩과 불결에 대한 개념들이 필요 없게 되는 것이다.

이제 두 가지 점을 보충 설명할 필요가 있다. 첫째는, 이와 똑같은 난관이 플라톤과 아리스토텔레스에서 시작된 서양 철학 전통에도 나타난다. 사람들은 본질과 정체성에 관해 상당히 강력한 개념들을 지키기를 원했다. 철학적으로 본질(substance)이란 거룩에 해당한다. 본질이란 시간이 지나도 그 자신의 정체성 혹은 완전성을 그대로 유지하는 독립적 존재이다. 그러나 서구의 철학 전통은 시간 안에 있는 만물이 인과관계 속에 있으며, 따라서 계속적인 변화에 종속된다는 것을 인식해왔다. 따라서, 본질과 정체성에 관한 우리의 전통적인 생각들은 시간, 변화, 인과성에 관한 생각과 양립할 수 없는 것처럼 보인다. 우리는 왜 애당초 우리가 이와 같은 모순에 빠지는 것을 허용했는가? 그 대답은 우리가 만물이 유전(流轉)하는 것을 참을 수 없었기 때문이다. 우리는 궁극적으로 겉으로 보이는 현상들의 무한한 율동만이 존재한다는 주장을 증오했다. 우리는 명백한 경계선과 차별적인 정체성을 정의하고 유지하기 위해 애써야만 한다고 느꼈다. 여기서도 우리는 철학의 중심 사상과 주장들은 낡은 종교적 사상과 문제들의 망령들이라는 것을 본다.

두 번째 보충 설명할 점은 그리스도의 인간적 삶에 관한 것이다. 신약성서가 인정하는 바와 같이, 공개적으로 처형당한 저주받은 자의 육체는 매우 불결한 것이다. 나는 이 점이 중세 이전에도 많이 논의되었다고 생각하지는 않지만, 그뤼네발트(Grünewald), 루터(Luther), 칼빈(Calvin), 홀바인(Holbein) 등의 신학자들에게는 성육하신 성자 예수 그리스도가 우리를 위하여 철저하게 불결하게 되었다는 사실은 매우 분명했다. 어떻게 이러한 일이 가능했으며, 우리는 어떻게 이해해야만 하는가?

그리스도의 죽음에 관한 문제를 현재의 우리의 관점에서 접근할 때에, 성육신과 거룩에 대한 전통적 종교개념, 이 둘에 대한 확고한 이해를 갖고 있는 그리스도인들에게 그리스도의 죽음의 방식은 하나의 참을 수 없는 전율의 주제가 된다. 우리는 이제야 비로소 왜 처음 천 년 동안의 기독교 예술에서 십자가형(Crucifixion)이 인기 있는 주제가 아니었는지, 그리고 왜 오늘날까지 그 어떤 표준적인 '구속론 교리'(doctrine of the Atonement)가 존재하지 않는지를 알 수 있다. 구속론에 관한 모든 초기의 이론들은 빛을 비추어주기보다는 당혹감을 더 많이 표현하고 있다. 예언자 모하메드를 포함해서 몇몇 사람들은 십자가형은 종교적으로 생각할 수 없는 일이기 때문에 일어날 수 없었던 일이라는 말로 그들의 언급을 마치고 있다.[2] 이와 비슷하게, 초대 교부들은 모두 십자가 처형을 하느님이 악마

---

[2] Qur'an 4권 154-57/155-59; Geoffrey Parrinder, *Jesus in the Qur'an* 2장을 보라.

를 속인 일종의 속임수로 취급했다. 다른 이들은 십자가 처형에 대해 똑같이 억지 주장을 하면서, 십자가 처형은 우주적 희생이라고 주장했는데, 이것은 희생이라는 말이 뜻하듯이 그 희생자를 거룩하게 성별하여 바치는 것이라는 의미를 망각한 주장이다. 반면에 우리는 십자가형을 통해 그 희생자가 철저하게 **불결하게** 된 것에 관해 말하는 것이다. 가장 거룩하신 분이 철저하게 불결하게 되었다는 사실은 모든 사상 가운데 가장 허무주의적인 것, 곧 모든 것을 파괴하는 사건이 아니고 다른 무엇이 될 수 있는가? <인간이 되신 하느님>(*Cur Deus Homo*)이란 책을 쓴 안셀름(Anselm)처럼, 어떤 사람들은 하느님에게서 떼어낼 수 없는 정의에 대한 그의 요구와 자비의 무한하심 사이의 비극적 갈등, 곧 그리스도의 처형에 의해서만 해결될 수 있는 갈등을 상상한다. 나는 안셀름이 하느님 안에 있는 움직일 수 없는 거룩한 정의에 대한 요구와 자비의 무한하심 사이의 비극적 갈등이 너무 깊어서 오직 하느님의 죽음(the death of God)에 의해서만 해결될 수 있다는 사실을 그가 이해할 수 없었던 것이 그를 위해서는 잘된 일이라고 생각한다.

단지 그 다음 시대, 곧 루터와 칼빈의 시대, 마티아스 그뤼네발트의 "이센하임의 제단화"(Isenheim Altarpiece, 1515)와 홀바인의 "죽은 그리스도"(Dead Christ, 1520년대)의 시대에 와서야 비로소 그리스도의 죽음은 참으로 종국적으로 하느님의 죽음이라는 것이 보다 분명하게 이해되고 언급되기 시작했다. 그러나 이런 생각이 완전히 드러나는 데는 여러 세기가 걸렸다. 기독교의 처음 천 년 동안에는 하느님 중심의 교회 기독교가 성장하고 꽃을 피웠으며, 그 다음 천

년 동안에는 그리스도 중심의 교회 기독교가 성장하여 종교적 휴머니즘을 발전시켰다고 말하기에는 아직 이르다. 교회가 괴물처럼 억압적이 되고 지나치게 커진 것은 교회가 자신을 우상으로 만들었기 때문이다. 그러나 교회의 구원의 은혜는 그 중심 상징, 곧 십자가형 안에 그 자신의 궁극적이며 필연적인 자기부정(self-cancellation)의 이미지를 보존하였다는 점이다. 그리고 이 두 번째 천년기의 마지막 때에 교회 기독교가 죽어감으로써, 우리는 마침내 죽으신 그리스도 안에서, 순전한 허무성과 순전한 휴머니즘의 만남을 볼 수 있게 되었는데, 이 만남으로부터 세 번째 천년기의 하느님 나라 종교(kingdom religion)가 자라날 것이다.

나는 여기서 우리로 하여금 "공(空)에 매진하고 대자대비를 실천하도록" 명하는 아름다운 대승불교의 격언을 언급할 수밖에 없다. 너무도 자주 불교가 보다 명확하게 생각하고 말하는 반면, 기독교는 독단적이며 불가해할 정도로 강력한 이미지를 가지고 있다. 십자가를 바라보며, 그리스도와 함께 죽으며, 우리는 허무(空, Nihil)와 대면하고 인간을 사랑하기를 배우게 된다. 그것은 극히 밝고 곧 사라지는 것이지만, 그것이야말로 우리가 가지고 있고, 우리를 위해 존재하는 것의 전부이다.

4

직접적 종교의 도래

나는 이제까지 내가 이 책에서 제시하려는 전체 주제 가운데 하나를 설명했다. 즉, 우리는 개혁을 생각할 필요가 있다는 것이다. 단순히 교회나 신조의 개혁이 아니라, 기독교 자체의 개혁이다. 왜냐하면, 이 근대 후기에 지금까지 거의 모든 종교적 철학적 사상의 근저에 깊이 깔려 있는 많은 대다수 전제들의 몰락을 우리는 경험했기 때문이다.

지금까지 지적한 사실은 이것이다. 즉 2세기 말부터 20세기 초까지 발전된 "가톨릭" 교회 기독교는 거룩함과 불결함에 관한 고대 사상의 복귀에 의해 깊이 영향 받았다는 점이다. 이 사상은 기독교를 두드러지게 독신자의 종교(celibate religion)로 만들어, 그 안에서 다양한 사람들, 절기들, 장소들에 대해 거룩의 등급을 정교하게 만들었을 뿐만 아니라, 사람들로 하여금 여성의 정상적인 출산 구조에 대해 종교적으로 불결한 것으로 생각하도록 하게끔 했으며, 아직도 계속해서 그런 방식으로 생각하도록 만들었다. 이런 생각은 사람들 마음 속에 깊이 각인되었으며, 지금까지도 이런 생각들이 사람들에게 미치는 영향의 정도를 생각하면 충격적이다. 당신이 되려고 노력해야 할 거룩한 사람의 유형은 아직도 '세상'에 의해 더럽혀지는 것을 두려워한 나머지 삶의 현실에 전적으로 개입하기를 움츠리며 뒷걸음치는 어떤 염려에 싸여 있는 사람이다. 다른 사람들과 어울리고 섞여 들어가는 것은 더럽혀질 위험이 많다. 이런 생각은 기독교 예술에 강력하게 영향을 미쳐서, 기독교인들로 하여금 예수나 그 어머니가 정상적인 인간의 생활을 했었다는 것을 상상하지 못하도록 만들었다. 기독교 예술에서 마리아는 궁극적으로, 아무리 짓밟혀도 가만히 있는 사람이다. 그녀는 자신의 사촌인 엘리자벳 외에는 그 어떤 어른도 맨 눈으로 바라볼 수 없다. 마리아는 단지 자신의 아이를 돌보기 위해, 특히 그 아들로 인해 고통받는 삶을 산다. 예수 역시 이상하게 왜곡되기는 마찬가지다. 예술에 나타난 예수는 경건하고 수동적이며 조용한 예수인데, 이런 모습은 상당히 논쟁적이고 문제아였던 공관복음서의 예수와는 판이하게 다르다. 우리는 "교회에 가서" 조용히 회중석에 앉아 있는 예수를 상상할 수 없다. 그와는 반대로, 예수가 등장하는 장면마다 야단법석이 일어났다. 종려주일 전날 밤만이 유일한 예외이다. 예수는 성전에 도착했다. 그러나 성전은 이미 저물고 있으며 텅 비어 가고 있다. 무언가를 시작하기에는 때가 이미 늦었다(마가 2:2). 그는 당황해서 떠났다. 그러나 다음날 그는 전날의 미진한 결말을 보충했다. (마태와 누가는 예수가 이전에 성전에 들어갔을 때 어떤 중대한 문제도 일으킬 수 없었다는 사실에 당황한 나머지 그 이야기를 삭제했다.) 그러나 슬프게도, 예수의 격렬함과 논쟁적 특성이 기독교 예술에는 나타나지 않는다. 즉 예술에서는 요한복음에서처럼, 그의 갈등에 대한 강한 열정이 나타나지 않는다. 예술 속에서 그는 결코 다른 사람들과 그 같은 열정을 나누지 않는다. 정말로 거룩한 사람은 다른 사람들과 어울리고 섞이는 것으로 생각할 수 없다. 왜냐하면 섞여지는 것은 곧 오염되는 것이기 때문이다. 거룩한 것은 분리되어야만 한다. 기독교 예술에서 예수는 거의 항상 뒤로 물러서 있고 침묵을 지키고 있다. 야단을 칠 듯하며 조금은 슬픈 표정이다. 그는 그렇게 처신해야만 했고, 또 그렇게 했지만, 그것을 즐기지는 못했다는 느낌이다. 그러나 공관복음서에서 예수는 의식적으로 세례요한과 같은 금욕주의자가 아니다. 그는 먹고 마시는 일을 즐긴다. 그래서 그의 비판자들은 그를 "먹기를 탐하고 술고래" 라고 조롱했다. 그러나 기독교 예술에서 그는 삶을 사랑하는 자로 나타나지 않는다. 실로, 기독교 예술은 전체적으로 삶을 긍정하기보다는, "근엄하며" 저 세상적이다. 공관복음서의 예수는 항상 기독교인들에게조차 너무 벅찬 인물이다. 그래서 그들은 그분을 좀 더 내향적이고 "이상화"(理想化)된 기독교 예술상의 예수로 바꾸었다. 육신을 입은 하느님으로 생각하게 됨으로써 예수는 매우 심하게 축소되었다. 그것은 그분으로부터 모든 삶을 제거해버렸다.

그러다가 1960년대에 이르러, 거룩(the Holy)에 관한 옛 개념은 갑자기 무너지고, 불결에 관한 옛 개념, 특히 월경과 출산이 제의적으로 불결을 초래한다는 개념이 더 이상 지속될 수 없게 되어, 마침내 우리는 그런 생각들을 적극 폐기시켰다. 1980년대에 이르러서는 사람들이 대체로 거룩한 장소와 거룩한 사람들에 관한 모든 감각을 잃어버렸다는 사실을 나는 깨달았다. 사람들은 더 이상 그런 대상에 대해 신성한 경외감이나 두려움을 느끼지 않는다. 특별한 삶의 영역으로서의 거룩함은 오늘날 관광산업에 의해 완전히 잠식되어, "유산"(遺産)으로 바뀌었다. 그것은 과거 속에 상실된 다른 나라이다. 우리는 거룩함의 뒷맛이라도 맛볼 요량으로 그것을 찾으면서, 과연 그처럼 위대하고 틀림없는 것, 그러나 동시에 아주 싫은 그 거룩함을 갑자기 잃어버리도록 만든 것이 도대체 어떤 부주의함 때문이었을 것인지를 스스로에게 자문한다.

이 수수께끼에 대한 대답은 거룩이 단순히 사라진 것이 아니라는 것이다. 오히려 거룩이 인간 삶의 전 영역으로 확산되어 흩어졌다. 소설이 신학을 대체한다. 즉 종교는 오늘날 결코 이차적인 별도의 영역이 아니다. 오히려 종교는 단순히 '삶'의 세계이다. 톨스토이가 그의 삶의 절정에 있었던 1860년대에 집필한 <전쟁과 평화>는 '삶'에 대한 새로운 종교적 감각에 관한 가장 중요한 초기 증언이다.

> 삶은 모든 것이다. 삶은 하느님이다. 만물은 변하며 앞뒤로 움직이는데, 그 운동이 바로 하느님이다. 삶이 있는 곳에 하느님에 관한 의식 가운데 환희가 있다. 삶을 사랑하는 것은 바로 하느님을 사랑하는 것이다.1)

---

1) Aylmer Maude의 오래된 번역본 *War and Peace*, 제 14권 제3장. 이 책은 곧 불어로 번역되었으며, Matthew Arnold같은 영국 빅토리아 시대 사람들에 의해 불어로 읽혀졌다. 그러나 영국에서 톨스토이의 커다란 영향은 에드워드 시대에

만일 거룩한 영역과 속된 영역 사이의 구분—한때 종교를 구성하는 요소였던 구분—이 최근에는 사라진 것이 사실이라면, 우리는 그것과 더불어 종교의 다른 많은 기본적 특성들도 사라졌다는 사실을 인식해야만 한다. 첫째는, 가시적인 세계와 나란히 있는, 감추어진 초자연적 세상, 즉 영의 세계(spirit world)에 대한 개념이다. 영의 세계의 거주민들, 곧 하느님, 신들, 영들, 성인들은 각기 서로 다른 정도로, 이 가시적인 세상에서 사건들을 통제하는 매우 거룩하고 힘있는 존재들이다. 전통적 종교의 두 번째 기본적 특성은 교리이다. 영의 세계 및 영들과 우리와의 관계에 관한 결정적으로 중요한 믿음들이 인간에게 드러났으며, 전통에 의해 전수되었다. 그리고 전통적 종교의 세 번째 특성은 의식(ritual)이다. 우리는 예배가 필요하며 영적 존재와의 타협이 필요이다. 영들과의 소통을 위한 올바른 상징적인 행동 언어는 신성한 전통에 의해서 규정되었다.

지금까지 종교의 주요업무는 신들이나 영들의 초자연적 세계와 관계된 것이다. 우리는 초자연적 세계에 관한 올바르고 권위 있게 입증된 교리적 믿음을 지녀야만 했다. 그러나 우리는 근대 세계 문화 속에서 거룩은 더 이상 특별히 종교 영역에만 집중되지 않고, 삶의 세계 전체에 퍼져 있음을 발견한다. 많은 19세기 문필가들이 이러한 사태가 다가옴을 보았지만, 나는 다른 책에서 오직 지난 40년 어간에만 이것들이 모든 사람들의 삶의 경험과 일상 언어 속에

Maude의 번역에 의해서 일어난다. 톨스토이의 '하느님'을 '생명'으로 보는 주목할만한 관점은 '직접적 종교'가 이르게 된 정의, 즉 하느님에 관한 일종의 비-실재적 혹은 비-객관적 관점과 같다.

분명하게 드러나도록 구체화되었음을 논증한 바 있다.2) 그것의 도래는 지금까지 우리가 알아온 중보적 교회 형태의 기독교의 종말을 가리킨다. 만일 그것들이 살아 남으려면, 신조와 제의는 매우 다른 형태를 취해야만 한다.

그러나 모든 것이 사라진 것은 아니다. 전통적 기독교는 예수 그리스도 자신이 직접적 종교의 새 시대가 이 땅 위에 오는 것을 설교했다는 사실을 잘 알고 있었는데, 예수는 그것을 "하느님 나라"라고 불렀다. 그의 비유와 말씀 속에서 그의 메시지의 내용은 확실히 이 세상적인 것이었다. 그러나 그는 그 나라가 도래하는 것을 보지 못했고, 그의 순교 이후에도 그 나라의 도래가 지연되는 것처럼 보였기에, 군대같이 규율에 가득찬 교회 기독교 조직이 임시적으로 발전했다. 종국에는, 예수가 다시 돌아오고 그 나라가 마침내 이 땅에 도래할 것을 사람들은 소망하게 되었다. 자유주의적 기독교(liberal Christianity)는 "역사의 예수"(the Jesus of history)와 "신앙의 그리스도"(the Christ of faith) 사이의 심연을 강조하고, 심지어 원래의 예수를 '기독교' 밖에 위치시킬 준비까지 함으로써, 예수의 하느님 나라 종교와 교회 기독교 사이의 대조를 더욱 첨예하게 만들었다. 오늘날 복음서를 배우는 학생들은 예수가 자기 자신에 관한 교리를 가르치려고 온 것이 아니라는 사실을 안다. 참으로 그는 결코 교리 교사가 아니었다. 그는 자기 자신을 "하느님으로 선포"하지 않았다. 그리고 그의 공적인 가르침에서는 최소한 자신이 개인적

---

2) *The New Religion of Life*. 이 책에서 누락되었다가 오늘날에 와서야 빛을 보게 된 중요한 부분이 방금 인용된 *War and Peace*로부터 온 것이다.

으로 메시아라고 주장하지도 않았다. 그는 초자연적 질서에 대해서는 거의 말한 것이 없다. 그는 "교회를 설립"하지 않았고, 교회의 목회사역을 위임하지도 않았고, 문자적으로 "성례전을 제정하지도" 않았다. 그는 유대인 악령추방자이자 교사였으며, 하느님의 나라의 예언자이며, 중보종교에 대한 논쟁적 비판자였다. 그가 죽은 후, 그를 교회와 목회사역과 성례전과 교회의 신앙의 기초이자 설립자로 만들려는 교회의 시도는 무언가 다르고 흥미롭던 그의 메시지를 참담하리 만큼 모호하게 만드는 데 영향을 끼쳤다. 그리고 이와 같이 원래의 예수를 모호하게 만드는 일은 요한복음서를 정경화함으로써 더욱 심해졌다. 그러나 오늘날 전체 교회 구조가 쇠퇴해감에 따라, 예수가 마침내 다시 부각되고 더욱 명백하게 보여지기 시작했다. 그에게 종교적 삶은 도덕적 삶, 곧 "인도주의적 윤리"(humanitarian ethics)로서, 내가 "태양의 맹렬함"(solar fury)이라 부르는 자세, 그리고 어떤 이들은 종말론적 긴박성이라고 부르는 강렬한 자세로 살아낸 윤리였다. 사람은 흘러가는 시간의 무상함에도 불구하고 자신의 삶에 무조건적으로 헌신해야만 한다. 사람들은 세상의 종말을 맞이한 것처럼, 마치 하루살이처럼 깨어나 날개를 말리고, 수액을 빨아들이고, 짝을 발견하고, 정열적인 짝짓기를 통해 알을 낳고 죽는 곤충들의 환희에 찬 열정을 지니고 살아야만 한다. 사람들은 해야만 하는 일들이 있으니, 그 일들을 맹렬한 기쁨을 가지고 서둘러 해내야만 한다.

앞에서 논의한 것들, 그리고 오늘날 다시금 우리가 물어야 할 주제와 관계된 또 다른 종교적 전제는 종교란 우리를 둘러싸고 있는 눈에 보이지 않는 영들에 관한 관심이라는 전제이다. 영적인 영역은 신성하고 매우 권위적인 것으로 여겨져 왔다. 거기에 사는 존재들은 죽지 않고 거대한 힘을 지닌 존재들이다. 일상적인 세계 속에 있는 모든 것들은 그에 상응하는 원형적인 상대(counterpart)를 영적인 세계에 가지고 있다. 경험적 세계 속에 있는 만물은 영적 세계로부터 창조되었고, 그곳에 터전을 갖고 있으며, 정당화되고 통제된다. 이처럼 눈에 보이지 않는 세계를 인식하고, 그 세계와 더불어 잘 지내야만 한다는 것은 인간의 안녕에 결정적이다. 종교는 이 영적 세계에 관한 모든 것을 우리에게 알려주고, 그들을 잘 예배하는 길을 가르쳐 주기 위해 존재하는데, 예배는 그 영적 존재들과의 관계를 잘 유지할 수 있도록 하는 상징적인 소통체계이다. 예배에서 우리는 하느님과 신들, 혹은 영들이 우리에게 가르쳐준 특별한 형식들을 사용하는데, 그 특별한 형식들이란 그들이 우리에게 소통하기를 원하는 방법이다. 사람들이 참으로 이렇게 생각하는 한, 예배는 하나의 지적이며 중요한 행위로 남게 된다. 그러나 오늘날 내재론자들(immanentist)의 사고방식은 많은 영역(역사, 생물, 언어, 등)에서 특별한 진보를 이루어 냈기 때문에, 영적인 세계가 이 세계를 지원하고 유지한다는 생각은 완전히 쓸데없는 것이 되었다. '삶'이란 다시금 그 어떤 외부의 존재가 있지 않은 연속체(outsideless continuum)가 되었다. 그렇다면, 예배를 드리는 이유는 무엇인가? 물론 오늘날에도 사람들은 대중 스타들을 숭배하며 그 팬들이 되고 있다. 그러나 우리의 경험 속에서 예배는 예배받는 자나 예배드리는 자 모두에게 그리 좋을 것이 없다. 우리는 예배에 관한 기존의 생각을 버릴 수 있을까? 예배 없는 종교를 상상할 수 있을까? 우리는 전적으로 자연적이며(즉 초자연적인 존재를 가정하지 않은 채 - 역주) 삶 중심적인 종교, 그러면서도 여전히 참된 종교로 남아 있는 그런 종교를 상상할 수 있을까? 만일 우리가 그렇게 할 수 있다면, 우리는 종교가 이제는 초자연적 영역과 우리 자신을 관계시키는 방식에 관한 것이 아니라, 오히려 우리 자신을 '삶' 에 관계시키는 방식에 관한 것이라고 말할 수 있다.

세 번째 종교적 전제는 이것이다. 최근까지 거의 모든 종교들은 중보체계였다. 당신을 하느님 혹은 신들과의 바른 관계에 진입시키기 위하여, 당신은 모든 적절한 통로들을 통과해야만 한다. 즉 올바른 성서를 읽어야 하고, 바른 신조를 믿어야 하고, 당신이 예배하는 거룩한 존재에 대해 바른 이름을 사용해야 하고, 바른 종교 공동체에 가입해야 하고, 바른 교황(pontiff, 교황, 고위성직자의 원래 뜻은 "다리를 놓는 자" 이다)의 성찬에 참여해야 한다는 것들이 그것이다. 물론 이처럼 신적인 존재에 이르는 적절한 통로 혹은 길의 수나 그 부담이 너무 크기 때문에, 오랜 역사를 거치면서 신비주의, 혹은 카리스마적 은사나 종교적 열심, 황홀경 등을 통해 하느님에 다가가는 직접적인 길을 찾으려는 시도가 많이 있었다. 그러나 아무도 종교적 직접성을 안정적으로 유지하는 쉬운 길을 아직 발견하지 못했다. 그것은 펄럭이다가 사라진다. 우리는 그것을 확고히 잡을 수 없으며, 우리가 죽은 후에라야 그러한 안정성을 얻을 수 있다는 것이 일반적인 생각이다. 그래서 우리는 이생에서 단순히 중보종교를 받아들이고, 그 정당성을 지지하는 신화들(그리스도가 베드로에게 준 위임, 그리스도의 성만찬 제정 등)을 받아들여야만 한다는 견해에 안주하는 데 익숙해져 있다.

그러나 오늘날 우리는 중보종교의 정교한 기계적 구조가 얼마나 낡아빠지고 억압적인 것인지, 또 그 배타적 선언들이 얼마나 단순무지한 것들인지, 그리고 그것을 지지하기 위해 암송되는, 얼마나 다양한 그 기원에 관한 신화나 제도에 관한 이야기들이 넘쳐나는지에 대해 깨닫지 않을 수 없다. 그리고 내 생각에는 이 점에 대해서는 논증할 필요조차 없다. 그것들은 더 이상 어떤 방식으로도 믿어질 수 없으며, 따라서 우리는 그것들 없이 살아갈 길을 찾을 필요가 있다.

우리가 이제는 폐기해야 할 두세 가지 철학적 전제들에 대해 언급하고자 한다. 첫째는 형이상학적 실재론이다. 즉, 이 세상의 실재와 그 이해가능한 질서가 우리 바깥에, 그리고 지금 여기를 넘어선 한 점으로부터 결정된다는 믿음이다. 칸트와 헤겔의 철학은 우리로 하여금 우리에게 표상된 만물의 실재는 지금 여기 안에서, 그 만물에 대한 우리의 지식 안에 존재한다는 사상에 점차적으로 익숙해지도록 했다. 따라서 실재하는 세계는 무시간적인 것이 아니라 역사적으로 발전해 가는 세계이다. 그 요점은 놀라울 정도로 단순하기에 나의 세대에게 그것이 이해되도록 가르치는 일에 실패한 지난 이십 년을 돌아보면 괴로워서 미칠 지경이다. 나는 단지 실재화(Real-ization)는 지금 일어나고 있으며, 우리를 통해, 우리를 위해 일어나고 있다고 말하는 것뿐이다. 우리는 형이상학적으로 우리에게 중보된 실재, 그리고 우리를 위해 미리 정해진 실재라는 식의 매우 오래된 실재 개념의 종말에 다다르게 되었으며, 마침내 직접성의 시대에 이르게 되었다. 이제 더 이상 저 너머 초월적 세계를 바라보라는 요구는 없다. 지금 당신의 눈앞에서 일어나는 일이 전부이다. 모든 것은 당신이 그것을 바라보는 대로 형성되어 존재한다. 그 모든 것은 당신의 것이다. 당신이 그것을 만들어내기 나름이다. 여기 있는 것이 존재하는 모든 것이다. 우리에게 실재를 매개해주는 그 어떤 영적 세상도 초월적 실체도 없다. 우리가 이 세계의 질서를 잡는다. 실재화는 역사적 과정이며, 우리가 그 주역이다. 그 모든 것은 우리 안에서 우리를 통해 일어난다. 이것이 마침내 우리가 탈형이상학적인 직접성의 시대(post-metaphysical age of immediacy)에 이르러, 종교 역시 직접적(immediate)인 것이 되어야 하고, 철커덕거리는 낡은 믿음에 근거한 중보종교, 교회의 종교가 이제는 마침내 직접성, 곧 예수가 설교하기는 했지만 살아 생전에 보지 못했던 "하느님 나라"(Kingdom) 형태의 종교에 그 자리를 넘겨주어야만 하는 시대에 도달했기 때문이다.

두 번째 철학적 전제는 객관적 진리 혹은 진리들에 대한 옛 믿음으로서, 이 진리는 세대를 거쳐 아무런 변화도 없이 계승된 것이다. 합리론자나 도덕론자 모두 객관적이며 무시간적(흔히 '전통적인') 진리가 존재한다는 생각에 깊이 매달려왔다. 가톨릭은 움직일 수 없는 도그마에 대해, 개신교는 "어제나 오늘이나 동일한" 예수 그리스도에 관해, 동시에 그에게 속해 있는 복음에 대해 말한다. 변화하는 세상 속에서 사람들은 변하지 않고 객관적이고, 완성된 진리가 그들이 곧추서기 위해 붙잡는 단단한 봉이나 난간처럼 그들을 도와줄 것이라고 느낀다. 그러나 우리는 이런 생각을 포기해야 한다. 이것은 진리의 본질과 위상을 오해한 것이다. 진리의 자리는 실재화(Real-ization, 실현)의 자리, 곧 우리 안에서 궁극적 존재가 언어화되며, 모든 사건들이 일어나는 자리여야만 한다. 진리의 자리는 언어만의 자리도 존재만의 자리도 아니라, 둘이 만나는 자리, 항상 현재이며 항상 변화하는 자리이다. 진리는 살아내야만 한다. 즉 진리는 항상 다시 만들어져야 하고, 다시 상상되어야 하고, 다시 생각되어야만 한다. 그래서 우리는 낡은 형태의 중보종교, 교조적 진리에 관한 믿음이 이제는 새로운 형태의 종교적 직접성, 즉 삶 속에서의 진리에 그 길을 내주어야 한다는 인식으로 다시 돌아오게 되었다. 살아 있는 진리는 과정 속에 있다.

마지막 세 번째 철학적 전제는 조금 예민한 문제로서 본질주의(essentialism)인데, 이것은 사물에 고정되고 객관적이며 그 사물의 정의를 내려주는 본질이 있다는 믿음이다. 이것은 종교, 특히 종교적 논쟁에서 큰 역할을 했던 믿음이다. 이 문제는 많은 사람들에게 많은 불안을 일으켰다. 즉 그들은 무엇이 기독교의 본질이며, 기독교인이라 부를 수 있는 믿는 자란 누구이며, 믿지 않는 자란 누구인지를 물었다. 사람들은 어딘가에 반드시 선이 그어져야만 한다고 생각하며, 자신들이 그 선의 어느 편에 서 있는가에 대해 불안을 느낀다. 그러나 나는 이런 종류의 모든 논쟁은 단순한 정치적 논쟁이며 점수따기 싸움이라고 생각한다. 단어에 어떤 고정된 강제적인 의미가 존재하지 않듯이, 그 어떤 참된 본질이 따로 있는 것이 아니다. 역사가 진행되는 방식처럼, 의미와 본질은 항상 변하는 것이다. 단어들은 우리가 현재 그 의미로 사용하는 것을 뜻하듯이, 사물들은 우리가 이해하는 바대로 존재할 따름이다. 내가 이런 말을 하는 이유는 중요한 종교적 변화의 시기란 물론 누가 어떤 깃발을 휘날리는가 대해 당파적 논쟁의 시기이기도 하기 때문이다. 우리는 우리 자신이 그런 것에 의해 잘못 인도되거나 산만해지는 것을 허락해서는 안 된다. 실제로 우리가 본질주의를 완전히 포기하기 전까지는, 직접종교에 다다를 수도 없으며, 그것을 이해할 수도 없을 것이다. 종교가 중보체제가 되는 한, 사람들은 누구의 중보체계가 본래적이며 진정한 것인지에 대해 치열하게 싸우게 된다. 그러나 우리가 직접종교 안으로 들어오면, 우리는 모든 것이 완전히 친숙하며 이름조차 필요 없는 곳에 도달하게 된다. 이름표는 더 이상 필요하지 않다. 그것들은 더 이상 무언가를 의미하지 않기 때문이다. 그렇기 때문에, 비록 이 책이 <예수의 정신에 따른 기독교 개혁>이라는 제목을 가지고 있을 지라도, 사람들은 내가 서술하는 하느님 나라 종교가 "기독교가 아닌 것"이라고 말할 것이다. 물론 우리는 그러한 비난에 대해 전적으로 무관심해야만 한다. 왜냐하면 그것은 이미 사라진 전제 위에 기초하고 있는 것이기 때문이다.

5

하느님 나라 종교

개혁된 기독교의 신학은 어떤 모습일까? 나는 이미 앞에서 기독교가 그 개혁의 과정에서 교회의 시대라는 아동기가 끝나고 있으며, 이제는 완전한 성인의 형태, 곧 예수가 원래 살아냈고 설교했으며 이 땅에 이루어지기를 희망했던 "하느님 나라 종교"(kingdom religion)로 옮겨가야만 한다고 말했다.

<일상의 언어 속에 하느님 나라는 온다>(*Kingdom Come in Everyday Speech*)라는 책에서, 나는 우리가 이제까지 알아왔던 교회적 형태의 신학(the ecclesiastical type of theology)과 새로운 하느님 나라 신학(the kingdom theology) 사이의 차이점에 대해 서술한 바 있다.

교회 신학과 하느님 나라 신학 사이의 중요한 차이점에 관한 간단한 점검표는 다음과 같다. 첫째, 교회 신학에서는 지금 여기의 세계 전체가 더 위대하고 더 선한 저 너머의 세계에 종속되어 있는 반면, 하느님 나라 신학에서는 저 너머의 세계가 전혀 없다. 모든 것은 지금 여기에 다다르고, 승리하며, 쉰다.

다른 모든 차이점들은 이 첫째와 연관되어 있다. 둘째로, 교회 신학에서는 하느님이 초월적이며 알 수 없는 전적 타자인 반면, 하느님 나라 신학에서는 하느님이 전적으로 내재적이다. 셋째로, 교회 종교는 성서와 신조, 의식과 사제들의 권위에 의해 중보되는 반면, 하느님 나라 종교는 직접적이고 직관적이다. 넷째로, 교회 종교에서는 교리적, 교조적 신앙이 필수조건인 반면, 하느님 나라 종교는 비전중심(visionary)이며 비신조적(beliefless)이다. 저 너머의 눈에 보이지 않는 영역이 존재하지 않기에, 교조적인 신앙이 필요하지 않다. 사람들이 **믿음에 따라** 살아야 하는 이유와 **역사에 따라** 살아야 하는 이유는 동일한 것이 된다. 즉 사람들이 이미 소유하고 있지 않은, 눈에 보이지 않는 어떤 것을 열망해야 할 이유도 없으며 그것을 기다려야 할 이유도 없다. 다섯째, 교회 신학은 지위, 위계질서 그리고 불평등성에 강조점이 있는 반면, 하느님 나라 신학은 평등주의적이며 호칭이나 직위에 대해서 신경 쓰지 않는다. 교회 신학은 로마 가톨릭과 같고, 하느님 나라의 신학은 퀘이커교와 같다. 여섯째, 교회 신학은 특정 어휘, 특정 문화 전통, 특정 교권 승계 전통을 신성시하는 반면, 하느님 나라 신학은 전통은 잊어버리고, 전적으로 '에큐메니칼'하거나 세계화, 곧 보편화, 범민족화를 지향한다.

  일반화하자면, 일곱 번째, 교회의 세계에서는 많은 것들이 신비에 싸여 있고, 어둡고, 잠재적이고, 유예적이며, 눈에 보이지 않고, 일반적으로 우리의 인식 범위를 초월해 있다는 사실에 중요성을 두고 있는 반면, 하느님 나라 신학에서는 모든 것이 명확하게 드러나 있어, 동등하고, 평상적이며 그 어떠한 어두움이나 그늘이 전혀 없다. 사람들은 서로에 대해 전적으로 투명하다. 따라서 여덟 번째로, 교회의 세계는 다원주의적이고 불일치 하는 많은 언어의 세계인 데 반해, 하느님 나라의 세계는 하나의 평등한 음악의 세계이다. 끝으로, 교회의 문화는 거룩/세속에 대해 분명하고 중대한 구분이 있는 데 반해, 하느님 나라에서는 거룩/세속의 구분이 단순히 이루어지지 않는다. 즉 보통 사람들의 일반적 언어 세계 자체가 거룩한 언어의 영역이라고 말할 수 있다.

하느님 나라의 신학이 성/속의 구분을 피하는 필연적 결과는 교회와 국가 사이의 전통적 분리를 필요로 하지도 않고 또한 그런 분리를 만들려 하지도 않는다는 점이다. 하느님 나라의 종교 공동체는, 그것이 특정 조직체로서 존재하는 한, 단순히 하나의 길벗들의 공동체(a society of friends)로서 묘사된다.[1]

위에서 설명한 불만족스런 종교 체계(교회 신학)와 하나의 이상적인 미래(하느님 나라 신학) 사이의 대조는 성서 속에 깊이 뿌리박고 있다. 사람들의 마음 속에 항상 살아있는 희망은 언젠가는 현재의 종교적 권위와 종교적 중보에 관한 거추장스러운 조직들이 더 이상 필요하지 않게 될 것이고, 종교는 마침내 완전히 민주화될 것이라는 희망이다.

…. 나 여호와가 말하노라 그러나 그 날 후에 내가 이스라엘 집에 세울 언약은 이러하니 곧 내가 나의 법을 그들의 속에 두며 그 마음에 기록하여 나는 그들의 하느님이 되고 그들은 내 백성이 될 것이라. 그들이 다시는 각기 이웃과 형제를 가리켜 이르기를 너는 여호와를 알라 하지 아니하리니 이는 작은 자로부터 큰 자까지 다 나를 앎이니라. 내가 그들의 죄악을 사하고 다시는 그 죄를 기억지 아니하리라 여호와의 말이니라.[2]

---

1) *Kingdom Come*, 98쪽 이하. 89쪽 이하의 다른 요약과 비교하라.
2) 예레미야 31:33. 구약성서 안의 주요 하느님 나라 신학 본문들은 *Kingdom Come* 99쪽 이하에 나와 있다.

사람들의 하느님과의 관계는 더 이상 그들의 죄의 용서를 확답 받아야 하는 필요, 혹은 종교 전문가들의 거대한 계급에 의해 교육 받고 강요받는 종교적 율법에 관한 훈육체계에 의해 지배되지 않을 것이다. 그 대신, 종교는 평이하고 자발적인 것이 될 것이다. 이것이 모든 사람들이 그 자신을 '자연스럽게' 삶에 관계시키는 방식이 될 것이다.

종교적 민주화라는 이념은 결코 히브리 종교, 그리고 그 영향을 받은 후대의 전통들에만 고유한 것이 아니다. 반대로, 이것은 심지어 고대 이집트 종교를 포함해서 종교들의 역사 속에 널리 퍼져 있는 특징이다. 가장 흔한 패턴은 신과의 특별한 관계―본래는 오직 왕만이 신과 특별한 관계를 지녔다―가 점진적으로 확장되어 마침내는 모든 사람이 그런 특별한 관계를 갖게 되고 향유하기까지 확장되는 패턴이다.

기독교의 경우에는 복잡하고 까다로운 일들이 얽혀 있다. 예수는 하느님 나라를 선포했다. 그러나 우리가 얻은 것은 교회로서, 교회는 천 년 이상의 세월이 지나면서, 역사적으로 존재했던 종교 체계들 가운데 가장 장엄하고 매우 차별적인 형태로, 또한 잔인하게 핍박하는 중보종교 체계로 발전했다. 기독교는 그 자신을 거대한 우상으로 만들었다. 즉 사람들은 교회가 자신들을 다시 고칠 수 없을 정도로 상처를 주었음에도 불구하고, 교회와의 관계에서 치료할 수 없을 정도로 사랑의 관계에 빠져들었으며, 이런 일은 지금도 벌어지고 있다. 두 번째 천년기(기원후 1000년부터 1999년까지 - 역주)의 교회사를 새롭게 쓴다면, 그것은 교회 내의 두 세력 사이의 끝없는 갈등과 충돌의 역사가 될 것이다. 즉 한편에서는 항상 중보 체계를 구축하고 그 가공할 권력을 강화시킴으로써 불행한 개개 신자들을 짓밟으려는 자들과, 그 반대쪽, 즉 그 기존체제의 장악력을 약화시키기 위해 투쟁했던 세력 사이의 갈등과 충돌인데, 이들 저항 세력이 택했던 신학적 방식은 기존의 통로를 벗어나 종교적 행복을 직접적으로 획득해냄으로써(신비주의, 프로테스탄티즘, 그리고 카리스마적 오순절 기독교), 혹은 이미 교회가 지배하던 시대는 종말에 도달했으며 장차 새로운 하느님 나라의 시대로 옮겨갈 수 있다고 주장하는 방식(급진적 종교개혁자들, 친우회, 미국의 사회복음, 성숙한 시대의 인간, 그리고 오늘날 포스트모던 탈기독교)을 택하여 교회의 중보체계에 맞서 싸워왔다.

이런 싸움은 1520년대 토마스 뮌쳐 이후, 심지어 더 거슬러 올라가서 12세기 프란시스코 운동과 피오렌자의 요하킴(1132-1200) 시대 이래로 거의 중단 없이 계속되어 왔다고 주장할 수 있다. 한 마디로 말하자면, 이 싸움은 너무 오래도록 계속되어 왔기 때문에, 기독교 자체 안에서 질서와 자유 사이의 영구적인 긴장상태를 반영하는 것일 수 있다. 즉 어느 역사적 공동체에서나, 표준적 상징들, 의식들, 그리고 규율체계에 대한 필요성을 제기하는 쪽과, 우리는 이미 그런 필요를 넘어섰기 때문에 순수한 영적 자유의 세계로 넘어갈 수 있다고 주장하는 사람들의 함성 사이에 오랫동안 지속되어 왔던 갈등과 긴장이다. 그리고 이것이 사실이라면, 기독교 개혁을 주장하는 나의 논제는 기독교 역사에서 벗어나려는 것이지만 다시 그 역사의 덫에 걸리고 만다. 나는 "지금은 마침내 교회 기독교의 질식시키는 한계로부터 탈출을 시도해야 할 때"라고 주장하지만, 나에게 돌아오는 따분한 답변이란 고작해야 "기독교 개혁에 대한 당신의 주장은 우리가 익숙하게 알고 있는 것일 따름이지요. 모든 역사 속에는 늘 당신처럼 교회사의 길고도 어려운 난항들을 참아내지 못하는 인내심 없는 이들이 있게 마련이라는 점을 우리는 잘 알고 있답니다. 당신은 때가 되지 않았음에도 불구하고 성급하게 달려나가고 싶어하는군요. 당신은 설익은 상태에서 완전을 잡아보려 하지요. 그러나 역사가 보여주는 것은 당신과 같은 사람들이 시작은 늘 그럴 듯하게 '혹시나'로 시작하지만, 결말은 항상 '역시나'로 끝장난다는 사실이지요."라는 답변이다. 따라서 내가 무슨 말을 하든, 사람들은 교회의 체제가 개혁에 관한 주장들을 예전에도 수없이 들어왔기 때문에, 이번에도 아무 일 없이 단지 나타났다가는 곧장 사라져버릴 주장일 거라고 생각한다. 즉 하느님 나라 신학에 대해 내가 무슨 말을 하건 간에 마이동풍(馬耳東風)이 될 것이라는 식이다.

기독교에는 좀더 복잡한 일이 있다. 즉 하느님 나라 종교의 결정적 요소들은 초창기부터 교회적 신앙 속에 녹아들었다. 그 결정적 요소들이란 첫째로 오순절 성령의 선물로서, 그 성령의 선물을 통해 하느님이 신자들 속에 임재하게 되었으며, 둘째는 성만찬으로서, 이 친교의 식사는 예수 자신이 드러내놓고 하느님 나라의 특징적 요소로 가르친 것으로 보도되고 있다.[3] 이처럼 교회가 이미 하느님 나라의 결정적 특징들을 그 안에 통합하였다(그 자신의 이해

---

3) 마가복음 14:25 (마태복음 26:29; 누가복음 22:15-18이 평행본문이다).

관계 속에서 재해석하려고 노력하면서)는 사실은 교회가 왜 스스로를 이미 하느님 나라라고 주장하는 언어와 자기 이해를 갖게 되었는지를 설명해줄 뿐 아니라, 교회가 왜 그처럼 쉽게 하느님 나라라는 용어를 사용하는 것과 하느님 나라의 생활방식을 사는 것을 용인할 수 있었는지(물론 사람이 자신의 언어를 알맞게 사용할 정도로 사려 깊고, 또 교회의 권위를 뒤집어엎지 않는다는 가정 하에서)를 설명해준다.

기독교의 이 모든 주장들은 나의 허를 찌를 태세이다. 즉 교회는 내가 교회 종교에 반대하여 펼치는 주장을 이미 알고 있으며, 또한 나의 모든 주장에 대해서도 신학적인 논증을 통해 이미 교회의 것으로 소화시켰다고 주장하면, 나는 더 이상 할 말이 없게 된다. 왜냐하면, 내가 만일 거대한 종교적 중보장치는 종교적으로 억압적이며 낡아빠진 것이기 때문에, 우리는 그런 것을 포기해야만 하고, 기독교 역사 발전 속에서 오랫동안 기다려온 다음 단계, 곧 하느님 나라 종교의 단계로 나아가야만 한다고 말한다면, 교회는 느긋하게 미소지으며, 교회가 이미 (감추어진 방식으로) 하느님 나라라는 모든 증거를 제시할 것이기 때문이다. 그러나 하느님 나라가 완전히 드러나는 것은 불행하게도 아직 지체되고 있기 때문에, 교회는 그 나라가 완전히 오기까지는 우리가 교회와 더불어 살아야만 한다고 말한다. 게다가 일반 사람들은 거대한 중보장치들, 즉 교회, 성서, 신조, 성례전, 목회, 교회법 등이 기독교의 실체라고 생각한다. 또한 그것들은 공식적으로도 "구원에 필수적인 것"이다. 보통의 신자들은 정통주의의 거대한 장치들이 우리가 거기로부터 벗어나야 할 하나의 흘러가는, 불완전한 것이라고는 생각하지 않는다. 그들의 눈에는 교회의 중보장치가 참으로 실제적인 것이며, 하느님 나라의 신학은 환원주의적인 것으로 간주한다! 즉 하느님 나라의 신학은 훨씬 큰 것이 아니라, 축소된 것이라고 간주한다. 그렇기 때문에 우리는 이 중보종교에 매달려야만 한다는 것이다. 이것이 그들이 알고 있는 바 전부이며, 어떠한 경우든 중보종교는 이미 하느님 나라의 무언가를 흡수했으며, 아직도 그 나라를 가리키고 있다고 생각한다. 그들이 생각하듯이 중보종교가 궁극적으로 옳지 않을 수도 있지만, 그러나 완전히 틀린 것도 아니라는 생각이다. 그들은 중보종교가 마침내는 그들을 하느님 나라로 인도할 것이라고 믿는다.

독자들은 내가 대심문관(Grand Inquisitor)의 고전적인 변증을 약간 수정했다는 것을 눈치챌 것이며, 나는 내가 위에서 설명한 형태로, 그 사실이 나를 내리누른다는 점을 인정한다. 아무리 나쁜 일들이 교회에 일어날지라도, 교회는 새로운 종교개혁을 위한 나의 역사주의적 논증에 의해 설득되지 않을 것이다. 교회는 그 자신이 단지 과도기적인 기구일 수밖에 없다는 사실을 항상 인정해왔으며, 최소한 지난 백 년 동안은, 정통 교리라는 것이 진짜 성서적인 것도 아니며 예수를 잘못 이해했다는 것을 항상 인정해왔다. 그러나 보통 사람들은 교회의 정통주의가 참된 기독교이며, 참으로 교회는 하느님 나라 종교의 몇몇 요소들을 그 안에 가지고 있을 뿐만 아니라, 아직도 그 나라를 기대하고 있다고 굳게 믿는다. 그래서 항상 아직은 현상 유지에 매달리는 것이 당분간 더 '현명' 해 보인다. 모든 감독들은 "주여, 우리에게 새로운 종교개혁이 일어나게 하옵소서. 그러나 내가 감독으로 재직하는 동안은 아닙니다. 제발 내가 재직하는 동안은 아닙니다. 당신의 나라가 임하소서. 그러나 아직은 안 됩니다." 라고 말한다.

이 모든 것을 고려할 때, 나는 하느님 나라의 신학에 관한 순수한 신학적인 변론으로는 충분히 멀리 나갈 수 없다고 결론짓게 되었다. 우리의 종교적 전통은 매우 세대주의적(dispensational)이라서 종교적 진리를 '세대', 혹은 시대에 따라 상대적인 것으로 생각하도록 만들며, 자신들이 특정한 세대 안에 살고 있는 것으로 간주하도록 만든다. 예를 들어, '율법'의 시대에는 하느님이 상대적으로 매우 뚜렷하며 생생하다. 또한 신약성서와 교회의 시대에는 하느님이 항상 그리스도로 바뀌어, 그 자신을 인간들 속에 부여하신다. 그리고 하느님 나라의 시대에 이르러서는 하느님이 '영'이시며, '삶'의 도도한 흐름과 일상적인 인간관계 속에 완전히 들어와서 내재하신다. 그러나 그 시대는 겹쳐질 수 있으며, 한 사람의 시대를 특징짓는 방식에 관해서는 종종 논쟁의 여지가 있다. 우리는 결국 지난 300년 동안 전환기의 시대를 살고 있다고 느꼈다. 문제를 보다 더 다루기 어렵게 만드는 것은 하느님 나라의 신학에로의 전이에 관한 나의 논증이 이번에는 이슬람교도들의 주장, 즉 이슬람 자체가 이미 지상의 하느님 나라이며, 자신들이 기독교의 교회 신학의 참다운 계승자(하느님 나라의 종교라는 점에서 - 역주)라고 주장하는 이슬람교도들에 의해 밀릴 수도 있다는 점이다.

그러므로 우리는 어떤 종류의 진리가 하느님 나라 신학에 속하는 것으로 볼 것인지, 그리고 그것을 어떻게 확립시키려 하는지에 대해 명확히 할 필요가 있다. 나는 우리 시대의 신학적 위치를 특징지으려는 시도, 그리고 혁명적 순간은 도래했으며 바로 지금이 그 때라고 주장하는 모든 시도를 둘러싸고 있는 모호성과 불확실성으로 인해, 하느님 나라 신학을 종래의 신학에 의해서는 충분히 그 정당성을 변호할 수 없다고 생각한다. 그리고 이미 앞에서 우리는 두 개의 개념, 즉 계시와 도그마적 진리라는 개념을 폐기하려 한다는 것을 언급했다. 그렇다면 나의 변증론은 어떤 형태를 취하게 될 것인가?

이미 다른 곳에서 소개한 두 개의 슬로건이 그 답이 될 것이다. 그것은 곧 일상의 언어는 이미 하느님 나라의 신학을 전제하고 있다는 것과 **철학 자체의 종교**(Philosophy's own religion)라는 구절이다.

칸트와 헤겔의 사상 속에는 교회의 신학으로부터 하느님 나라의 신학으로 나아가는 어떤 움직임이 있다는 사실은 잘 알려져 있다. 그러나 작은 세 권의 <일상의 언어>(Everyday Speech) 시리즈에서 나는 최근 오늘날의 일상 언어 속에 하느님 나라 신학의 세계관과 가치들이 상당부분 전제되어 있다고 지적했다. 하느님은 '삶'의 운동과 주장들 속에 확산되어 있으며, 일상 언어는 인간성에 가장 적합한 세계를 추구하고 있다.

> … 일상 언어는 '하느님 나라 세계'(kingdom world)를 가정하며 열망하는데, 그 세계는 성서의 하느님 나라, 혹은 칸트의 목적의 왕국같은 완전히 인간적이고 도덕적인 세계이다. 언어는 인간들

의 네트워킹을 위해 발전했다. … 따라서 일상 언어는 속박이 없고 상호투명한 인간 소통의 세계를 추구하는데, 그 세계 안에서는 우리를 에워싸고 위협하는 모든 비인간적인 것들이 묶여지거나, 연기되거나 혹은 저지된다. 언어 자체의 철학은 급진적 휴머니즘의 한 형식이며, 그 정치학은 민주적이다. 현실은 인격체들의 네트워크로서 그 비인격적 환경이 지속되지만 왜곡시키지는 않으며, 자유로운 대화가 보장되는 네트워크가 되어야만 한다.

우리는 계속해서 오늘날 일상 언어 속에서 얼마나 전통적인 종말론이 '실현'되었는지, 혹은 현 시대 속에 현실이 되었는지를 물어야만 한다. 만약 일상의 언어가 우리에게 천국과 지옥을 가깝게 보여주고 있다면, 그래서 천국과 지옥이 오늘날 사람들이 쉽게 접근할 수 있는 개인적 삶과 마음의 상태라고 한다면, 그 의미는 무엇인가? 우리는 이미 역사 이후의 시대, 곧 그 너머의 초월적 세계가 더 이상 없는 세계 종말의 시대에 살고 있는 것인가? 그 대답은 '예'인 것 같다. 일상 언어의 기본적인 우주론적 구분은 더 이상 신과 인간을 포함한 창조 질서 사이의 구분이 아니라, 인간 세계와 인간을 둘러싼 비인간 세계 사이의 구분이다. 일상 언어는 기독교를 이미 그 탈교회 시대, 곧 기독교 발전의 마지막 단계에 진입한 것으로 그리고 있는 것처럼 보인다.[4]

그리고 우리의 세계는 점점 더 세계화되어 가고, 인도주의적이며 소통이 매우 민첩한 시대가 되어 가는데, 이 세계는 아직도 인간의 오래된 희망을 실현하기 위해, 또한 이 세계 자체가 오랫동안 기다려온 하느님 나라의 세계가 되기 위해 아직도 분투하고 있다. 이 모든 것이 핵심 요소는 죽음 이후의 삶(life after death)에 대한

---

4) *Kingdom Come*, 3쪽 이하.

믿음이 끝장났다는 점이다. 다가오는 내 자신의 죽음은 단순히 나의 소멸일 뿐이라는 사실을 직시할수록, 나는 이 현세가 나의 마지막 세상이며, 이 세상에서의 삶의 가벼움과 덧없음이 내게 종교적으로 궁극적인 것임을 깨닫기 시작한다. 종말은 참으로 임박해 있다. 우리 시대에는 일상적 삶이 인생에 대한 종말론적 긴박성을 느끼고 있다. 모든 사람이 우리는 단 한 번 사는 것이며, 죽음과 허무는 단지 한 걸음 떨어져 있는 것임을 잘 알고 있다. 인간이 우리에게 전부이건만, 인간은 절망적일 만큼 깨지기 쉽다.

이런 상황에서, 하느님 나라 신학은 매혹적이거나 비현실적인 것이 아니다. 하느님 나라 신학은 우리의 일상 언어에 의해 **지금 전제되고 있는 것이다**. 또한 그 신학은 우리 삶에 관한 진리로서 **지금 우리가 이미 생각하고 있는 것이다**. 그리고 그 신학은 또한 **철학 자체의 종교이다**. 철학 체계에서, 우리가 인간의 현실에 대해, 이 세계의 현실에 대해, 그리고 우리가 어떻게 살아야 하는지에 대해 말하려고 한다면, 우리는 한 비전에 도달하게 되는데, 그 비전은 허무주의와 휴머니즘이 만나는 매우 가파른 경계에 서 있는 비전이다. 우리는 허무주의에 이를 정도로 철저하게 반실론자들(anti-realists)이다. 우리가 없다면, 이 세계는 공허한 흐름(an Empty flux)으로서, 언어는 그 공허한 흐름을 구성하고 차별화하고 우리 자신의 것으로 만들려고 노력함으로써 우리가 우리의 세계와 서로에 대해 인식하고 있는 바에 따라 우리가 우리 자신이 될 수 있는 그런 공허한 흐름이다. 그러므로 나는 반실재론적 철학을 주장하며, 그것과 더불어 "태양같은"(solar) 개인 윤리와 인도주의적 사회 윤리를 주장하기 때문에, 나의 철학 전체는 철저한 휴머니즘의 형태, 즉 전통종교에서 하늘의 세계로 표현된 비전, 곧 완전히 화해하고 서로 숨기는 것이 없는 인격체들의 네트워크가 현실이 되어야만 한다는 비전을 통해 표현된 세계와 마찬가지이다. 이런 점에서도 나는 하느님 나라 신학을 주장하는 것이다.

이처럼, 나에게(다른 곳에서 더 충분하게 설명한 것처럼5)) 하느님 나라 신학은 내가 철학을 통해 배운 우리의 인간 조건에 대한 해석이며, 하느님 나라 종교는 우리 시대에 진실한 삶에 대한 종교적 응답의 한 형식이다. 근대 서구 문화가 기독교에 의해 많은 영향을 받아왔기에, 보다 더 나은 세계에 대한 기독교의 설립 비전은 오늘날 아직도 우리의 희망의 토대이며, 우리의 세계 건설방식에 영향을 주고 있다는 것은 전혀 놀라운 일이 아니다.

이것은 내가 논증할 수 있는 것과 없는 것을 분명하게 해 준다. 나는 교회 신학과 그 용어들로써는, 교회가 그 자체를 넘어서 하느님 나라에로의 개혁으로 인도할 논증을 전개하는 데 성공을 기대할 수 없다는 점을 인정한다. 그러나 하느님 나라 신학은 우리 시대의 진실이며, 하느님 나라 종교(즉 '태양같은' 영성, 더하기 인도주의적 사회윤리)는 우리시대에 진정한 종교적 삶의 형태라는 것을 논증해왔으며, 지금도 그렇게 논증할 수 있다. 그것은, 당신들이 보기에, 기독교(한 종류)의 진리에 관한 의심쩍은 논증처럼 보일 수도 있지만, 내가 여기서 제시하는 새로운 변증론은 전통이나 권위에 호소하는 것이 아니며, 또한 어떤 초자연적인 믿음을 주장하는

---

5) 나의 책 *Philosophy's Own Religion*을 보라.

것은 아니지만, 그 변증론이 어떻게 현재 우리들의 생각과 이미 하나가 된 변증론인지를 단지 보여주려고 한다.

6

바깥을 안으로 뒤집어서

교회가 지배해왔던 기독교 문화의 오랜 전통 속에서, 많은 사람들은 그들의 기본적 세계상 및 인간관을 기독교 교리들로부터 배웠는데, 이것은 창조론, 타락(Fall)과 속량(Redemption)의 교리를 매우 실재론적인(외부적이며 객관적인 - 역주) 방식으로 이해했다는 말이다. 그런 세계상은 매우 낙관적이며 도덕적이었다. 즉 태초에, 하느님은 우리 각자를 당신 자신을 위해 창조했다. 하느님은 전적으로 전능하고 선하시며, 그가 만든 우주 질서는 이상적인 가부장제의 가정 같았다. 만물은 한 가지 목적을 위해 설계되었고, 균형 잡힌 조화로운 질서 속에 배열되었다. 만물은 하느님이 주의 깊게 돌보고 있었다. 불행하게도, 최초의 인간 창조 직후에 인간의 죄는 애초에 의도되었던 만물의 완전한 조화를 어지럽히고 타락시켰다. 그리고 모든 인간의 삶은 제한성과 노동과 죄로 인한 고통으로 파멸되었다. 우리는 더 이상 처음 창조된 대로의 행복을 누릴 수 없게 되었다. 오히려 저주만을 받게 되었다. 그러나 다행스럽게도 하느님은 최소한 어떤 사람들만은 최초의 고상한 운명으로 회복시키고, 우주 질서를 원래의 조화와 완전에로 회복시킬 치료책을 준비했다. 이 치료책은 무엇이며, 그것은 어떻게 작동하는가? 이 거대한 질문에 대한 최선의 답변은 기나긴 구원사(救援史)를 암송하는 것이다. 즉 우리 주 예수 그리스도 안에 나타난 하느님의 아들의 성육신, 대속의 죽음, 부활과 승천, 그리고 이제 그 주님이 하늘 보좌에 앉아 계심 등의 구원사이다. 이 사건들로부터 교회가 생겨났고, 교회는 신조, 규정, 성례전을 통해 우리에게 영원한 구원을 중보한다. 이 생에서, 우리 대부분은 도래할 영광의 약속 이상의 것을 기대할 수 없지만, 성자들과 지금도 교회 생활의 일부인 기적들, 그리고 성례전의 은총으로부터 격려를 받을 수 있다. 만일 우리가 은총과 참된 믿음 안에서 죽는다면, 우리는 마침내 천국에서 구원받은 자를 기다리고 있을 충만한 영광의 일부가 될 소망을 가질 수 있다.

돌아보건대, 이것은 낯선 세계상처럼 보이며, 근대 이전의 지극히 힘겨웠던 농경사회의 관점에서 보자면, 왜 그런 믿음이 그토록 광범위하게 오랫동안 지속되었는지 의아해 할 수 있다. 확실히, 보통 사람들의 경험은 그런 믿음에 대해 확신을 주지 못하지 않았는가? 그런 전체 사상체계가 이 세상에 대해 최소한 일리가 있었던 것이라고 대답할 수 있을 것이다. 이 사상은 농부들에게 지고의 권위는 항상 지혜롭고 선한 것이기에, 그들 자신의 불행에 대해서라면 자기 자신(과 조상들)을 탓해야 한다고 경고했다. 그러나, 그들이 교회의 가르침을 믿고, 순종하며, 참고, 끝 날까지 견딘다면, 그들은 죽음 너머에서 그들을 기다리고 있는 상상할 수 없는 영광을 희망할 수 있다는 것이다.

이런 이유 때문에, 종교는 엄청나게 거대한 신학적 사실들을 받아들이는 열광적인 수동성으로 이해된다는 것을 주목할 필요가 있다. 하느님은 그의 무한한 힘에 의하여 모든 것을 결정했고, 또한 앞으로도 결정할 것이다. 이에 대한 적절한 반응은 두 가지 주요 요소를 지니고 있다. 즉, 예배와 순종, 그것이 전부이다. 교리의 근본이 되는 실재론, 그리고 하느님의 권능과 인간의 능력 사이의 무한한 차이는 인간에게 그들 자신의 속량을 위해서나 이 세상의 회복을 위해서나 어떤 능동적인 공헌을 할 여지를 남겨 놓고 있지 않다.

낡은 기독교 우주론이 단지 잘못되었다는 것은 말할 필요조차 없다.[1] 만일 우리가 이 세계에 대해 무언가를 알고 있다면, 세계가 그런 우주론처럼 움직여지지 않는다는 점이다. 만물이 운행되는 방식이 법칙에 근거되어 있다면, 그 숨겨진 규칙들은 아마도 기계적이거나 혹은 통계적이거나, 때로는 그 둘 모두인 경우가 있을 것이다. 그러나 우리는 그 규칙들이 도덕적이지 않다는 것은 확신하고 있다. 말하자면, 그것들은 우리가 알고 있는 어떤 도덕성의 규칙들이 아니다.

이제 기독교 교리를 전적으로 다른 방식으로 해석하는 길을 시도해보자. 이번에는 우리가 21세기 인간의 조건에 대한 진실로서

---

[1] 살만 루시디(Salman Rushdie)는 그의 작품 *The Ground Beneath her Feet*에서 한 등장인물이 모든 세계 종교는 단지 잘못되었다고 말한다. 그 어떤 종교도 인간 상황에 대해 진실한 묘사를 제공하지 않는다. 또한 루시디는 그 자신이 같은 이야기를 한 적이 있다. 그러나 그는 완전히 정확하지 않다. 왜냐하면 사람들은 오늘날 중용의 불교(Madhyamika)가 거의 옳다는 것을 알고 있다. 참으로, 그들은 놀랍게도 거의 옳다.

우리가 알고 있는 바로부터 시작해보자. 그리고 종교적 관념들이 그런 맥락에서 무슨 소용이 있는지에 대해 물어보자.

인간의 조건은 오늘날 사무엘 베케트가 제시했던 것 그대로다. 저 바깥에는 "문자적으로" 어떤 신도 없다. 죽음 이후의 삶도 없다. 우리의 삶이 끝나면 우리가 잘 알고 있듯이 그냥 끝나는 것이다. 저 바깥에는 그 어떤 선행하는 혹은 이미 정해진 우주적 질서라는 것은 없으며, 그 어떤 도덕적 질서도 없다. 이미 만들어진 자아(self)라든가 인생의 궁극적 의미라는 것도 없다.

오직 두 가지만이 주어졌다. 첫째, 유한한 인생의 흘러감으로서, 우리에게 무질서한 감각 경험의 혼란과 그에 반응하여 시시각각 변하는 감정을 안겨준다. 둘째, 언어의 시작으로서, 이것은 기억이나 분석이 다가갈 수 있는 가장 오랜 옛날부터 주어진 것으로서, 경험이나 감정의 흐름을 언어나 그 밖의 신호로 바꾸어 놓는다. 단어들 자체는 처음에는 어떤 큰 의미를 갖지 않으며, 아마도 의미 없는 지껄임이거나 환성보다 나을 것이 없는 정도다. 처음에는 그 단어가 넌센스인지 아닌지를 구분할 능력조차 확실치 않다.

내가 지금 말하고 있는 것은 인간의 조건이라는 것을 진실되게 묘사할 수 있는 한, 사무엘 베케트의 연극이 인간의 조건을 묘사하고 있다는 점을 여러분이 깨닫게 될 것이라는 말이다. 그는 불가피하게도 너무 낙관적인데, 그 이유는 그의 연극에서 그는 이미 무대와 배우들을 갖고 있으며, 영어와 프랑스어를 구사하기 때문이다. 그러나 그런 것들을 거두어내면, 그 연극 대본이 우리에게 주는 인상은 인간의 조건을 틀림없이 보여주는 것 같다. 허무주의인가? 그렇다. 그것이 바로 우리가 존재하는 곳이다. 그렇다면 이 상황에서 기독교 교리는 무슨 소용이 있을까?

오늘날 우리는 기독교 교리가 이 세계와 인간의 조건을 참되게 묘사하는 것으로 보지 않는다. 다만 우리가 할 수 있는 것이 무엇인지를 보여주는 것으로 이해한다. 왜냐하면 기독교 교리는 우리에게 하느님이 무(無, the Nihil), 곧 만물의 어둡고 형체 없는 원초적 조건에 맞서는 분으로 보여주기 때문이다. 하느님은 허무주의를 극복하기 위한 그의 무기로서 언어를 요구한다. 하느님은 언어를 통해 공(空, the Void)을 가로질러 큰 경계선을 긋고 우주의 구역을 나눈다. 하느님의 언어는 만물을 구별하게 만든다.

> 별들의 수효를 헤아리시고
> 낱낱이 이름을 붙여 주시는 분
> — 시편 147:4

이처럼 하느님의 언어는 우주를 질서 있게 만들고, 만물에 그 이름과 가치를 부여한다. 이러한 방식으로, 하느님은 다른 신화들에서는 그 부족의 조상이 한 것과 같은 일을 한다. 즉 그의 행동은 원형적이다. 그는 모든 것을 처음으로 행한 후, 우리 역시 어떻게 허무주의를 정복하고 우리 주변에 정연하고 가치 있는 세계를 건설하는 방법을 보여준다. 재미있는 것은, 창세기의 하느님은 인간 아담으로 하여금 동물들의 이름을 지어주도록 함으로써 자신의 원형적인 창조사역의 일부를 담당하게 만든다. 그 이유는 아마도 원시

시대에 사냥과 짐승 사육은 자연에 대한 인간의 기술적 지배를 보여주는 가장 대표적인 사례였기 때문일 것이다.

　기독교 신화를 어떻게 읽을 것인가에 관한 대안적 이야기를 찾는 이 책의 중심 주제가 이미 떠오르고 있다. 즉 그것은 하느님을 모방하기(*imitatio Dei*), 즉 교회 전통에서는 알려진 것이지만 흔히 가볍게 보아 넘겼던, 하느님 흉내내기다. 교회 기독교는 기독교 신화를 막강한 지배 이데올로기로 투사시켜, 우주는 이미 기성품이며, 교회와 국가의 모든 권력도 이미 확립된 것이라는 지배 이데올로기의 실재론적 사고의 틀 속에서 작동해왔다. 즉 모든 것은 저 너머의 세계에 이미 정해진 것으로 여겨졌으므로, 평범한 인간의 창조성은 대체로 거부되었다. 즉 하느님을 모방하는 것은 우리의 일이 아니고, 그분이 이미 만드신 것에 적합하게 반응하는 것만이 중요했기 때문이다. 이것은 하느님이 미리 정해놓은 체계 안에서 우리의 정해진 몫을 수동적으로 받아들이는 것을 의미했다. 우리의 몫이란 믿고, 하느님의 법에 복종하고, 참고 희망하는 것이었다. 그것이 전부였다. 이처럼 '기독교'는 반인본주의적인(anti-humanist) 억압적 문화체계로서 조직되었으며, 그런 경향은 아직도 어느 정도 그대로 남아 있다. 오늘날까지도 어떤 주목할만한 기술적 진전은, 특히 의학분야에서, 마치 하느님인 체 하는 것은 나쁜 일이라는 것을 모두가 알고 있는 것처럼, 과학자들이나 의사들이 하느님인 체하는 것이라는 비난을 받기 쉽다. 즉 단지 하느님만이 하느님 역할을 할 수 있으며, 하느님은 이미 그 자신의 역할을 완전히 했다는 식이다. 이것은 교회의 교리가 지금도 얼마나 강한 영향을 끼치고 있는지를 극명하게 보여주며, 교회 교리가 종교 사상의 실체와 그 작동 방식을 완전히 망각하고 있음을 분명히 보여준다. 왜냐하면, 종교에서 신화는 신자들의 삶 속에서 재현되도록 의도된 원형적 패턴들을 제공하기 때문이다. 즉 당신은 하느님을 위해 하느님 역할을 맡도록 되어 있는 것이다. 창조신화는 우리가 원래 경험과 정신 생활의 형태가 없는 혼돈(formless chaos)을 어떻게 언어로써 극복해야만 할 것인가, 그리고 점진적으로 어떻게 우리의 세계를 세워나가고 거기에 가치를 부여할 것인가에 관한 원형적 이야기다. 간단히 말해서, 만일 당신이 문자적인 유신론자라면, 물론 기독교 교리는 당신에게 진실이지 않을 것이지만, 당신이 허무주의자라면, 당신은 기독교 교리가 어떻게 당신의 허무주의를 단속시킨다는 의미에서 참인지를 알 수 있을 것이다. 창조신화는 참된 신화다. 왜냐하면, 그것은 당신에게 어떻게 당신의 세계를 건설하고 질서를 잡는지를 보여주기 때문이다. 나는 그 신화 속에서 하느님은 언어를 사용하여 무로부터 그의 세계를 지어내는 '능동적 비실재론자'(active non-realist)로 그려지고 있음을 이미 지적했다. 그리고 오늘날 동일한 상황 속에 있는 우리들도 하느님처럼 행동해야만 한다.

같은 동기에서. 고전신학에서는 가끔 하느님, 즉 이미 무한하고 완전하며 그 무엇도 필요로 하지 않는 하느님이 왜 세계를 창조했어야만 했는지를 묻는다. 그가 무엇을 얻기 위하여 세계를 창조했다는 말인가? 이 물음에 대한 최상의 대답은 하느님이 우주를 창조한 것은 그의 영광을 드러내기 위한 무대로서, 자기 표현의 순전한 기쁨과 자신을 내어주는 가없는 사랑에서 창조했다는 대답이었다. 이것은 감동적인 생각이긴 하지만, 전통적인 형이상학적 유신론의 용어로 그려낸 일종의 순진하게 신인동형론적(anthropomorphic)인 대답이다. 그렇다면 그 요점은 무엇인가? 이 오래된 질문에 대한 새로운 답변은 그들의 신인동형론에 주목하게끔 한다. 그것은 일종의 무료 경품 같은 것이다. 하느님 자신은 태양과 같다!(God himself is solar!). 그는 그 자신을 표현함으로써 산다. 심지어 무가치하고 사악해 보이는 것일지라도, 사랑을 통해 그 자신을 쏟아부어 주고 가치를 부여한다. 그는 인생의 완전한 비극적 코메디를 즐거워한다. 그리고 이것은 우리가 하느님에 대해 말할 때, 우리가 형이상학을 말하는 것으로 생각해서는 안 된다는 것을 보여준다. 즉 우리는 인간의 삶과 도덕적 행위의 역할 모델(role model)로서 하느님 개념에 대해 말하고 있는 것이다. 이런 관점에서, 타락과 속량의 이야기 역시 인간 존재가 어떻게 그 자신의 신화들과의 친밀한 접촉을 잃어버리고 도덕적 일탈, 무질서, 갈등으로 추락할 수 있는지, 그리고 어떻게 관대하며 밖으로 향하는 표현적 사랑이 세계를 속량할 수 있는지, 그리고 타인과 사물들을 단지 사랑함으로써, 다시 묘사함으로써, 또한 그 위상을 높임으로써, 오늘날 '자기 가치'(self-worth)라 불리는 것을 그 타인이나 다른 사물에 주는지에 관한 이야기로 다시 읽어야만 한다.[2]

그 신화 속에서, 하느님은 독립적으로 존재하는 어떤 도덕법에

---

[2] 나의 책 *The New Christian Ethics*(1988)을 보라. 이 사상들은 그 당시 내게 새로웠으며, 따라서 그 책은 이해하기 너무 어려운 책으로 간주되었다.

도 종속되지 않는다. 하느님은 그 자신의 언어를 통한 자기 표현을 함으로써 도덕적 질서를 만들었는데, 그 언어는 그의 세계를 창조하고 질서를 부여하고, 그의 세계에 대해 가치를 부여한다. 그리고 우리 인간도 똑같은 일을 하도록 되어 있다. 즉 물론 여기에는 우리가 종속되어야 하는 그 어떤 외부의 도덕 질서라는 것이 이미 확립된 것으로 존재하지 않는다. 우리는 마치 존재론적 무(Emptiness)에서 시작하듯이, 도덕적 공허(void)로부터 출발한다. 언어를 사용하며 상징을 만드는 존재로서 우리의 과제는 태양처럼(solar) 되는 것이다. 즉 우리 자신을 한껏 표현하고, 우리의 세계를 생성하고, 질서 있게 만들며 우리의 세계와 서로에게 가치를 부여함으로써 태양처럼 되는 것이다. 속량의 신화는 충분히 태양과 같으며 관대한 사랑은 단지 신앙심이 없는 사람들뿐만 아니라 악한 사람들까지도 속량할 수 있다는 것을 약속한다.

이 사례를 통해, 우리는 새로운 종교개혁, 즉 교회 종교로부터 하느님 나라 종교로 바뀌는 것과 동시에 일어나는 새로운 종교개혁이 어떻게 우리의 물려받은 관념과 생각을 완전히 뒤집어놓을 것인가를 본다. 아람어 세계로부터 그리스어 세계로 이동하자마자 초대 기독교는 절대군주제가 일반적인 정부형태였던 노예사회로 진입했다. 이 사태는 계몽주의 때까지 별로 개선되지 않았다. 그런 상황에서 기독교 신화와 상징들의 해방적 가능성을 인식한 사람들이 거의 없었다는 사실은 놀랄만한 일이 아니다. 종교를 사회통제라는 정치적 목적으로 사용하는 데에 모든 강조점이 주어졌다. 기독교의 신화는 조직화되었고, 도그마로서 객관화되었으며 강요되었고, 실재론적으로 이해되었으며, 하나의 우주론으로 투사되었다. 야만적인 사회원리가 종교에 의해 재가되었고, 구원을 위한 학습으로 재해석되었다. 신자의 시선은 예배 속에 잠깐 본 곳으로서, 죽은 다음에 영원히 들어가게 될 아름다운 상상 속의 거룩한 세계에로 향했다.

낡은 형태의 교회 기독교는 기독교의 재료들을 이용하여, 당대에 확립할 수 있었던 강력한 사회적 통제 기구를 통해, 안정적인 신성한 문명을 창조하였다. 오늘날, 그러한 질서의 빛 바랜 마지막 유물들은 마침내 동유럽에서도 사라지고 있다.

새로운 하느님 나라 종교에서는 기독교 상징들과 신화들을 사용하여 신자들을 억압하는 우주론을 구축하거나, 세속적인 혹은 영적 권력의 위계질서를 정당화할 필요가 없다. 그렇다고 해서 우리가 그런 상징들과 신화들을 모두 버리지는 않는다. 전혀 그렇지 않다. 우리는 단지 그 상징들과 신화들을 본래의 해방적이며 종교적인 용도로 회복시킨다. 바깥을 안으로 뒤집어(turned outside in), 보통 사람의 주체성 안에 내면화시킴으로써, 낡은 신화들은 우리가 종교적 예술가의 역할을 하는 것을 돕는 하나의 프로그램 작업이 된다. 즉, 그 낡은 신화들은, 우리의 표현 활동을 통해, 우리가 어떻게 우리의 세계들을 건설하며 속량할 수 있는가 하는 방법을 제시하며 또한 우리로 하여금 그 방법을 실천하도록 돕는다.

이제 우리는 왜 "기독교의 개혁"을 말해야만 하며, 하느님의 섭리적 세대의 변화와 같은 중요한 전환기에 대해 말해야만 하는지를 이해할 수 있다. 왜냐하면, 낡은 형태의 교회 기독교가 어떻게 그리고 왜 우주론으로서 맞지 않으며, 역사적으로 한물 간 것인가를 완전히 이해하게 될 때에야 비로소, 우리는 니체와 베케트, 허무주의와 무신론을 넘어설 수 있게 되며, 놀랍게도, 기독교가 마침내 참된 종교임이 드러나는 새로운 경지에 도달하게 된다. 기독교가 마침내 사회적 통제를 위한 우주적 이데올로기가 아니라, 해방적이며 자유케 하는 참된 종교임이 입증될 것이다.

우리는 이제 교회 종교의 지도자들이 도대체 종교가 무엇이며, 종교가 어떻게 작동하는지에 관해 어쩌면 그토록 이해하지 못하는가 하는 이유를 깨닫게 되었을 것이다. 종교를 재발견하기 위하여, 우리는 교회와 결별하고, 새로운 사고방식을 배워야만 할 것이다. 즉, 종교가 무엇이며, 그것이 어떻게 인간을 해방시키며 우리로 하여금 우리 자신의 세계를 건설해나가는 일을 어떻게 도울 수 있는지를 우리는 다시 배워야만 한다.

7

안을 바깥으로 뒤집어서

기나긴 중세 동안, 기독교의 실체가 조직화되고 우주론으로서 투사되었을 때에, 기독교는 보통 사람을 둘러싸고 있는 하나의 포괄적인 신성한 문명을 만들어냈다. 모든 것이 저 너머에서 이미 정해지고 만들어진 것처럼 보였고, 그것에 수동적으로 순응하는 것 이외에는 달리 할 일이 없었다. 세속적인 권력체제만이 아니라 영적인 권력체제는 한 술 더 떠서 신자들을 짓눌렀는데, 그들에게 육체 노동의 열매에 대한 십일조를 요구했을 뿐만 아니라, 그들의 영혼의 완전한 충성을 요구했던 것이다. 오늘날의 교회 기독교가 여전히 과거의 영광을 열망하는 향수를 가지고 있는 것도 한편 이해가 간다. 즉 기독교는 아직도 옛날 방식으로 사고하면서, 과거의 영광을 다시 한번 누리게 되기를 갈망하고 있다.

기독교가 교회 종교에서 하느님 나라 종교로 바뀌는 과정에서, 기독교는 그 자신 이중의 변화를 겪고 있다. 즉, (바깥의) 우주론으로서 존재하기를 중단하는 대신, 신자들이 자신의 세계와 삶을 세워나가는 방법의 틀을 제공하는 일종의 내면적 프로그램이 되는 것, 곧 바깥을 안으로 뒤집는다. 그러한 변화는 개신교 안에서 일어났다. 그러나 그것으로는 충분치 않다. 왜냐하면, 그것은 바깥의 "정치적" 폭군을 내면의 심리적 폭군으로 대체한 것에 지나지 않기 때문이다. 따라서, 신앙은 그 내면화 과정에서, 그 교조적, 체계적, 강압적 성격을 포기해야 할 필요가 있다. 이제 기독교는 사람들이 그들 자신에게 적합한 세계, 자기됨의 형태들, 삶의 스타일을 구성하기를 원할 때 자유롭게 활용할 수 있는 상징적, 신화적 재료들의 거대한 어휘 체계가 되어야만 한다. 간단히 말해서, 기독교는 가톨릭이든 개신교든 모두가 권력과 사회적 통제에 너무 정신이 팔려 있었기 때문에 사람들을 속량하지 못했다. 너무도 규율적이었고, 속량은 죽은 다음에 오는 것으로 연기시켜버렸다.

 이제 우리는 죽음 이후의 삶이란 없다는 사실을 분명히 알고 있다. 속량은 지금 이 삶 속에서 이루어져야만 한다. 이것은 기독교가 지금, 곧 우리의 유일한 이 삶 속에서 유효한 종교가 되어야만 한다는 것을 의미한다. 기독교는 참으로 해방적이며 자유롭게 만드는 종교가 되어야 한다. 사람들은 기독교 안에서 저마다 자신의 길을 가면서, 마침내 완전히 자기 자신이 되고, 나아가 그들이 보기를 원하는 세계를 건설하는 것을 가능케 하는 하나의 상징적 어휘, 곧 자기 표현 형식들의 컬렉션을 발견해야만 한다. 교회는 그 자체가 진정한 기독교가 되어본 적이 없다. 즉 기독교는 지금까지 다만 예비학교(preparatory school), 곧 먼 장래나 죽은 다음에 올 것으로 기대했던 기독교의 완전한 실행을 위해 신자들을 준비시키는 예비학교로만 존재해왔다. 그러나 오늘날 그 예비학교는 급속히

줄어들고 있다. 이런 사실은 아마도 우리가 이 땅에서 기독교를 실현할 실질적으로 마지막 기회가 될 것임이 틀림없다.

어떤 사람들은 그런 일이 1820년경에 일어날 수 있었으며, 그때 일어났어야만 했다고 말한다. 프랑스 혁명은 구체제의 종말의 신호탄이었다. 칸트는 인간성의 성숙을 선언했으며, 낭만주의자들은 창조적이며 표현적인 삶, 곧 '가슴으로부터의 삶'의 개념을 회복시켰다. 쉴라이에르마허와 몇몇 사람들은 기독교의 과제를 이 땅 위에 하느님 나라를 세우는 것으로 말하기 시작했다. 유토피아적 희망이 일어났으며 변화가 가능해 보였다. 그러나 그 일은 일어나지 않았으며, 역시 1960년대에도 일어나지 않았다. 그렇다면 이제는 너무 늦은 것인가?

아마 너무 늦었을지도 모른다. 그러나 나는 무엇이 필요할 지에 대해 지금도 구체적으로 생각하고 말하기를 원한다. 필요한 변화의 최소한 일부는, 이미 그에 대한 거창한 이름 없이 무의식적인 방식으로, 우리 문화 발전의 일반적 과정에 의해 일어나고 있음을 발견할 수 있을 것이다. 나는 다른 곳에서 우리 시대의 사람들은 내가 "태양같은" 삶이라고 일컫는 열렬한 표현적 삶의 방식과 인도주의적 윤리를 자발적으로 택하고 있다는 것을 제시한 바 있다. 이 둘은 다 예수의 가르침에 뿌리를 두고 있으며, 하느님 나라 종교의 특징들이다. 그러므로 교회 안에 있는 사람들이나 혹은 밖에 있는 사람들이나 아무도 지금 무엇이 일어나는지 모르는 상태일지라도, 우리는 지금 "이 땅 위에 하느님 나라를 건설" 하고 있을 지도 모른다. 아마도 기독교 프로그램이 비록 무의식적으로 어떤 거창한 명분을 붙이지 않은 채 최소한 실행되려고 하고 있다. 아마도 그럴 것이다. 그리고 그것으로 충분하다. 헤겔이 한번 이상 언급했던 것처럼, 하느님 나라 종교로의 전환은 우리로 하여금 진리에 대한 추악한 소유권을 주장하는 배타적 태도를 포기하도록 요구하는데, 진리에 대한 그런 배타적 태도는 항상 거창한 이름과 명분으로 나타난다. 아마도 하느님의 나라는 하느님, 왕국, 그리스도, 기독교인 같은 단어들이 모두 더 이상 사용되지 않게 되고, 아무도 그런 단어들을 다시 소개할 마음을 먹지 않게 될 때까지는, 하느님의 나라가 올 수 없을 것이다.

우리는 이미 매우 민주적이고, 자신을 잘 표현하며, 인도주의적인 레저문화에로 옮겨가고 있다는 주장은 이 책의 주제와 매우 관련되어 있다. 많은 사람들은 우리가 내다보고 있는 기독교의 개혁이 사상적으로나 문화적으로 너무 거대한 혁명이라고 말할 것이다. 기독교는 오늘날 확실히 그렇게 큰 것을 생각하기에는 너무 작고 허약하다. 그러나 기독교적 프로젝트의 역사적 전개는 서구 문화의 주요 흐름(mainstream) 속에서 표나지 않게 계속되어 왔음을 나는 이미 다른 책에서 논한 적이 있다. 주류 문화 속에서 기독교는 이미 약간은 질서가 없고 자기의식이 없기는 하지만, 하느님 나라 종교에로 이동해왔다. 즉 주류 문화는 자유주의적 민주주의, 허무주의, 인도주의에 관한 모든 것을 알고 있다. 주류 문화는 오늘날 개인의 구원을 향한 추구가 어떻게 자기표현에 의한 자기실현 추구의 형태를 취하는지를 알고 있다. 내가 지금 요청하는 것의 상당부분은 이미 진행되고 있다는 말이다. 내가 해야만 하는 것은 주류 문화로 하여금 그것이 이미 헌신하고 있는 발전 방향의 종교적 의미에 대해 더욱 분명히 깨닫도록 하는 것이며, 교회의 남은 자들로 하여금 교회 바깥 세계에서 일어나고 있는 일들에 관해 새롭고 좀 더 긍정적인 관점을 지니도록 설득하는 일이다.

이 새로운 발전들의 한 요소는 특히 이해하기 어려운데, 그것은 자아의 안을 바깥으로 뒤집는 것(turning inside out of the self), 곧 자아의 전형적인 흐름을 역전시키는 것이다. 교회의 기독교에서는 자아가 상대적으로 수동적이고 수용적이며 '여성적인' 것으로 배웠다. 즉 하느님이 모든 일을 하셨기에, 영혼은 뒤로 물러서서 천당을 생각하도록 명령받았다. 그러므로 외양(Apperance)으로부터 실재(Reality)로의 자아의 전환은 내향적인 것이었다. 한 개인의 진짜 삶은 '내적인' 혹은 '영적인' 삶이었다.

이것이 바로 교회의 시대였다. 그러나 포스트모던 시대 그리고 하느님 나라에서는, 자아의 성취를 위한 자연스런 움직임이 갑자기 역전되었다. 외향적으로 되었다. 즉 자아는 표현되기 위해 밖으로 튀어나오려 한다. 밖으로 나온 자아에 의해서만 자아는 참된 자아가 되었다. 자아는 열정적으로 모든 것이 밖으로 드러나고, 고백되고, 선포되고 공개되기를 열망한다. 과거의 숨겨진 내면성을 추구하는 "폐쇄된 벽장의" 영성(closet spirituality)을 속임수이며 은폐로 여긴다.

나 됨(selfhood)의 형이상학은 이 새로운 상황에서는 사뭇 다르다. 즉 교회의 시대에는 인간 존재가 두 개의 서로 다른 세계에서 살도록 설계된 일종의 양서류였다. 자아의 핵심인 영혼은 유한한 영적 실체였고, 자연스럽게 불멸하는 존재였으며, 신과 영원한 세계를 위해 지어진 존재였다. 영혼은 또한 육체에 생명을 불어넣는 원리로서 육체의 '형상'이었으며, 따라서 육체는 우리의 감각을 통해 바깥 세계로부터 우리에게 도달하는 많은 유혹들과 열정과 밀접하게 접촉하게 되었다. 이 세상에서의 삶은 영혼의 복락을 위협할 수 있으며, 안전하게 이 세상을 통과하기 위해서 사람들은 죄를 짓게 될 가능성을 피해가야 할 필요가 있고, 육체와 열정을 억제해야 하며, 자주 마음을 가라앉히고 영혼 깊은 곳에서 신선한 바람을 쏘이도록 할 필요가 있다.

교회의 기독교는 그 역사의 대부분을 통해 혼인보다 처녀성을 높게 보며, 매우 저 세상 지향적이었다. 사람들은 하느님께 자기 자신을 열기 위하여 사회적 세계로부터 후퇴했다. 육체적 삶 및 이 세상에서의 삶은 기껏해야 조심스러운 삶이었다. 그러나 계몽주의 시대에 접어들어서는 훨씬 더 이 세상적인 견해들이 자아에 대한 새로운 이해와 더불어 점점 우세하게 되었다. 가장 영향력 있는 사상가들은 쇼펜하우어(Schopenhauer), 다윈(Darwin), 니체(Nietzsche), 그리고 프로이트(Freud)였으며, 오늘날 전반적인 문화 속의 지배적인 자아개념은 그들에게 빚진 바가 크다.

이 새로운 견해에 의하면, 인간은 말하는 동물이며, 그 안에서 자연이 문화로 끊임없이 바뀌고 있는 존재이다. 자아의 생명은 생물학적 충동들의 집합에 의해 동력을 받는 것으로서, 이 충동들은 때때로 서로간에 갈등을 일으키지만, 밖으로 표현되려고 몸부림친다. 그 충동들이 만족스럽게 표현되지 못하면, 아프다고 느끼거나 병이 든다. 문화는 이런 생물학적 충동들이 표현되는 공인된 형태들, 적절한 채널들, 상징적 표현들의 일정 범위를 제공한다. 각 사람은 자신이 가장 쉽게 그리고 충만하게 자신의 생물학적 충동 및 개인적 열망을 실현하면서, 동시에 저마다의 비슷한 프로젝트를 가지고 있는 타인들과 잘 어울리며, 그들의 문화적 요구를 충족시켜줄 수 있는 표현형태를 획득하려는 경향이 있다. 근대후기 및 포스트모던 시대에는 재산의 증가와 더 좋은 사회 행정구조 덕분에 사회가 개인에게 과거보다 한층 더 폭 넓고 매력적인 자아 형태와 삶의 방식을 제공하는 것이 가능하게 되었다. 따라서 규율적 문화로부터 레저 문화로, "교회" 종교로부터 "하느님 나라" 종교로의 전환이 일어났다.

내가 제시하는 모델에서, 자아는 밖으로 표현하는 운동에 의해 움직인다. 자아는 밖으로 표출되고자 한다. 생명의 충동인 리비도는 여러 가지의 잘 조직되지 않은 욕구들의 덩어리로서 스스로를 표출하고자 애를 쓴다. 그 욕구들은 쇼펜하우어가 '표상'(表象, representation)이라고 부른 것, 나는 상징적 표현(symbolic expression)이라 부르는 것으로 나타나기를 원한다. 문화는 일정 폭의 용인되는 표출 형태를 제공해준다. 즉, 언어와 행동양식 등을 통해 우리의 욕구들이 표출되는 데 용인되는 형태를 제공한다. 우리의 리비도는 언사와 행동 속으로 표출되는데, 그런 언사와 행동을 통해 우리의 모호한 감정들이 종종 그 최선의, 충만하며 가장 논리 정연하고 의미 있는 방식으로 표출된다. 그렇게 우리는 계속적으로 우리 자신들을 표현하며, 그런 즉각적 표현을 통해 우리 자신이 되고자 한다. 또한 우리는 그런 즉각적 표현을 통해 항상 타인과 소통하며, 공동의 세계를 건설한다. 그렇다! 생물학적 감정이 하나의 상징적 형식(하나의 단어, 혹은 다른 일반적 신호들)으로 채워지는 그 순간이 만물이 존재(Be-ing)가 되고, 실현되는(Real-ized) 순간이다.

이것은 우리 안에서 항상 일어나며, 우리 눈앞에서 일어난다. 나는 독자들에게 눈에 보이는 영역을 명상적으로 바라보거나, '아트모스'(atmos, 음향기술자들의 용어로서, 우리 귀에 항상 들리는 허밍이나 속삭임 등 배경 소음을 뜻한다)의 울림을 주의 깊게 들을 것을 촉구한다. 당신이 보고 있는 색깔은 당신 자신의 감정들이 표출되어 경험의 스크린 위로 드러나는 것이다. 사물의 맛, 소리, 직선과 곡선의 유희 등, 이 모든 것들 안에서 우리들 자신의 내부에서 솟아나는 감정들이 일반적인 의미들 속으로 흘러 들어오게 되며, 연상작용을 거쳐, 마침내 그렇게 세계는 생명에로 솟아오르게 되는 것이다.[1]

이것이 오래된 대우주/소우주(macrocosm/microcosm)의 틀이 담고 있는 자아와 그 세계에 관한 진실이다. 한편으로, 우리의 흘러 넘치는 감정은 밖으로 표현되어질 때 일반적 의미를 덧입게 되고, 우리의 세계는 형태를 갖추어 살아나게 된다. 그와 동시에, 이번에는 우리들 자신이 우리의 세계의 일부로서의 자아가 된다. 이렇게 감

---

[1] 과거의 유신론에서 하느님이 그 자신의 이미지, 그의 손자국을 전체 창조세계에 남겨놓는 것처럼, 오늘날 우리는 우리 자신의 이미지와 성찰들을 우리의 세계 전체에 걸쳐서 본다는 것에 주목하라. 그러나 차이가 있다. 즉 과거의 우주는 상대적으로 안정적이었으며, 하느님의 이미지는 단지 매우 서서히 바뀌었다. 그러나 오늘날 우리는 우리의 세계의 일부이며, 이 세계와 함께 항상 급속하게 변화한다. 따라서 자아와 이 세계 사이의 유비와 조화는 변하고 있다.

정의 흐름 과정, 즉 그 흐름에 의해 우리의 세계가 살아나고 색깔을 지니게 되는 감정의 흐름 과정은 바로 우리들 자신이 매순간 자아가 되고 다시 사라지는 과정이기도 하다.

내가 여기서 그려내려고 시도하는 관점은 분명히 고전적으로 용수(龍樹, Nagarjuna)에 의해 확립된 불교의 중용의 도(Middle Way Buddhism)와 같으면서 동시에 조금 다른 것이다. 불교의 종교적 실천은 아마도 신자들에게 평정심을 갖게 하여, 태평하고 심지어 조금 무기력하게 만드는 데 목적을 둔다. 그래서 불교 이론은 종교적으로 사람을 해방시키는 것은 모든 것이 공(空, Empty), 즉 만물이 비실체적이며 유동적이며, 상호연결된 과정이라는 것에 대한 철학적 깨달음이라고 말한다. 우리의 불행은 고정된 느낌[執着]에서 연유하는 것으로 진단되기에, 우리의 자아나 주변 세계 안에는 느낌이 고정될 수 있는 어떤 실체적 존재가 존재하지 않는다는 깨달음[覺]에 의해 치유될 수 있다. 탁월한 깨달음이다. 나는 용수의 교리가 비교적 조용하고 평정한 기질의 사람들에게는 하나의 종교로서 유효한 것이며, 지금도 유효하다는 데 의심이 없다. 그러나 만일 당신이 서구인이며, 약간 조울증적인 기질의 사람, 곧 당신의 감정의 흐름이 조증과 울증 사이에서 변하는 사람이라면, 나는 당신이 우리들 안에 흘러넘치는 삶의 감정의 강(江, the overflowing river of life feeling in us), 즉 그것에 의해 우리가 살아가는 삶의 감정의 강의 엄청난 종교적 중요성에 관한 나의 생각에 동의할 것으로 생각한다. 그것은 우리 각자를 천국으로 들어올릴 수도 있고, 지옥으로 내던질 수도 있다. 부처와 용수는 우리가 주의 깊게 중용의 길을 걸으면서 우리 안에 있는 삶의 감정을 고요하고 평정하게 되도록 단련시킴으로써, 그 영향을 무시할 수 있다고 말하는 것 같다. 서구의 금욕주의(처음에는 고전적이었으나, 후에 기독교화되었던)는 열정들을 규제하여 마침내 자기 정복에 이르기를 추구했다. 나는 이 둘 모두와 조금 다르면서, 좀더 강력하게 삶을 긍정하는 것을 주장한다. 우리 각자가 추구해야만 하고, 종교가 제공해야만 하는 바는, 그것을 통해 이 세계가 가장 풍부하게 아름다워지고, 우리 자신이 가장 충만하게 자기 자신이 되는 상징적 형태들이다. 이처럼 우리의 삶에 대한 헌신을 강조하고, 감정의 흐름을 계속적으로 행복하게 표현하고 지나가는 것을 강조하는 것이 바로 내가 "태양과 같은" 삶(solar living)이라고 부르는 것이다. 이것이 우리의 속량으로서, 완전한 헌신과 이 세계에서의 삶의 방식을 통해 이해된 속량이다. 이것이 하느님 나라 종교이다.

8

생활방식

날카롭게 대조를 이루는 점은 교회 종교는 믿어졌지만(believed), 하느님 나라 종교는 단지 살아내는(lived) 것이라는 점이다.

교회 종교는 더 나은 약속의 세상을 기다리며 그것을 위해 준비하는 종교였다. 그것은 매우 반사적이고 신조적(credal)이었다. 여기서 중요한 것은 "신앙을 갖는 것"이고, 그 "유일 신앙"을 믿는 것이며, 신조를 충실히 추종하는 것이었다. 오직 하느님만이 실제로 더 좋은 세계를 초래할 수 있었고, 그 신조는 어떻게 하느님이 한 처음에 세계를 창조하였고, 지금도 이 세계를 속량하기 위하여 일하는가에 관한 초자연적 이야기였다. 마지막 결말만이 기다려졌고, 그것을 기다리기 위해서 깨어 있어야 한다는 것이 매우 중요했다. 이것은 실제적으로는 죽음을 준비하는 것을 의미했다. 교회 시대의 대부분을 거쳐오는 동안, 이 땅에서의 인간의 기본적 삶의 조건들은 그리스도의 약속된 재림 이외의 그 어떤 것으로도 근본적으로 변할 수가 없었다. 종교는 묘하게도 비관적이고 수동적이었다. 즉 사람이 자기 자신을 위하여 할 수 있는 것이 거의 없었기 때문에 하느님이 모든 것을 변화시키신다는 바른 믿음에 매우 높은 가치를 두었다. "기독교 윤리학," 즉 이 땅 위에서 인간 사회를 좋게 만드는 일에 적극적으로 관심을 기울이는 학문이 대략 1770년 이전에는 전혀 발전하지 않았다는 놀라운 사실이 보여주듯이, 매사가 인간의 손을 넘어선 것들이었다. 그 발전사가 보여주듯이, 기독교 윤리는 그 어떤 특정한 인도주의적 대의에 주로 관심을 기울이다가, 빅토리아시대 초기에는 혼인과 가족(여성과 아이들과 더불어)을 이상화하고 가정생활과 사적인 생활을 이상화하는 데 주로 관심을 기울였다. 최근에 경제적 및 정치적 생활, 그리고 대외정책 등을 기독교화 하는 문제는 단지 말만 무성했지 제대로 이루어진 것이 별로 없다. 비록 계몽주의 이래로 기독교가 점진적으로 이 세계를 향해 돌아서기는 했지만 그 진보는 더딘 것이었고, 오늘날 교회 종교의 실천적 측면은 대체로 "규범 준수"로 구성되어 있다고 말하는 것이 공정할 것이다. 즉 "하느님의 선하신 때"에 하느님이 더 좋은 세상 속으로 우리를 인도할 때까지, 대부분의 사람들의 눈에 종교는 존중되는 제도이며, 믿어야 할 신앙이며, "착실한" 신자들이 지켜야 하는 "의무들"의 집합으로 남아 있을 것이다. 그것이 전부다.

    요약컨대, 교회 종교는 믿어지고 '준수'되지만, 사람들은 결코 그 종교를 전적으로 살아내는 것이 가능하다고는 거의 생각하지 않았다. 교회 종교와 대조적으로, 하느님 나라 종교는 단순히 한 생활 방식(a way of living)으로서, 삶을 완전히 혹은 가장 충만하게 살아내는 것이라고 묘사된다. 교회 종교에서는 사람들이 의식적으로

백 퍼센트 삶에 헌신하지 않는다. 그렇다, 당신의 절반은 항상 약간은 멀리 떨어져서, 은밀하게, 손을 더럽히지 않으면서, 영원을 생각하고, 죽음을 준비하고 있다. 반면에, 하느님 나라 종교는 전적으로 태양과 같으며, 백 퍼센트 주저함이 없다. 하느님 나라 종교는, 그 현대적 형식에서, 살아 있으면서 덧없이 지나가는 것들을, 단지 그 덧없음의 이유 때문에 열정적으로 사랑한다. 교회 종교는 먼 훗날을 바라보며 장기적이고, 앞날을 미리 생각하는 반면에, 하느님 나라 종교는 순간, 지금 여기에 뜨겁게 초점을 맞추고, 그 밖의 모든 것에 대해서는 잊어버린다. 하느님 나라 종교는 심지어 우주론에 대해서 생각할 시간조차 갖고 있지 않다. 다만 세계의 끝에서 살고 있을 뿐이다. 교회 종교는 참을성 있게 생각하고 기다린다. 그러나 하느님 나라 종교는 불태운다. 즉 하느님 나라 종교는 우리가 이미 마지막 때에 살고 있다고 이해하기 때문에 급하게 서두른다. 남아 있는 시간이 많지 않다.

이 대조는 특별하며, 더욱 더 특별한 것은 이 두 가지 매우 다른 종교가 산상설교와 예수의 가르침의 폭넓은 전통 속에 나란히 존재하고 있다는 사실이다. 때때로 예수는 자신을 따르는 이들에게 내일에 대해 염려하지 말고 전적으로 현재에 살라고 촉구한 것으로 묘사되어 있다. 그러나 다른 때에는 너희가 신중히 계산하고 너의 집을 반석 위에 세우라고 가르친 것으로 그려져 있다. 때때로 예수는 신자들이 감추어진 등불이나 산 위의 마을처럼 자신을 태양처럼 드러내야만 한다고 말한다. 그러나 또 다른 때에는 우리의 모든 종교적 의무들, 곧 전통적으로 기도, 금식, 구제로 요약되어온 것들을 은밀하게 실행해야 한다고 말한다. 때때로 예수는 주저하지 말고 자기를 염려하지 말고, 다른 이들을 위한 도덕적 행동에 즉각적으로 몰입할 것을 촉구할 때에는 하느님 나라 종교를 말한다. 그러나 어떤 때에는, 우리의 첫째 관심이 우리 자신을 성결케 하는 데에 있어야만 한다고 말할 때에, 즉 다른 이들에게서 무엇이 잘못되었는지를 보기 전에 우리 자신의 눈을 털어 내야 할 필요가 있다고 할 때에, 그는 전형적인 가톨릭주의를 말하는 것 같다.[1]

요약해보면, '산상 설교'는 이상하게도 그 자체가 조화를 이루지 못하는 본문이다. 거의 모든 본문이 교회 종교처럼 '생각하라!' 거나, 하느님 나라 종교처럼 '생각하지 마라!'고 선포한다. 생각하라는 명령은 우리에게 우선순위를 매기도록 하며, 염려하고, 사색하고, 마음을 가라앉히고, 자기인식을 계발하고, 미리 계획할 것을 말하고 있다. 생각하지 말라는 명령은 오직 현재만이 존재한다는 것, 즉 가슴으로 살라는 것, 삶을 신뢰하고, 거기 몰두하며, 안절부절 하지 말고, 당신이 가진 모든 것을 현재에 쏟아 붓고, 속도를 내고, 태양처럼 살라고 말한다. 이 둘 사이의 성격유형과 존재철학은 매우 대조적이어서, 왜 이 둘 모두가 예수가 가르친 것으로 전해겼는지, 왜 이 둘 사이의 모순에 대해 주목하지 않는지 의문이 생길 정도이다.

---

1) 이 모든 것에 관해서는 마태복음 5장-7장을 보라. 이 장들을 조심하는, 은밀하고, 내적인 교회 영성을 권하는 본문들과 외적이고, 표현하는, 태양적 영성을 권하는 본문들 사이의 두드러진 모순에 대해 열린 눈을 가지고 읽으라. 그리고 왜 역사적으로 이같이 뻔한 불일치에 대해 토론이 없었는지에 대해 스스로 물어 보라.

우리가 할 수 있는 최선의 답변은 예수의 가르침의 전통을 보존한 집단들 안에서, 사람들은 이미 이 두 가지 생활방식이 존재하는 문제에 대해 논쟁하고 있었다는 것이다. "하느님 나라" 종교의 사람들은 인생관에서 보다 더 퀘이커교도적이고 실존주의자적이었다. 즉 그들은 하느님 나라 방식으로 계속 살기를 원했고, 예수의 말씀들을 그들의 관점을 확인시켜주는 것으로 '들었다.' 그러나 교회파(敎會派)는, 바울에 좀더 가까운데, 하느님 나라는 아직 완전히 도래하지 않았다는 것을 더 의식했다. 따라서 그 기간 동안, 옛 것들, 곧 폭력적인 사회 질서와 그 제도들에 대한 일종의 적응이 필수적으로 요구되었다. 이 방향으로 생각을 정한 사람들, 곧 사색과 계산을 촉구한 사람들 역시도 예수의 말씀들의 전통을 들었다. 그러나 그들은 그것을 자신들의 관점을 확증시켜주는 것으로서 들었다. 그래서 이 모든 말씀들이 수집되고 집필될 때에, 하느님 나라의 말씀, 곧 이 세상을 거슬러 살아 너희 자신을 드러내라는 식의 하느님 나라 말씀들과 빵 속의 누룩처럼 조용히, 드러나지 않게 하라는 교회적 말씀들을 모두 포함시키게 되었다. 예수 자신은 매우 강렬한 종말론적 긴박성을 지닌, 하느님 나라형의 인간이었다고 상상하는 것은 합리적이다. 그는 열정적이고, 격렬하고, 논쟁적이고, 성급한 사람이었다. 그러나 그의 죽음 이후, 그의 가르침이 어떻게 보존되었는가? 어떤 이들은 예수의 하느님 나라형의 말씀들을 수집해서 그의 종말론을 '태양같은' 것으로 해석하였다. 반면에 다른 이들은 예수의 보다 더 교회적인 말씀들을 수집해서 그의 종말론을 '내향적'인 것으로 바꾸어 놓았다. 오늘날 세상이 산상

설교라고 말하는 부분(마태 5-7장)은 이 두 관점 모두를 반영한다. 그러므로 우리는 그 본문 속에서 예수의 말씀을 듣는 것이 아니라 그 추종자들 사이의 논쟁을 듣게 되는 것이다.

이 주장을 더 끌고 나가는 것은 문맥상 약간의 이탈을 요청한다. 인생살이의 세계는 떠들법썩하고 과중하며, 예측불허이고 다면적이다. 그 어떤 문필가도, 심지어 셰익스피어라 할지라도, 인생의 모든 것들을 담아낼 수는 없으며, 그 어떤 도덕 이론가도 삶의 세계를 만족스럽게 체계화해낼 수가 없다. 그 결과, 모든 도덕 이론과 모든 도덕적 가르침의 체계는 부분적이고 불완전하기 쉽다. 그것들은 누군가로 하여금 그 이론과 가르침에 대한 저항이나 수정에 의해, 반대 이론이나 반대 교훈을 만들어내도록 자극한다. 이에 대해 모든 사람들이 보아온 하나의 사례는 대중의 도덕성에서 세대를 거쳐 진동추가 좌우로 움직여온 방식이다. 즉, 엄격주의와 방종, 긴치마와 짧은 치마, 질서와 자유, 규제 도덕과 복지 도덕, 멀리 내다봄과 짧게 바라봄, 도덕주의와 자유주의 사이에서 진동추가 이쪽 저쪽으로 움직여왔던 것이다. 이 짝들 중 어느 한 쪽을 지나치게 누르면, 그 반대편 혹은 '타자' 편에서의 반작용을 일으키게 마련이다. 보다 더 일반적으로는, 거의 모든 도덕 이론이나 중요한 도덕적 교훈들이 **바로잡는** 기능을 갖고 있다는 점이다. 무엇을 바로잡는가? 본문을 살펴보자. 예를 들어, 예수의 종교적 직접성에 대한 극단적인 강조와 하느님 나라의 임박한 도래에 대한 강조는 똑같이 극단적인 형태의 종교적 중보체제, 즉 서기관들, 율법학자들, 바리새인들, 사두개인들, 대제사장 등에 의한 유대인의 종교생활에 관한 세밀한 규제에 대해 정면으로 대항한 것이었다.

이런 논쟁은 종종 반복되었다. 서방 기독교 역사에서, 로마제국의 몰락은 문화적 및 '경영상'의 공백을 초래했으며, 그 공백을 교회가 채웠다. 즉, 삶을 경영하고, 시간과 공간을 구축하고, 사회의 공식적 세계관을 가르치고, 광범위한 세금을 징수하고, 보다 광범위한 의무 조항들을 만들어내는 전반적인 일을 교회가 떠맡았던 것이다. 성직자들로 이루어진 대부대는 단순히 다른 사람들의 생활뿐만 아니라, 자신들의 생활까지도 세밀하게 조직하는 방법을 발견해냈다. 내가 믿어지지 않는다면, 가톨릭의 미사전서와 성무일과서를 살펴보고, 가톨릭 사제가 날마다 외워야 하는 기도서를 추적해 보라. 가톨릭 사제들과 마찬가지로, 영국교회 신부들 역시 참회 체계, 죽은 자를 위한 기도, 미사의 효율성을 높이는 절차와 방법을 만들어냈다. 삶에 '의미'가 주어지기를 바라며 단 하루도 제대로 쉬지 못하는 불쌍한 영혼들에게 연옥은 분명히 뭔가 의미 있는 일감을 준다. 그러나 종교가 지나치게 관료화됨으로써 신비가들과 개혁자들의 저항을 불러일으킬 수밖에 없었다. 지루한 반복에 넌더리가 나면, 마침내 사람들은 종교적 직접성에 목마르게 마련이다.

이 이야기의 좀더 심한 경우가 있다. 17세기까지 교회의 가장 막강한 관료들은 성직자들, 특히 교회법 학자들이었다. 그러나 17세기 후반에 우리는 마지막 막강한 "교회 관료들," 예컨대·루이 14세의 재무장관이었던 콜베르(J.B. Colbert)같은 사람들이 근대적 사회행정의 선구자들로 탈바꿈하는 것을 볼 수 있다. 서류철 체계의 효율성을 높이는 큰 발전은 나폴레옹 시대에 이루어졌지만, 가장 세밀하고 효율적으로 사람들을 감독하는 일은 무엇보다도 최근의 컴퓨터의 발전 덕택이다. 번영하는 서구 여러 나라에서의 생활은 인류 역사상 그 어느 때보다 더욱 조밀하고 치밀하게 구조화되고, 경영되고, 규제되고, 효과를 극대화하도록 되어가고 있다. 숨이 막히게 만들기 시작했다. 우리는 사람들이 자신들의 삶이 과거부터 우리에게 전해져 온 꽤 구식의 비효율적인 종교 체제에 의해 더욱 통제되고 있는 현실에 대해 격렬하게 항의하지 않는 것을 보고 놀랄 필요는 없다. 그와는 반대로, 오늘날 사람들은 독자적으로 종교를 탐색하는 것을 선호한다. 즉 사람들은 종교적 자유, 개인적 경험, 직접성, 심지어 황홀경을 추구한다. 사람들은 종교가 오늘날 너무도 통제된 우리의 삶으로부터의 휴식을 주기를 요청한다.

바로 이런 배경에 비추어, 나는 개혁된 기독교가 이제 규율로부터 자유에로, 교회로부터 하느님 나라에로, '조직화된 종교'로부터 순수한 종교적 직접성에로 바로잡아 주는 일을 해야만 한다고 주장하는 것이다. 그러나 이 세상으로부터 좀더 '영적인' 혹은 초자연적인' 영역' 혹은 '차원'에로의 도피를 추구하는 사람들에게는 우리가 어떤 위로도 해줄 수 없다. 그와 반대로, 과학과 철학과 근대 문화가 발전시킨 방법으로 인해, 우리의 삶의 세계는 오늘날 저 세상이 없는 연속체(outsideless continuum)이다. 우리를 둘러싸고 있고, 우리가 그 일부로 통합되어 있는 이 세계 이외의 다른 세계는 없다. 따로 떨어진 종교적인, 초자연적인, 영적인 영역이란 없다. 다른 세계나 차원에 관한 언급은 무의미하다. 이것이 우리 시대의 문화가 유사 이래 급속도로 가장 '전체적'(total)이고, 포괄적인 문화로 되어 가는 이유이다. 우리 시대 문화의 유일한 약점은 완전히 다룰 수 없는 것들, 곧 만물의 전적인 우연성과 덧없음의 은밀한 테러이며, 이것이 하느님 나라 종교가 가장 열렬히 받아들이는 바로 그것이다. 하느님 나라 종교는 부드러운 매 순간 순간의 모든 존재의 순수한 소여성(givenness), 만물의 존재에 관심을 쏟는다. 하느님 나라 종교는 의식 속에서 우리의 경험세계를 매우 특별하게 빛나고 환하게 하는 존재와 언어의 만남을 사랑한다. 하느님 나라 종교는 생명의 유한함을 인식하면서, 만물의 흘러감(passing)을 따라가면서 느낀다. 우리가 생명을 사랑하고 생명을 극대화시키려는 결심은 우리에게 남겨진 것이 오직 그것뿐이라는 사실을 인식함으로써 조율되고 더욱 강화된다.

눈에 보이는 거의 모든 만물이 매우 안전하고 예측가능하게 만들어진 방식 때문에 쉽게 마비되고 지루해지기 쉬운 세상에서, 하느님 나라 종교는 생활에 신선함과 긴박성을 회복해준다. 우리는 형이상학 이후의 시대에 살고 있기에, 우리 존재가 이 생명의 세계로부터 그에 필적하는 어떤 다른 '영적' 세계로 도피하거나, 삶 속에 있는 존재론적 깊이와 신비를 발견하는 것이 가능하다고 전망할 수 없다. 우리 시대는 깊이가 없다. 오늘날 만물은 문자 그대로 땅에 속해 있다. 그러나 우리는 대다수 사람들이 생각하기를 원치 않는 생명의 여러 모습들, 곧 생명의 우연성, 잠정성, 그리고 유한성에 관심을 쏟음으로써 생명을 위한 우리의 느낌을 매우 크게 강화할 수 있다. 이렇게 하는 것은 우리로 하여금 삶을 사랑하고 우리 자신을 그 덧없음 속에서 헌신하도록 자극할 수 있다. 생명의 가벼움과 우연성 속에서도 생명에 대해 긍정하고, 시간이 흘러감에 맞서 싸우려 하지 않으며, 또한 그런 엄중한 현실을 망각하려 하지 않는 것은 우리를 근본적으로 해방시킨다.

나는 내가 과거에 하느님을 사랑했던 것보다 더 만물의 주어진 바와 우연성을 사랑하고 있다. 삶과 죽음을 한 묶음으로 받아들이고 사랑하는 것은 흔히 볼 수 있는 것처럼 삶에 집착하거나 죽음을 두려워하는 것과는 완전히 다른 것이다. 또한 나는 내가 하느님 나라 종교라 부르는 것은 단순히 인간적인 역사적 예수를 과거의 신적인 그리스도보다 더욱 크고 보다 흥미 있는 인물로 만든다고 생각한다. 예수는 사람들에게 이 세계의 급박함에 관한 맹렬히 불타는 목적을 지니고 삶을 사랑하며 살 수 있다고 최초로 가르쳤던 예언자이다. 그는 우리로 하여금 교회 기독교의 우주론에 대한 집착으로부터 해방시켜주는데, 교회 기독교는 그 우주론을 통해 우리가 사는 세계의 질서를 그려주었을 뿐 아니라, 우리가 그 세계의 질서 속에 맞추어 살도록 우리를 쑤셔 넣었다. 우리는 우주론을 원하지 않는다. 우리가 원하는 것은 이 세계의 자유라는 목적이다.

이 장을 끝내면서 그 논제를 마무리짓기 위해, 나는 하느님 나라 종교가 불교와 비슷한 점과 불교와 비슷하지 않은 점을 지적하고자 한다. 하느님 나라 종교와 불교는 모두 그 자신의 역사적 기원으로부터 논리적으로 독립적이라는 점에서 똑같다. 그 두 종교는 단순히 살아냄으로써 실천적으로 그 진리가 입증될 수 있다. 교회 기독교는 그 진리를 매우 터무니없는 역사적 선언, 특별히 그리스도의 부활에 관한 선언에 못박음으로써 취약하게 만들었다. 그것은 실수였으며, 종교를 그런 식으로 취약하게 만들 필요는 없다고 생각한다. 불교와 하느님 나라 기독교는 둘 모두 실천을 통해, 살아냄으로써 그 진리를 입증할 수 있으며, 그렇게 입증되어야만 한다.

그러나 여기에는 차이가 있다. 불교에서 위대한 해방의 진리는 보편적 우연성의 진리이다. 우리가 만물의 가벼움과 우연성을 이해할 때, 우리는 자기의 정체를 드러내는 존재 혹은 실체적 존재란 없다는 것을 이해하게 된다. 따라서 우리 자신이 '갈망' 하거나 '집착' 할 것은 아무것도 없다. 우리는 자유로운 것이다. 이처럼 불교의 구원은 '집착' 으로부터의 해방이다.

하느님 나라 종교의 관점에서 보면, 불교는 너무 물러나 있으며, 냉정하고, 독신주의를 가르치는 것처럼 보인다. 부처는 현명하고 자비롭다. 그는 고난을 경험하지 않는다. 그리스도는 맹렬하고 격정적이다. 그는 크게 사랑하고 크게 고난 받는다. 우리는 누구를 따를 것인가? 그것은 당신에게 달려 있다.

9

자기초월의 문제

 이 책을 읽는 많은 혹은 대부분의 교회 기독교인들은 이 책이 기독교의 개혁이 아니라 기독교의 폐지를 주장하는 것으로 볼 것이다. 이것은 교회 기독교가 그 쇠퇴기 동안 매우 유약하고 자기 중심적인 종교로 되어 왔기 때문이다. 교회 기독교는 그 존재 이유, 즉 그것을 위해 때가 되면 기쁘게 죽어야 하는 존재 이유를 오랫동안 망각해왔다. 그러나 교회는 그런 것들을 결코 잊지 말았어야 했다. 왜냐하면 그것들은 아직도 그것을 찾으려고 하는 사람들에게는 식별할 수 있기 때문이다.
 하나의 단순한 예는 신조의 믿음(credal belief)이다. 교회 기독교는 가장 큰 중요성을 올바른 신조의 믿음에 두었다. 아직도 교회 안팎에서는, 만일 누군가 심각하게 신앙의 주요 항목을 비난하는 사람이 있다면, 그는 신속하게 적절한 의식 절차 없이 매장되어야 한다고 본능적으로 느껴지고 있다. 그러나 동시에 교회 안에서는 신조의 믿음이란 단지 불완전하고 한시적인 생각의 유형일 뿐이라고 항상 생각되어 왔다. 신조의 믿음은 확실히 우리가 죽은 후에, 그리고 아마도 이 세상에서조차도 그 자체를 초월하는 것을 약속한다. 즉 당신이 진정으로 신조의 믿음을 통해 일한다면, 당신의 믿음이 충분히 깊어지게 되면, 그러면 당신은 더 이상 믿지 않을 것이다! 신앙은 눈으로 보는 것에, 중보성은 직접성에 그 길을 양보할 것이다. 이처럼 교회 기독교는 우리로 하여금 그 자체를 넘어 저 멀리에 있는 더 큰 빛에까지 점차 우리를 인도할 것이라는 가르침을 통해 실제로 그 기능을 발휘한다.

이런 점은 루터교 전통에서 특히 분명하게 드러났는데, 루터는 신자들이 사도신경의 모든 구절 말미에 정신적 '프로 메'(*pro me*), 곧 "나를 위하여," 그리고 "나를 대신하여"라는 말을 덧붙여야만 한다고 가르쳤다. 이 사상을 발전시키면서, 키에르케고르는 신앙 생활을 '자기 것으로 삼는 과정'(an appropriation process)이라고 말했다.1) 모든 교리의 주제들은 점차적으로 신자들 몸에 배어 그 자신의 일부가 되어지도록 의도된 것이다. 이로 인해 당신이 완전히 기독교인이 된다면, 당신은 더 이상 기독교인이 아니라는 역설이 생겨난다. 즉 당신이 모든 믿음 조항들을 내면화하고, 그것들을 당신의 생활과 실천 속에서 그 믿음들이 자연스럽게 우러나오는 경지에 도달했다면, 당신은 더 이상 그것들을 믿음의 조항들(beliefs), 곧 언어로 표현되고 구체적 명칭을 갖고 있는 믿음의 조항들로 갖고 있

---

1) 키에르케고르는 루터의 저작 어느 페이지든지 펼치고, '각 행마다 개인적 자기화에 대한 강렬한 열망의 맥박을 주목하라'고 말한다(*Concluding Unscientific Postscript*, p.327). 또한 키에르케고르 자신은 (종교적) 진리를 '가장 열정적인 내면화의 자기화 과정 안에 확고하게 서 있는 객관적 불확실성'으로 본다(p. 182). 물론 키에르케고르 자신은 자기화의 과정을 완전히 끝내지 못하고, 하느님 나라 종교 속으로 돌진하지 못했다. 그는 결코 그것을 이루지 못했다. 슬프게도.

는 것이 아니다. 왜냐하면 당신은 이제 그 믿음 자체가 되었고 더 이상 그것을 구체적 언어로 표현할 필요도 없기 때문에, 그 믿음 조항을 믿지 않는 것이다.

하지만 여기에는 문제가 있다. 어떻게 우리는 선교사 이후 시대에 이르렀다고 말할 수 있을까? 예를 들어, 페미니즘이 선교사 운동으로서 충분히 그 논지를 펼치고, 그 메시지가 모든 사람의 생활과 실천 속에 완전히 배어들게 되면, 여성운동의 전선에 나아가거나 두각을 나타내는 페미니스트가 되는 것이 더 이상 필요 없게 된다. 그리고 페미니즘이라는 거창한 용어도 폐기될 수 있다. 우리는 그 단계에 도달했는가? 이도 저도 아닌 것 같다. 왜냐하면, 한편으로는, 오늘날 특별히 서구에는 페미니스트가 될 필요가 없을 만큼 두각을 드러내는 여성들이 많이 있다. 그들의 개인적 지위는 지나치게 두각을 나타내는 페미니즘 선언으로 손상될 정도다. 그러나 다른 한편으로는 아직도 수십 억 여성들이, 특별히 아프리카와 이슬람 세계와 남아시아, 동아시아에서, 단순히 그들의 성(sex)으로 인해 매우 심각한 사회적 불이익으로 고통받고 있다. 따라서, 오늘날 페미니즘과 탈페미니즘(post-feminism)은 겹쳐지고 있다. 즉 대부분의 지역에서는 전투적 페미니즘이 가장 적합한 상황이다. 그러나 몇몇 지역에서는 완화된 탈페미니즘이 더 적절하다. 페미니즘은 결국에는 우리를 그 너머에로 인도하는 것이다.

기독교의 경우는 어떤가? 묘하게 얽힌 상황이다. 서구에서 기독교는 1840년대에 철저한 인본주의(radical humanism)로 발전했다.[2]

---

[2] 대표적으로 D. F. Strauss, L. A. Feuerbach, 그리고 Karl Marx의 사상 속에서.

그때 이후로 서구 문화의 주류는 자유주의적 민주주의, 인권, 인도주의적 윤리, 복지국가, 환경운동, 예술 분야에서의 모더니즘의 점진적 확립과 더불어, '교회'로부터 '하느님 나라'에로 꾸준히 이동해왔다. 이 문화는 어떤 면에서 기독교적 가치를 완전히 흡수했기 때문에, 더 이상 '명목상' 그리스도인이 되는 것이 필요 없게 되었다. 이것이 오늘날 서구 문화가 기독교라는 낡은 암호나 상표를 벗어 던지는 이유이다. 그러나 보수적인 종교인들은 이런 사태에 대해 매우 불만이 많다. 그들은 지금의 이스라엘 국가가 유대인들의 종교적 희망을 매우 불만족스럽게 세속적으로 실현한 것이듯, 오늘날 우리의 편안한 소비주의와 인도주의는 기독교의 종말론을 이 땅 위에 매우 불만족스럽게 실현한 것이라고 말한다. 이에 대한 반작용으로, 유대교와 기독교 내의 극단적 보수파들은 공격적으로 그들의 낡은 초자연주의와 구닥다리 상표를 다시 주장한다. 교회는 하느님 나라를 위해 존재하는데, 하느님 나라가 도래할 때, 교회가 공손히 경배하기를 거절하고, 실망했다고 선언하면서, 하느님 나라에 대항해서 싸운다는 것은 매우 아이러니칼하다. 이것이 우리가 분간해내야 할 상황의 바로 그 악마이다. 그러나 이것이 오늘날 우리의 상황이다. 즉 몇몇 서로 다른 시대가 함께 겹쳐서 나타나고 있는 것이다.

똑같은 어려움이 교회와의 관계에서도 생겨난다. 교회는 자신이 오직 중보종교만을 가르치고 제시한다는 것을 완전히 알고 있다. 그리고 이 중보종교의 유일한 존재 이유는 그것이 우리로 하여금 미래의 어느 불확정한 시기—아마도 그리스도의 재림, 혹은(아마

더욱 더) 우리가 죽은 후—에 올 참된 것, 곧 직접적 종교를 위해 준비시키는 것이다. 그래서 우리는 환상적인 미래를 위해 지금의 훈육과 종교적 권위를 참아야 한다는 것이다. 그 후 종교개혁시대에 일부 집단들은 직접적이며 탈교회 시대의 '하느님 나라' 형태가 마침내 도래했다고 생각했다. 퀘이커교도들, 최근에는 친우회(the Society of the Friends)로 불리는 집단은 종교개혁 이후 가장 두드러진 생존자들이다. 즉 그들은 아직까지도 매우 인상적이고도 일관된 하느님 나라 신학과 조직 형태와 윤리를 간직하고 있다. 자유주의적 민주주의와 인도주의 윤리학에 끼친 그들의 지대한 공헌을 통해, 친우회(the Friends)는 근대세계를 형성하는 데 핵심적 인물들이었다. 윤리적으로, 근대세계는 여러 가지 면에서 퀘이커적인 세계다. 그러나 그들의 정신이 가장 잘 보존되어 있는 영국에서, 그들은 현재 아주 작은 집단이며, 대다수 기독교인들은 구조적으로 교회로부터 하느님 나라로의 전환을 이루기 어려운 대규모 감독제도 교단(가톨릭, 성공회, 정교회 등)의 신도들이다. 감독제도의 신학은 교구의 감독 자신을 그의 교구 안의 교회 자체로 보기 때문에, 전체 감독들의 회의는 전체 교회들의 에큐메니칼 회의가 된다. 모든 감독은 "짐(朕)이 곧 국가다"라고 말한 절대군주처럼 자신을 느낀다. 존재 이유의 전부가 "짐이 곧 국가다"라고 말하는 데 있는 사람들은 자기 자신의 폐위(廢位)에 찬성표를 던질 수 없기에, 교회가 하느님 나라로 넘어가는 것을 허용하지 않는다. 그는 환상적인 미래를 약속함으로써 교회를 존속시키는 과제에 갇혀 있는 것이다. 영원히.

이처럼 친우회는 18세기 후반 이래로 하느님 나라 종교가 가능하며 작동할 수 있음을 보여주었지만, 동시에 대다수 기독교인들이 교회의 시대에 영원히 사로잡혀 있다는 사실은 역설이 아닐 수 없다. 근대의 교황제도는 중보적 제도 종교의 가장 극단적인 사례로서 스스로를 막다른 골목으로 내몰아 그 자체가 빠져 나올 수 없게 되었다. 그 자체를 절대화해 왔기 때문에, 이제 스스로를 초월할 수가 없게 되었으며, 따라서 종교로서 적절히 기능을 발휘할 수도 없게 되었다.

나는 모든 감독제도 교회는─그 자체가 (개념적으로) 존재하기 위해─하느님 나라 형태의 종교로 넘어가는 것을 가로막는 구조적 한계를 갖고 있다는 사실을 지적하는 것이다. 어떻게 이런 역설적 상황이 생겼을까?

이 질문에 대답하기 위하여, 우리는 기독교 교회가 공식적 국가 종교가 되었던 후기 로마제국 시대를 살펴보아야 한다. 기존 체제를 받아들인 후, 교회는 기존 사회 질서를 정당화하고 그 사회가 자비롭고 만족스럽다고 선포하는 일 속에 갇히게 되었다. 여기까지는 분명하며 매우 진부한 지적일 따름이다. 그러나 일반적으로 주목하지 못하는 사실은 교회의 신앙이 로마제국의 공식적 이데올로기가 된 것처럼, 교회는 그 자신의 신앙에 관해 매우 강력한 실재론적, 우주론적 이해에 갇히게 되었다는 사실이다.

이처럼 교회 기독교의 강력한 우주론적 경향은 지금까지도 남아 있다. 오늘날까지도, "과학과 종교"에 관한 논쟁은 특별히 영어권 사회에서, 우주와 생명의 기원에 관한 과학적 이론들과 하느님의 세계 창조, 생명 창조, 그리고 최초의 인간 창조에 관한 신학적 교리를 함께 엮어내려는 노력에 초점이 맞추어져 있다. 영어권의 과학적 신학자들은 뉴턴(Newton) 이래로 종교적 교리와 과학적 이론이 함께 기존체제의 세계관을 제공하고, 보통 사람들에게 기존체제의 우주적 및 사회적 질서가 현명하고 자애롭다는 것을 확신시키는 주장을 선호해왔다. 그들은 물리학, 화학, 생물학 등과 종교가 각급학교와 대학의 강의내용에서 계속 조화롭게 공존해야 하며, 교회는 국가를 자문하는 일, 곧 국회의 상원에서 계속 영향력을 가져야 한다는 점을 확보하기를 열렬하게 바란다. 그들은 교회가 확립되어 있는 사회는 기독교 사회라고 진지하게 믿는다. 그들은 현재의 세계 질서를 정당화하기를 원한다. 그들은 마치 기독교의 주장이 한 남자, 즉 현재의 세계질서가 조만간 완전히 사라지고 말 것처럼 생각하며 살아야 한다고 말한 남자 위에 기초해 있다는 사실을 완전히 잊고 있다. 예수는 우리가 어떤 우주론 없이 살기를 원했다. 그러나 우리는 참된 종교를 어떤 우주론에 근거해서 사는 것과 같은 것으로 생각하는 데 갇혀버렸다.

  이런 사실을 특히 교회 기독교인들로서는 이해하기 어렵다는 것이 분명하다. 교회 기독교인들은 그처럼 철저하게 우주론적으로 생각하게 되었고, 이미 만들어진 성스런 우주가 있으며, 저 밖에는 객관적으로 실재하며 이해가능한 사물의 질서가 있고 우리는 그 질서를 이해할 수 있으며 그 질서에 맞추어 살도록 미리 설계되어 있다고 너무나 확신하기 때문에, 그들로서는 반실재론적 철학을 이해하는 것이 정말로 어렵고, 세상의 주요 종교전통들 중에는 우주론적이지 않은 종교전통들이 있으며 이 세상이 신에 의해 창조된 것으로 간주하지 않는 종교전통들이 있다는 사실을 이해하기가 정말로 어려운 것이다.

그럼에도 불구하고, 기독교의 모든 개혁은 우주론과의 정서적 및 정치적 연결을 끊어내야 한다는 것은 진리이다. 하느님 나라 종교는 탈우주론적(post-cosmological)이다. 우리는 이것을 죽음을 매우 가깝게 경험하는 것을 통해서, 그리고 그 순간에 기존 질서가 현명하고 자애로운 것이라는 생각이 당신에게 의미하는 바가 얼마나 미미한가를 경험함으로써만 배울 수 있을 것이다. 그러나 우리는 그것을 배워야만 한다. '우주' 라는 전체적 개념이 현재의 물리학 이론작업에 유용한 바가 있지만, 종교적 및 철학적 용도로는 거의 사용할 수 없다. 우주라는 개념이 당신에게 무엇을 뜻해왔는가? 당신은 자신의 사고방식을 현재의 질서 속에 스며있는 일종의 내재적 로고스라는 개념 위에 세우려 해서는 안 되며, 당신의 도덕적 가치를 현재의 세계질서로부터 끌어내서도 안 된다. 세계질서에 관한 우리의 그림은 단지 인간적 산물일 뿐이며, 매우 만족스러운 것도 아니다. 종교적으로 분명하게 사고하기 위하여, 당신은 만물을 사라지는 것, 참으로 흘러가는 것으로 생각해야만 한다. 당신은 보편적 무상함(universal transience)이라는 사상을, 예수와 부처가 당신에게 가르쳐준 서로 다른 방식대로, 끝까지 밀고 나가야 한다.

다른 식으로 설명해보자. 르네 데카르트(René Descartes)는 우리로 하여금 보편적 의심(universal doubt)의 순간을 통과하도록 요구함으로써 근대 비판적 사고의 기초를 놓았다. 그는 이것을 끝까지 철저하게 하지는 못했다. 즉 실제로 그는 계시종교에 관해서, 그리고 당시에 의심을 촉구하면 안전하지 않은 몇 가지 다른 주제들은 드러내놓고 배제시켰다. 그러나 그가 말했던 것은 근대에 비판적으로 검증된 경험적 지식이라는 프로젝트를 출범시키기에는 충분했다.

250년 후, 프리드리히 니체(Friedrich Nietzsche)는 철학, 윤리학, 종교 문제에 대해 명확하게 생각하기를 원하는 사람들에게 허무주의를 정면으로 바라보도록 요구함으로써 데카르트의 사상을 끝까지 밀고 나갔다. 이와 같은 니체의 요구사항은 지금까지도 니체를 대표적 근대 철학자로 자리잡게 했는데, 그는 우리의 두뇌에서 본질 개념을 씻어내며, 또한 저 너머에 있는 어떤 것이 우리를 위해 우리의 가치들을 결정하고, 우리가 어떻게 살아야 하는지를 말해준다는 생각을 깨끗이 씻어내도록 한다. 그는 우리로 하여금 맨 처음으로 돌아가도록 강압하며, 나아가 예수와 부처의 급진주의를 다시 파악하도록 도와준다.

교회 기독교는 갱신과 자기초월을 추구하면서, 그 모든 구조와 가설들을 포기함으로써 정말 이제 그 맨 처음으로 되돌아갈 수 있는가? 그렇지 않은 것 같다. 그러나 우리가 앞에서 보았듯이, 교회 기독교 안에는 약간의 "하느님 나라" 요소들이 있는 것도 사실이다. 특히, 성만찬은 하느님의 죽음과 신자의 친교 속에 그 자신을 나누어주심을 상징한다. 그리고 예수는 성만찬을 하느님 나라와 분명하게 연관시킨다. 둘째로, 오순절 사건은 하느님이 타자로 남아 있기를 중단하고, 대신에 인간들 속에 성령으로서 쏟아 부어짐을 통해 인간들에게 능력을 부여하는 결과를 축하한다. 그러므로 성만찬과 오순절, 이 둘 모두는 하느님 나라 종교의 도래에 관한 것이다. 그렇다면, 이 둘 모두가 교회 안에 확립되었기에, 그 두 사건은 교회가 하느님 나라에로 넘어가는 길을 이제는 제공할 수 있지 않은가?

10

종교개혁은 가능한가?(1)

앞에서 말했듯이, 우리는 단순히 교회의 개혁이 아니라, 기독교 자체의 개혁에 대해 말하고 있다. '역사'는 인간의 발전에서 예비 단계 혹은 훈련 단계로 이해되는데, 그 기간 동안에 사람들은 국가, 교회, 대학과 같은 큰 제도의 지배를 받으며 산다. 그 예비 기간이 결국 끝나고, 인간들이 마침내 제도의 지배로부터 자유롭게 살 수 있는 시대가 도래하기를 우리는 오랫동안 소망해왔다. 계몽주의 시대에 많은 사상가들은 자신들의 시대가 이러한 일들이 시작되는 때가 되기를 소망했다. 인간은 성숙해졌고, 옛 체제의 절대군주들의 종말과 새로운 민주적 공화국들의 발흥이 그 증거였다. 오늘날 지식의 가속적 성장, 새로운 정보 및 전자통신 기술의 확산, 그리고 문화적 세계화로 인해 계몽주의 시대와 비슷한 희망들이 다시 소생하고 있다. 우리는 우리가 '세계 종교들'이라고 불러왔던 것들이 지금까지 사실상 지역적으로 협소하며, 진부한 사고 방식에 오랫동안 갇혀왔던 것을 깨닫기 시작했다. 우리는 기독교가 지금까지 살아왔던 훈육적인 '교회' 형태를 마침내 뛰어넘어,

오랫동안 기다려왔던 완전히 발전된 형태로 탈바꿈할 것을 소망하기 시작한다.

기독교의 최종적이며 완전히 도달한 성육신에는 많은 이름들이 붙여졌다. 즉 '예루살렘,' 이 땅 위의 하느님 나라, 그리스도의 왕국, 메시아 시대, 성도들의 안식 등의 이름들이 그것이다. 16~17세기 종교개혁 시대에 급진주의자들은 위에 열거한 나라에로 곧장 나아가기를 원했다. 그러나 사태가 전개된 바로는, 루터와 봉건제후들, 그리고 모든 보수적 개혁가들은 그런 움직임에 제동을 거는 데 성공했다. 그들은 최소한 당대와 시민적 질서를 위해 교회 기독교가 지속되기를 원했다. 그들이 옳았을지도 모르지만, 급진론자들은 멈추어질 수 없는 새로운 사상의 전체 영역을 민중들 속에 심어놓았다. 영국에서는 종교개혁으로부터 유럽 최초의 민주적 혁명에로의 직접적인 발전이 이루어졌는데, 이 혁명에서 급진적 기독교가 중요한 역할을 했다. 이 혁명은 근대의 핵심적인 정치적 및 도덕적 이념을 유포시켰는데, 자유의 이념, 곧 믿음, 양심, 표현, 집회, 예배의 자유와 평등의 이념(영국에서 가장 가난한 자는 가장 위대한 자와 동일한 삶을 살아야 한다), 그리고 보편적 인간 계몽과 역사의 종말에서의 완전한 해방의 이념 등이 그것이었다. 간단히 말하자면, 계몽주의 이래로 근대세계는 여러 방면에서 기독교적 희망의 세속적 실현으로 발전되었다. 보편적 교육, 국제주의, 인도주의적 윤리 등 당신은 이 모든 것이 무엇을 의미하는지 알겠는가? 이 모든 것이 뜻하는 바는 이제 기독교가 분명히 그 쇠퇴해가는 교회의 제복을 벗어버리고 새로운 '하느님 나라' 형태로 바꿔 입을 수 있다는 사실이다. 왜냐하면, 새 옷이 이미 밖에서 기독교를 기다리고 있기 때문이다! 이미 상당한 정도로 새로운 '하느님 나라' 형태의 기독교는 이미 존재하고 있는데, 예를 들어, 거대한 국제적 인도주의적 자선단체 같은 것들이 존재하고 있다. 머지 않아, 우리는 교회가 평화롭게 쇠퇴하면서 사라져가고, 기독교 정신은 미래의 전 지구적 에코 휴머니즘(the globalized eco-humanism)에로 넘겨질 것을 보게 될지도 모른다.

이러한 관점에서 볼 때, 제2의 종교개혁, 곧 기독교가 미래의 지구촌 종교 의식에로 넘겨지는 것은 이미 일어나고 있다. 우리는 그것에 대해 걱정할 필요도 없고, 그것에 매달려 일할 필요도 없다. 우리는 단지 시대의 표징을 읽고, 그것이 일어나는 것을 보기만 하면 된다. 노련한 뉴질랜드 신학자 로이드 기링(Lloyd Geering)이 아마도 현재의 상황을 그 같은 노선에서 가장 명확하고 명시적으로 해석하는 사람일 것이다.[1] 교회가 존재하기를 멈추고, 교회의 특징적 어휘들이 쓸모 없게 되는 것은 기링에게 전혀 문제가 되지 않는다. 그는 새로운 현실을 환영할 것이다.

최근에 뉴저지 주 뉴왁의 성공회 감독직에서 은퇴한 존 쉘비 스퐁(John Shelby Spong)은 다른 입장을 취하고 있다. 그는 불가피하게 교회를 향해 말하는 교회의 기독교인이다. 그는 교회가 스스로를 개혁하기를 원하는데, 교리적 및 도덕적 확신들을 긴급하게 다시 생각하고 수정함으로써 교회 개혁이 시작되기를 원한다.

---

[1] 『기로에 선 그리스도교 신앙』과 특히 Tommorow's God과 The World to Come을 보라.

스퐁 감독은 우리가 물려받은 기독교의 야만성과 퇴행성에 대해 비판하는 자유주의적 개신교인들의 오랜 전통 속에 서 있다. 19세기의 그런 자유주의적 비판자들에게 칸트의 교훈은 매우 큰 영향력을 미쳤다. 즉, 그들은 신 존재에 관한 칸트의 도덕적 논증을 끌어들여, 기독교 교리를 도덕적 가치를 담아내는 상징적 그릇으로 보려고 했으며, 기독교 윤리학이야말로 인간에게 알려진 가장 고상하고 숭고한 도덕적 교훈 체계였으며, 또 앞으로도 그렇게 남아 있을 것이라고 확신했다. 이처럼 윤리적인 고려를 매우 강조했음을 생각해본다면, 자유주의자들이 당시의 정치적 및 사회적 변화들로 인해 기독교 교리의 많은 부분이 도덕적으로 매우 야만적이며 시대착오적인 것으로 생각하게 된 것에 대해 매우 민감했던 사실은 전혀 놀라운 일이 아니다. 신들은 도덕적 필요조건이며, 인간은 그들의 신들처럼 되는 경향이 있다. 우리는 정말로 칼빈의 하느님처럼 되기를 원하는가?

그렇기 때문에, 자유주의적 개신교인들이 기독교 개혁 문제에 대해 생각할 때, 그들은 먼저 칸트가 <이성의 한계 내에서의 종교> (Religion Within the Limits of Reason Alone, 1793)에서 수행했던 것처럼, 기독교 교리 체계에 대한 도덕적 비판과 정화에 대해 생각한다. 전통적인 초자연적 믿음에 대한 그들의 지적인 어려움은 보통 그것들의 도덕적 함의에 대한 불만족을 반영한다. 소크라테스처럼, 자유주의자들은 우리의 종교적 의무를 주로 선한 삶을 사는 것으로 이해한다. 그리고 (다시, 소크라테스처럼) 그들은 우리가 신들에 관해 도덕적으로 비교육적인 그림들과 이야기들을 바로잡을 의무가 있다고 생각한다.

예를 들어, 공리주의적 사회 개혁가들이 형벌(刑罰)에 대해 보다 올바른 견해를 주장하던 시대에, 하느님이 지옥에 떨어진 사악한 자들에게 영원한 보복적 형벌을 내린다는 교리는 자유주의자들을 불편하게 했다. 종교 미술에서 지옥은 수천 년 동안, 미국 헌법이 금지하고 있는, "잔혹하고 지독스런 형벌들"의 장소로 묘사되어 왔다. 어떻게 우리는 인간들 사이에서조차 금지된 야만적 행위들을 하느님에게로 돌리는 일을 계속할 수 있겠는가? 또한 마찬가지로, 사람들이 권력을 견제하고 제한하는 것이 옳다고 믿으면서 절대권력은 절대 부패한다고 주장한 액튼 경(Acton)의 말을 인용하는 민주적 시대에, 자유주의자들은 우주를 궁극적인 절대왕정체제로 묘사하는 것, 즉 그 안에서 이미 모든 행위와 모든 사건들이 하느님에 의해 미리 예정되고, 관찰되고, 심판을 받는다는 교리에 마음이 편할 리 없는 것이다. 더 나아가, 점차 페미니즘 시대가 되어가는 마당에, 하느님을 전능하신 아버지, 곧 궁극적인 가부장으로 서술하는 전형적인 종교적 이미지의 극단적 남성주의에 대해 사람들이 주목하기 시작해야 한다는 것은 놀라운 일이 아니다.

이제 악의 문제로 넘어가서, 19세기와 20세기 초엽에 인간 사회는 가난하고 어려운 이들의 유일한 방법이란 부유하고 힘있는 이들의 간헐적인 자비의 개입을 간구하는 일이 고작이던 시대로부터, 모든 곤궁에 처한 시민들이 복지혜택을 하나의 권리로서 법률적으로 획득해낸 시대로 변화하였다. 불행하게도, 하느님은 항상 앞의 방식으로 활동하는 분으로 묘사되어 왔다. 즉 가난한 이들이 하느님에게 구원을 울부짖을 때에, 하느님은 경우에 따라 개입하여 고쳐주기도 하고 먹여주기도 하지만, 국가가 행하는 복지혜택처럼 우리 모두에게 최소한의 돌봄을 보장해주는 안전망(安全網)을 확립하지는 않으셨다. 왜 그런가? 왜 하느님은 몇몇 사람들을 기적적으로 도와주는 것으로 묘사되면서도, 국가가 오늘날 행하는 것처럼 모든 사람을 일상적으로 도와주는 것으로는 묘사되지 않는가?

자유주의 신학자들은, 말하자면, (위에 말한) 더 새롭고 더 인도주의적인 도덕적 가치가 훨씬 더 중요한 사람들이다. 그들은 성서와 표준적 기독교 교리 모두 안에 잔인하고 매우 구태의연한 도덕적 태도가 보다 더 고결한 이상과 함께 두드러지게 나타난다는 사실을 잘 알고 있다. 그들은 예수보다 여호와에 더 빚지고 있는 교리들을 복음이라고 설교하는 것이 불가능하다고 느끼며, 보통사람들이 참을 수 없는 도덕적 관념들을 기독교가 거부하고 정화하기를 원한다. 그들은 이것이 상당한 교리적 개혁을 요구할 것이라는 것을 감지하고 있다. 예를 들어 자유주의자들의 신론은 매우 비간섭주의적(non-interventionist) 성향을 띨 것이며, 심지어 하느님은 단순히 우리를 인도하시는 영적인 이상, 도덕적 필요조건이라는 '비실재론적'(non-realist) 견해에 거의 닿아있을 것이다. 하느님은 인과론적 주체가 아니라, 하나의 도덕적 영감이다. 하느님은 다만 사랑이고, 사랑은 우리 하느님이며, 그것이 바로 요한 기자의 비실재론이다. 한편 그리스도의 사역에 대한 설명에서는 자유주의자들이 그리스도의 죽음을 하느님의 사랑이 실천된 하나의 비유로 보는 모범론자(exemplinarist, 그리스도는 하느님의 사랑을 완전히 드러낸 최고의 모범으로 보는 입장 - 역주)가 되는 경향이 있으며, 그들은 그리스도를 우리를 대신해서 우리 죄의 형벌을 감당함으로써 하느님의 노여움을 달랜 분으로 묘사하는 일종의 '객관적'(objective) 이론을 거부한다. 그리고 인간 운명에 관한 설명에서는 자유주의자들이 마지막에는 지옥이 텅 빌 것이며, 모든 사람이 구원될 것이라는 보편주의적 입장을 매우 선호한다. 그러나 자유주의 신학자들은 일반적으로 죽음 이후의 삶에 대해서는 매우 모호하고 희미한 설명을 한다는 것도 인정해야만 한다. 그들 대부분은 자신들의 입장이 옳았다는 것이 입증되기 위해 죽음 이후까지 기다리기보다는, 이 세상에서 기독교적 가치들이 그 효과를 나타내기를 바란다.

이런 의제를 밀어붙임에 있어 자유주의자들은 약간의 성공을 거두었는데, 이 성공은 그들이 "보수주의자, 복음주의자 및 근본주의자들"로부터의 야만적인 공격에 대한 그들의 잦은 불평을 통해 여러분이 짐작하는 것보다 더 큰 성공이다. 다양한 보수주의자들 집단이 기독교 교회 내에서 양적으로 우세한 것은 사실이다(이슬람이나 유대교에서도 그러하다). 그러나 보수주의자들 역시 자유주의자들이 비난받았던 것으로부터 자유롭지 못하다. 즉 만일 당신이 오늘 종교적 보수주의자 집단에 들어간다면, 새로 태어난 아기를 자랑스럽게 안고 있는 부모를 향해, 어느 목사도 정통 교리가 주장하는 것처럼, 그 자녀가 "죄 속에서 잉태되고 출생했다"[2]고 확신시키는 모습을 볼 수 없을 것이다. 누구도 오늘날 그런 말을

---

2) *Book of Common Prayer*(성공회의 공동예배서)에서, 공중 유아 세례 예식을 시작할 때의 권면의 말씀의 한 구절로, 지금도 사용하도록 공인되어 있다.

할 수가 없다. 만일 그런 주장을 하면 사람들이 격분할 것이다. 또한 가장 보수적인 교회의 장례식에 참석한다면, 우리 모두를 기다리고 있는 최후의 심판과 아직 시간이 남아 있을 때 빨리 회개하라고 재촉하는 것을 듣지 못할 것이다. 지옥의 고통이나 천국에서의 환희에 관한 자세한 설명도 듣지 못할 것이다. 보수적인 장례식조차도 이제 더 이상 장례식은 주로 회개나 사후의 삶에 관한 것이 아니다. 왜냐하면, 사실은 표준적인 기독교 교리의 상당부분이 이미 가장 공격적인 정통주의자들에 의해서조차 암암리에 폐기되었기 때문이다. 보수주의자들과 자유주의자들 사이의 유일한 차이점은, 자유주의자들은 그들의 보다 더 인간적인 도덕적 전망이 그들로 하여금 무엇이 일어났는가에 관해 더 정직하게 만드는 데 반해, 보수주의자들은 (성서가 가르치는 것처럼 - 역주) 이 세상에 대해 보다 고리타분하고 잔인한 입장이 이미 사라져버렸으며 우리들의 전통적 종교 언어의 상당부분이 사실상 무용지물이 되었다는 사실을 공개적으로 받아들이려 하지 않기 때문에, 보수주의자들은 현실을 회피하며 터무니없는 그들만의 논리를 선호하는 것이다. 정치적으로 자유주의자들을 압도하기 위해 보수주의자들은 자신들이 전통 교리를 전적으로 신뢰한다고 선언한다. 그러나 사실은 그들이 암암리에 자유주의자들 만큼이나 전통 교리를 수정하고 있다.

보수주의자들은 낡은 단어들에 매달리지만, 심지어 그것들이 무엇을 의미하는지 설명하지 못한다. '하느님'이 정확히 무엇을 뜻하는가? 당신은 상당한 과학교육을 받은 친구에게 그리스도가 "죽은 자 가운데서 부활" 했을 때 정확히 무슨 일이 일어났다고 설명할 것인가? 만일 부활하신 그리스도가 육체적으로 부활했다면, 그리고 아직도 그의 자연적 인간 육체를 가지고 있다면, 그는 도대체 지금 어디에 있는가? 그가 "하늘로 올라갔다"는 것은 정확하게 무엇이었는가? 보수적 신자들은 이러한 질문들에 대해 대답을 시작할 수조차 없다. 따라서 복음주의자들이 쓴 책들이 황당한 헛소리일 뿐인 이유는 그들이 단어들은 사용하지만 아무것도 말하지 않기 때문이다.3)

불행하게도, 자유주의자들에게도 문제가 없는 것이 아니다. 우리의 세계관의 엄청난 변화와 더불어, 낡은 종교적 전문 언어들은 더 이상 명확한 의미를 가지지 않는다는 것을 알기 때문에, 자유주의자는 그 모두를 현대 언어로 번역하려고 시도한다. 그러나 근대 세계의 특성상, 그가 채택하는 단어들은 이미 종교적 함축성과 효용성을 확립하지 못하고 있으며, 완전한 번역이란 불가피하게 어떤 특정 입장을 명확한 언어로 진술하는 데 실패한다. 자유주의자들은 전형적으로 희미하고 모호하다고 비난받는다. 자유주의자들이 대체하려는 보다 부드러운 어휘들보다는, 낡고, 잔인하고, 날카로운 어휘들이 항상 보다 분명하며 확정적인 것처럼 보인다.

여기까지가 스퐁 감독이 <기독교 변하지 않으면 죽는다>(*Why Christianity Must Change or Die*, 1998)에서부터 시작해서 그의 최신 저작들에서 말하려는 것의 배경이다. 그는 폴 틸리히, 존 로빈슨 감독

---

3) 나는 최근 서부 런던의 브롬 톤(Brompton) 성 삼위일체 교회(the Anglican Church of Holy Trinity)의 스탭진들에 의해 집필된 '알파'코스(Alpha course)의 문헌들을 읽은 후에, 이 말을 한다.

의 전통에서 유신론, 곧 "어떤 외부의 인격적이며 초자연적인, 그리고 언제나 개입할 수 있는 존재에 대한 믿음"은 더 이상 하나의 선택이 될 수 없다고 선언한다. 그 책의 에필로그 속에는 다음과 같이 시작되는 적극적인 진술이 있다.

> 나는 삶의 한 복판에 (우리를) 초월하게 하는 실재가 현존한다고 믿는다. 나는 그 실재를 하느님이라고 이름 붙인다.
> 나는 이 실재가 생명과 온전함을 향하는 성향이 있으며, 그 현존은 우리를 인간의 모든 두렵고 연약한 한계 너머로 부르는 것으로서 경험될 수 있다고 믿는다.
> 나는 이 실재를 모든 만물 속에서 발견할 수 있다고 믿지만, 그 실재를 의식하고, 그 실재에 대해 이름을 붙이고, 함께 교제하며, 인식할 수 있는 것은 오직 인간의 삶 속에서만 가능하다고 믿는다.4)

여기 처음과 둘째 문단에서, 본회퍼와 루돌프 불트만의 언어에 대한 메아리가 있다. 그러나 스퐁 감독이 말하는 것이 정확히 무엇인지는 말하기 어렵다. 삶 그 자체가 그에게는 종교적 대상이라는 것을 뜻한다고 볼 수 있다. 나는 다른 곳에서 이것이 함의하고 있을 내용을 서술해보려 한 적이 있지만,5) 나의 결론은 그가 지금 여기서 말하고 있는 것은 그것이 아니라는 것이다. 대안적으로, 스퐁은 아마도 영국의 철학적 신학자 오스틴 패러(Austin Farrer)가 말

---

4) *Why Christianity Must Change or Die*, 220쪽 이하. 김준우 역, <기독교 변하지 않으면 죽는다>, 255.
5) *The New Religion of Life*.

한 것 같은, "유한자 안에, 함께, 그리고 그 아래에 있는 무한자"에 대한 철학적 직관을 서술하는 것으로 이해될 수도 있지만, 나는 그것에 대해 회의적이다. 그는 나의 비실재론(non-realism)의 한 유형을 가르치는 것으로 볼 수도 있는데, 곧 하느님은 그 스스로를 우리에게 경험 안에서(in) 드러내는 실재라기보다는, 경험에 적용되는(applied to) 관념적이며 통합적인 개념이라는 것을 가르치는 것으로 볼 수도 있다. 그러나 스퐁 감독은 비록 우리가 어떤 점에서 비슷할지라도, 그는 나의 비실재론에 동의하지 않는다고 말한다(나도 동의한다). 다른 가능성은 마틴 부버의 인격주의(personalism)의 어떤 점이 존 로빈슨을 통해 스퐁에 이르렀다고 생각하는 것이지만, 이에 대해 나는 확신하지 못한다. 왜냐하면 스퐁은 교회의 감독이기 때문에 그의 언어는 철학적이기보다는 교화적이고 비전문적이어야 할 필요가 있고, 또한 그렇게 받아들여진다. 스퐁 감독은 그의 청중 가운데 어떤 사람들에게는 전통과 완전히 결별하는 것으로 보이면서도, 동시에 어떤 사람들에게는 결국 전통적인 실재들이 다른 방식으로 제자리를 지키고 있음을 분명히 보여주는 방식으로 언어를 사용해야만 한다. 청중들의 이런 기대는 말하는 이에게는, 도저히 표현할 수 없을 정도로 엄청난 압력으로 작용한다. 결과적으로, 주로 교회라는 맥락에서 말해야 하고 그 안에서 청중들을 갖고 있는 사람은 너무 명료하거나 단정적인 것을 말하는 것이 허용되지 않는다. 아마도 이러한 이유로, 그가 <열두 가지 논제>를 발표할 때는 다음과 같이 단순하게 말했다.

1. 신을 정의하는 방식으로서의 유신론은 죽었다. 따라서 오늘날의 대다수 신학적 신론은 의미가 없다. 신을 말하는 새로운 방식이 찾아져야 한다.6)

스퐁 감독은 흥미롭고 용기 있는 인물로서 그의 저술이 매우 큰 존경을 받아야 한다는 사실은 두말할 필요조차 없다. 그러나 또한 그의 경우 역시 교회 안에서 고위직에 있으면서 새로운 종교개혁을 시도하는 것의 난관과 불가피한 실패를 여실히 보여준다. 언어 사용에 대한 정치적 압박감은 한 사람의 감독으로 하여금 모호한 입장을 취할 수밖에 없도록 만들어, 마치 그의 청중의 어떤 사람들에게는 이런 뜻으로 들리고, 또 다른 사람들에게는 저런 뜻으로 들리도록 만들었음에 틀림없다. 그가 그처럼 말할 수밖에 없었던 것은 그의 교회 청중들이 그의 지지자들이며, 그 청중들의 호응을 얻어야 했기 때문인데, 교회 청중들이란 비정상적으로 잽싸게 공격을 감행하는 청중들이기 때문이다. 청중들은 교회 지도자들에게 항상 '강력한 지도력'을 요구하는데, 이것은 즉 그 청중을 확신시키며, 그들의 비위를 맞추고, 모든 기대를 충족시키고, 가장 비합리적 편견들에 대해 경의를 표하며 양보하는 것을 뜻한다. 만약 그가 청중들에게 어떤 흥미 있고 정말로 도전적인 것을 한 마디라도 한다면, 청중들은 당황스러운 분노로 반응할 것이며, 그의 동료들은 즉각

---

6) 스퐁 감독의 1998년 5월에 발표된 '열두 가지 논제와 새로운 종교 개혁 요구'는 로버트 펑크(Robert W. Funk)의 웨스타르 연구소의 잡지 *The Fourth R.*에 편리하게 인쇄되어 있다. 인용된 문단을 보려면 p. 4를 보라. *The New Reformation*이라는 제목이 붙은 위 잡지는 또한 로버트 펑크의 책 *Honest to God*의 부록에 실렸던 그의 '21개의 논제와 노트'를 확대 수정한 것도 싣고 있다.

그를 버릴 것이다(존 로빈슨 감독7)과 데이비드 젠킨스에게 일어났던 것처럼). 만일 필요하다면, 그들은 공개적으로 연합하여 그에게 대항할 것이다(스퐁 감독 자신에게 일어났던 것처럼). 한 마디로 말하자면, 역사가 반복해서 보여주었듯이, 최소한 1860년대 콜렌소(Colenso) 사건 이래로 "정직한 감독"은 결코 교회 청중을 설복시킬 수 없다. 단기적으로 그는 악평과 함께 잘 팔리는 인물이 될 수 있겠지만, 장기적으로는 교회가 움직이는 집단역학(group dynamics) 방식으로 인해 정치적으로 실패할 것이 분명하다.

로버트 펑크(Robert W. Funk)는 스퐁 감독처럼 그렇게 심하게 교회로부터 제한을 받지는 않는다. 그는 더 솔직하게, 그리고 더 철학적으로 말할 수 있다. 영어권 사회에서, 칼빈주의와 영국 경험주의가 결합된 영향력은 일반 대중으로 하여금 그들이 교리적 진술을 '받아들이는' 방식에서 특별히 문자적으로 만들었다(예술 작품을 받아들이는 데 흔히 유사하게 문자적이듯이). 만약 어떤 감독이 공개적으로 교리적 진술을 너무 "문자적으로" 받아들여서는 안 된다고 말한다면, 그는 즉시 그 해당 교리가 사실이 아니라고 말한 것으로 이해될 것이고, 곧바로 난리법석이 벌어질 것이다. 그러나 펑크는 한 사람의 신학자로서, 예를 들어 복음서 이야기들과 예수 자신의 발언 모두의 특별한 수사학적 특성을 지적하는 것이 가능했으며,8) 나아가 이런 종류의 고찰에 입각하여 종교적 진리의 본성에

---

7) 그러나 존 로빈슨 감독이 *Honest to God*을 발표한 1963년 당시 그는 울리치(Woolwich) 속교구 감독으로서, 그의 교구 감독인 Southwark의 감독 Mervyn Stockwood에 의해 늑대들에게 내던져지지 않았다는 것을 언급해야겠다.

8) Robert W. Funk의 *The Poetics of Biblical Narrative*를 보라. 예수의 언어에 대해서

관한 전반적 논증을 시작할 수 있었다. 요컨대, 신학자들은 감독들에게는 허용되지 않는, 급진적인 주장을 펼치거나 그로 인한 교회의 올가미에서 빠져나가는 길이 있다.

<예수에게 솔직히>(Honest to Jesus)에서 펑크는 "오늘날 우리가 '하느님'이라는 단어를 사용할 때, 이 말이 얼마나 문제를 일으키는 단어가 되었는지를 표시하기 위해 반드시 따옴표를 사용해야 한다" 고 언급한 적이 있다. <스물 한 개의 신학적 논제> 개정판에서, 그는 틸리히 좌파라고 할 수 있을 정도로 더 과감하다.

1. 형이상학적 시대의 신은 죽었다. 인간 존재 및 물질 세계 바깥에 존재하는 인격적 신이란 존재하지 않는다. 우리는 신론(god talk)에서 깊은 위기를 인정해야만 하며, 우주가 의미를 가지는가, 혹은 인간의 삶에 목적이란 것이 존재하는가에 대한 담론으로 신론을 대체해야만 한다.9)

펑크가 스퐁 감독보다 더욱 명시적일 수 있으며, 또 그러하다는 것이 여기서 명백히 드러난다. 그러나 그는 아직도 동일한 종류의 난관 속으로 빠져든다. 위의 문장의 후반부에서 말하고 있는 것은 무엇인가? 인간들이 말하고 행하는 것은 의미가 있고 목적을 갖을 수 있지만, 저 밖에 우리와 상관없이 우리를 위해 이미 만들어진 형태로 어떤 의미와 목적이 있다고 분명하게 말할 수 있는 방법은

는 펑크의 21번째 '논제' p.9를 보라.
9) Funk, Honest to Jesus, p. 305. 참조, 김준우 역, <예수에게 솔직히>(개정판) 453 이하.

없다. 니체가 날카롭게 언급하듯이 "우리가 '목적'이란 개념을 만들어냈다. 실제로는 목적이 없다." 10)

이것으로부터, 나는 부정적인 측면에서는 스퐁과 펑크가 옳다고 결론짓는다. 그들은 명백히 옳다. 문화적 및 도덕적 변화로 인해, 기본적 기독교 교리의 상당 부분이 이제는 도덕적으로 악취를 풍기고 있다는 것은 맞는 이야기다. 그런 기독교 교리에 따라 사는 것은 사람들에게 해롭다. 기독교는 그 옛날 소크라테스가 말했던 이유, 즉 종교적 이념은—다른 모든 것들 가운데—도덕적 필요조건, 곧 우리의 가치를 담아주는 상징적 그릇이기 때문에, 변해야 할 필요가 있다. 분명히 우리는 우리의 삶이 잔인하고 추한 종교적 이념에 의해 인도되고 형성되는 것을 허용해서는 안 된다. 우리를 인도하는 신화의 도덕적 의미에 대해 우리가 정신을 차리고 살피는 것이 옳으며, 수정이 필요한 곳은 수정을 가해야 한다. 이 모든 점에서 나는 스퐁과 펑크에게 진심으로 동의하는데, 그들은 여러 면에서 나와 매우 가깝다. 그러나 자유주의 신학자들은 그들의 프로젝트에 있어 아직까지 거의 성공적이지 못했다는 편치 않은 사실에 대해서도 이해할 필요가 있다. 그들은 낡고 추악하지만, 부인할 수 없을 정도로 힘이 있는 전통적 종교 개념들을 받아들였으며, 그런 개념들을 보다 더 현대에 맞고 정치적으로 올바른 어휘로 번역하려고 시도해왔다. 그러나 그 결과는 무엇인가? 슬프게도, 현대적 번역은 거의 언제나 약하고 종교적 힘이 부족하다. 우리는 어거스틴이나 칼빈을 미워할 수는 있지만, 우리가 그들만큼 해낼 수는 없

---

10) 'The Four Great Errors' section. 8. *Twilight of the Idols*, p. 54.

다. 아돌프 폰 하르낙이 <기독교의 본질>(The Essence of Christianity, 1900; 영역본 1901)을 출판한 이래로 우리는 어거스틴이 우리에게 물려준 서방의 무시무시하고 낡고 거대한 이야기 신학을 밀어내고 대신하기에 충분한, 언어적으로도 훌륭하고 생생한, 어떤 더 간단하고 도덕적으로 납득할 만한 기독교 교리의 버전을 창조해내는 일에 어떤 성공도 이루지 못했다. 신학자들은 교회 지도자들보다 약간의 자유가 더 부여되어 있는 것은 사실이나, 신학자들에게서도 어떤 결과물은 아직 없다. 만약 루돌프 불트만 같은 신학자가 저술도 잘하고 행동도 잘 한다면 교회의 반응은 즉각적일 것이다. 즉, 특별히 최근에 일어났던 일들처럼, 교회는 단지 그들과 학문적 신학 사이에 죽(竹)의 장막을 세울 것이다. 우리가 더 잘해낼 수록, 교회는 더 확고하게 우리를 배제할 것이다.

왜 우리는 이토록 형편없게 그토록 중요하고 쉬워 보이는 과제를 해내지 못한 것일까? 그 해답을 알 수 있는 가장 좋은 길은 다른 전통들, 아마도 근대 이슬람, 혹은 인도, 심지어 과학종교(Scientology) 같은 새로운 종교에서의 종교 언어의 상태를 들여다보는 것이다. 나는 우리가 이미 종교적 교리체계를 설명해내려고 시도한 그 어떤 시도들도 넌센스로 들리는 시대에 접어들었을까 보아 두렵다. 우리는 종교적 본문을 읽어내려고 애를 쓰지만, 그것들이 외부인들에게는 이해할 수 없는 것들임을 깨닫게 된다. 어떤 종교에서든, 내부인들은 자신들 집단에의 소속감을 간절히 느끼려 하며, 자신의 종교에 목마르기 때문에, 경전들을 열심히 읽으며 자신들이 그것을 이해하고 있다고 믿는다. 그들은 평안한 친밀감과 소속감이라는 환상을 만들어내기 위하여, 경전의 특정 구절들을 자기들끼리 통하는 암호로 간주하고 인용한다. 그러나 그것들은 모두 알아듣기 힘든 말이다. 그리고 이것이, 기독교든 아니든 간에, 모든 신학적 저술들의 점점 그런 입장을 취하고 있다. 이 모두는 컬트(a cult)의 은어, 곧 내부인에게만 이해되는 용어처럼 들리기 시작한다. 그리고 그들에게도 다만 심리적인 이유로 그러할 뿐이다.

우리가 기독교를 개혁하는 문제를 제기할 때에, 사람들은 종종 이것이 간단하다고 생각한다. 그들은 이것이 전적으로 신학 내부에서 이루어질 수 있다고 생각한다. 그리고 우리가 할 필요가 있는 일의 전부는 진실이 아니고 도덕적으로도 온당하지 못한 많은 교리들을 보다 더 진실되고 덕을 쌓는 간단한 교리들로 대체하는 것으로서, 그런 (신학적) 작업만 하면 개혁 작업은 다 이룬 것이라고 생각한다.

미안하지만 그게 아니다. 이 같은 (신학적) 작업보다 훨씬 더 어려운 일이 될 것이다. 단지 시작을 위하여, 우리는 왜 교리는 죽었으며, 왜 탈도그마적인(post-dogmatic) 하느님 나라 형태의 종교만이 우리가 선택할 수 있는 유일한 가능성인지를 보다 더 잘 이해할 필요가 있다.

11

종교개혁은 가능한가?(2)

앞장에서 논의된 스퐁 감독이나 로버트 펑크처럼, 오늘날 알려진 가장 활발하고 흥미로운 종교개혁 제안들은 넓게 보아 고전적으로 칸트로부터 시작하는 자유주의적 개신교 신학의 과제를 따르고 있다. 교회 지도자나 신학자는 초자연주의와 계몽주의 이전의 야만적인 도덕성이 갖고 있는 조악한 부분들을 잘라내면서, 기독교 신앙의 도덕적 및 지적인 비판을 시도한다. 교회의 신앙과 도덕이 이렇게 단순화되고, 지적인 것이 되며, 시대에 맞추어 새롭게 되면, 선한 의지를 가진 사람들이 교회의 구성원으로 남아 있는 일이 한층 더 쉬워질 것이다.

지적할 것이 한두 가지가 더 있다. 로마 가톨릭과 개신교가 함께 매우 비슷하게 정의했던 기독교의 두 가지 거대한 도그마, 곧 성육신 및 삼위일체 교리가 틀렸다는 것은 지난 한 세기 동안 이성적으로 의심의 여지가 없게 되었다. 즉 두 교리 모두 충분히 성서적이지 않다. 신약성서의 전체 신학들 가운데, 오직 요한 기자만이 주 예수 그리스도 안에서 선재적(先在的, preexistent) 신성이 우리 가운데

육화되었다고 가르칠 뿐, 신약성서의 그 어떤 저자도 그리스도가 (성부 하느님과) 완전히 동등한 신성을 지닌다는 '정통적' 교리를 가르치지는 않는다. 그러나 만일 전체 성육신 교리가 비성서적이고, 나아가 이것은 예수가 하느님께 기도했던 유대인이라는 사실과 분명히 모순되며, 그가 기도를 바치던 분과 동등성을 가진 것처럼 행세했다는 것은 설득력이 없다. 만일 그렇다면, 삼위일체 교리 역시 무너지게 된다.1) 따라서 만일 교회가 목회 훈련을 위해 신학을 공부하도록 요구하고, 그들이 수업을 통해 가장 기본적인 기독교 교리들이 더 이상 성서적인 것으로 변호될 수 없다는 것을 배우게 된다면, 모든 사람의 정신 건강과 장기적인 온전함을 위하여 그 목회자들에게 더 이상 믿을 수 없는 것을 믿도록 요구하거나, 변호할 수 없는 것을 변호하도록 요구하지 않는 것이 마땅하다. 성서 비평에 근거해서만이라도 교리들에 대한 수정이 긴급하게 필요하다.

보수주의자들과 교회 권력층들은 물론 기독교의 진리는 하느님에 의해 계시된 진리로서, '사람'에 의해 변할 수 없다고 답변할 것이다. 그런 답변에 대해서는, 지난 200년 동안 교리사(敎理史)의 비판적 연구의 결과로, 도그마는 역사, 그것도 매우 인간적인 역사를 갖고 있다는 것이 오늘날 의심의 여지가 없는 분명한 사실이라는 것을 지적해야만 한다. 즉 정통 교리의 각각의 항목을 사람들이

---

1) 물론 성령의 독특한 위격을 확언하는 근거에 대해서도 물론 어려움이 있다. 오늘날까지, 기독교 언어는 사실상 어떤 독특한 위격성을 성령에게로 귀착시키는 데 성공한 적이 없다. 이는 교리적 실패의 명백한 증거이다.

작성하고 승인했으며, 4세나 5세기에 그들에게 좋게 보였던 교리적 논증들 가운데 일부는 오늘날 우리에게는 좋은 것으로 보여지지 않는다. 이전에 사람들이 만든 것을, 후대에 사람들이 다시 평가하거나 다시 바꿀 수 있으며, 심지어 폐기할 수도 있는 것이다. 젊은 이들이 기독교 교리사를 공부하고 시험에 통과된 후, 마치 그 교리들이 하늘로부터 완성되어 떨어졌기에 결코 다시 생각해보거나 심지어 의문시해서도 안 된다고 평생 동안 설교하면서 살도록 기대하는 것은 확실히 잘못된 것이다.

자유주의 신학자들로서는, 교회가 비이성적이고 도덕적으로 거부반응을 일으키는 사상들에 집착함으로써 불필요하게 교회 자체를 불구자로 만들고 그 구성원들에게 상처를 주는 것은 어리석어 보인다. 자유주의 신학자들은 교회의 가르침과 실천을 재검토하여 수정하고 새롭게 함으로써 교회를 개혁하는 방법은 분명 쉽고도 필수적인 것이라 생각한다. 그래서 그들은 자신들의 제안을 발표하고, 그 때마다 똑같이 공개적인 항의와 분노의 합창이 진동한다. 예를 들어, 영국에서는 1853년 이래로 거의 10년마다 한번씩 자유주의 신학에 대한 폭풍이 몰아쳤다. 사람들은 그 논증들에 주목하고 배울 시간이 결코 없음에도 불구하고, 그들은 매번 즉각적이고 폭력적으로 반응한다. 그리고는 모든 것이 가라앉고 잊혀진다. 다음 논쟁이 다시 일어날 때까지. 모든 것이 마른하늘에 벼락치듯 다시 나타난다. 그 주제와 논증도 거의 달라지지 않은 채 말이다. 즉 몸의 부활과 동정녀 탄생 등이 단골 이슈다. 모리스(F.D. Maurice), 콜렌소(J.W. Colenso), 캠벨(J.Y. Cambell)의 '신신학'(New Theology), 톰

슨(J.M. Thompson), 메이어와 근대 교인 연합(H.D.A. Major and Modern Churchmen's Union), 헨슨(Hensley Henson) 사태, 반스(Barnes) 감독, 로빈슨(Robinson) 감독, 제프리 램프(Geoffrey Lampe), 데이비드 젠킨스(David Jenkins) 감독과 리처드 홀로웨이(Richard Holloway) 감독 등등, 이런 이름들이 한때 신문을 장식했던 이름들이다. 주요 집필자들은 그들을 맹렬히 비난하고, 투고자들은 그들을 향해 결정적인 조치가 취해지지 않으면 파멸이 있을 것이라고 예언했지만, 지금은 모든 것들이 다시 잊혀졌다. 사람들은 아무것도 배우지 못했으며, 아무것도 기억하지 못한다. 자유주의 신학은 아무런 진보도 이루지 못하고 아무것도 달성하지 못했다. 그 어떤 일반적으로 받아들여지는 결과를 확립하지 못했기에, 지속적인 성장을 향한 도약을 이루어내지 못했다. 실제로 비판적 신학(critical theology)은 전반적으로 아무것도 성취하지 못했다. 존 로크와 이신론(理神論, deism) 논쟁 이래로 2~3세기 동안, 비판적 신학은 전반적으로 대중에게 아무것도 전달하지 못했으며, 교회에 거의 어떤 변화도 만들어내지 못했다. 비판적 신학을 심각하게 받아들이는 설교자는 그 누구도 대중적 인기를 얻지 못한다.

그렇다면 자유주의적 개혁 프로젝트는 이미 실패한 것처럼 보이며, 아마 실패할 것임에 틀림없다. 자유주의적 개혁은 부분적으로 사회학적인 이유들 때문에 실패하고 만다. 즉, 각종 종교 조직은 종교 전문가들에 의해 통제되는데, 그들은 대부분 남자들이며, 따라서 야심과 경쟁, 그리고 위계질서에 길들여진 사람들이다. 그들 가운데 젊은 사람들은 승진과 권력을 위해 적극 경쟁하고 있으며,

그들 가운데서 도덕적 기반과 정치적 특혜는 항상 충성파, 곧 기성 정통주의 쪽에 있는 것처럼 보인다. 그래서 그레고리 16세 사후로 모든 선거에서 자유주의적 교황이 선출될 희망이 발표되어 왔지만, 우리는 자유주의적 교황이란 자가당착이란 것을 잘 알고 있다. 우리 모두가 알듯이, 영국에서처럼, 성직자들이 무엇인가 생각을 한다는 것은 고독한 악덕에 지나지 않는다. 즉 생각은 의심이며, 의심은 저항해야 할 유혹일 뿐이다.

그러나 더 심각한 것은, 1970년대 초반 이래로 자유주의 신학은 종말을 고했는데, 그 이유는 강력한 문화적 변화로 인해 일반대중 영역에서 '솔직한' 것으로 받아들여질 그 어떤 신학적 진술을 말하는 것이 불가능해졌기 때문이다. 존경받을 만한 종교적 언어와 어리석은 종교적 언어 사이의 오래된 구분이 사라졌으며, 교회와 컬트 사이의 구분도 이제는 사라졌으며, 모든 교리적 언급은 한 소종파 내부의 은어처럼 들려지게 되었다.

이 모든 일의 가장 깊은 이유는 형이상학적 실재론(metaphysical realism)의 종말, 곧 플라톤주의(platonism)의 종말, 현상/실재 사이의 구분의 종말, 결국 보이는 것들이 보이지 않는 질서, 곧 '지성적' '본체적'(noumenal) 혹은 '영적'이라 부를 수 있는 질서에 의해 결정되고 우리에게 중개된다는 사상의 종말에 있다. 우리 중 그 누구도 이제 더 이상 낡은 이원론(dualism), 즉 우리의 삶이 막후의 보이지 않는 실재(Invisible Reality)에 의해 적극적으로 형성된다는 낡은 두 세계의 이원론의 관점에서 생각하지 않는다. 오늘날 우리 모두는 실천적으로 탈형이상학적(post-metaphysical) 시대의 사람들이다.

즉 오직 하나의 무대만이 있을 뿐, '막후'는 없다. 그러나 거의 모든 전통 종교, 그리고 모든 유신론적 종교는 분명히 신들의 실재와 대리자, 영들, 신의 은혜, 분리된 영혼 등, 보이지 않는 존재와 세력에 대한 믿음과 관계되어 있다는 점에서 비현실적 플라톤주의 같은 것이다. 따라서 플라톤주의의 종말은 또한 거의 모든 전통적이며 저 세상적인 형태의 종교적 의식의 종말이다. 그리고 이것은 더욱 더 자유주의 신학의 종말, 곧 상당히 솔직한 이들이 전통적인 종교적 믿음 같은 것을 일반 대중들이 이성적으로 이해하고 도덕적으로도 의미 있게 만들어보려 했던 시도의 종말이다. 이것은 왜 지난 세대의 탁월한 영국의 자유주의 신학자들 가운데 살아 남은 이들이 1970년대에는 모두 새로운 사상을 가지기를 중지하고, 그 후 대중들의 주목에서 사라졌는가 하는 것에 대한 이유를 설명해준다. 1977년의 <성육한 하느님의 신화>(The Myth of God Incarnate)[2])에 대한 당황스런 언론보도는 더 이상 종교적 사상이 의미를 갖지 못하는 시대가 도래한 것에 대한 분명한 신호탄이었다. 참으로, 대중들은 더 이상 종교에 대해 숙고하는 것이 유익한 주제라고 생각하지 않게 되었다.

형이상학적 실재론, 자유주의 신학, 그리고 '솔직한' 신학적 진술에 관한 일반 대중들의 이해가능성은 1970년대에 모두 중단되었는데, 그 시점은 모더니즘과 포스트모더니즘이 교차되는 순간으로 볼 수 있다. 그러면 그 후 어떤 가능성이 있어왔는가? 학자들 사이에서는, 많은 유명한 예들이 증명하듯이, 그런 모든 논쟁들을 회피

---

2) John Hick, *The Myth of God Incarnate*.

하고 역사 속으로 날아감으로써 놀랍도록 탁월해지는 일은 쉽다.3) 다른 이들은 로이드 기링(Lloyd Geering)이 잘 깔아놓은 길을 따라, 태연하게 되어 자유로운 탈기독교인들(post-Christians)이 된 것을 애석해한다.4) 미국 대학의 종교학과에는 그런 견해를 가진 사람이 많이 있지만, 아직 영국에는 훨씬 적다.

공개적으로 자신들을 계속 기독교인이라고 부르기를 원하고, 자신들의 견해에 대해 약간의 변호를 하려는 이들은 아이러니를 받아들이거나, 아니면 거부할 선택권이 있다.

(i) 복음주의자들은 아이러니를 거부한다. 그들의 방법은 앵글로 색슨의 반(反)지성주의(anti-intellectualism)를 이제껏 꿈꿔보지 못한 높이로 올리는 것이다. 그들은 철학을 거부한다. 비판 이론을 거부하며, 그들의 언어가 한 소종파의 은밀한 언어처럼 들려진다는 것을 문제삼지 않는다. 그들은 담대하게 그들의 내부적 은어들은 그들이 정말로 경험한 것들을 표현한 것이라고 선언한다. 그것은 내부 사람들이 이해할 수 있는 방식으로만 모두가 진실(true)이다. 따라서 우리가 만일 그들의 주장을 우리 자신의 경험 안에서 증명하기를 원한다면, 그들 편으로 건너와야 한다는 식이다. 즉, '개종'이 요구된다는 말이다.

---

3) 교회의 고위직에 있는 사람들 역시 역사 속으로 도망간다. '나는 p를 믿는다'라고 말하는 대신, 그들은 '교회는 이제까지 p라고 믿어왔다', '기독교인들은 p라고 믿는다', '성서는 p라고 가르친다'는 식으로 말한다. 이런 표현법은 청중들에게 인기가 있다.
4) 10장의 각주 1을 보라.

(ii) 포스트모던주의자들은 형이상학의 종말이 이미 왔다는 것과, 이것은 허무주의로 우리를 위협한다는 사실을 받아들인다. 최근 영국에서 번성한 포스트모던 우파(Right Postmodernists)는 '옥스포드캠브리지'(Oxbridge) 신화의 인기를 행사하기를 즐기는 대학생들을 연상시키는 방식으로 처신한다. 그들은 도발적인 신(新)전통주의자들이다. 그들은 단순히 표준적 라틴신학을 창백하고 아이러니칼한 상태로, 지적인 근거를 대지 못하는 방법으로 우겨댄다. 이러한 방법으로 그들은 바르트주의자들이나 부분적으로는 서구화된 이슬람교도를 닮은 것처럼 보일지 모르지만, 나는 그들이 이 두 집단보다도 의식적으로 더 심미적이기에, 그들을 그런 식으로 보는 것이 옳은가에 대해 회의적이다. 그들은 바로 이것이 우리가 살기를 원하는 신화이며, 놀기를 원하는 게임이라고 말한다. 이것이 또한 바로 우리가 입기를 원하는 의복이며, 그 위에서 뛰기를 원하는 무대라고 한다. 우리의 쇼는 도시의 그 어떤 쇼보다도 더 오래 상연되고, 우리의 이야기는 더 많은 사람들에게 전해진다고 말한다. 실제로 그것은 우리의 이야기며, 최고의 이야기로서, 우리는 그 이야기에 집착한다는 식이다. 그러한 근거 위에서, 젊은 성직자들 가운데 많은 이들이, 특별히 대도시에서, 흠잡을 데 없는 '정통'으로 쉽게 간주될 수 있다. 그들 가운데 어떤 이들은 솔직하게 그들이 진짜 정통이라고 생각하는데, 이런 생각은 나에게 두통을 일으킨다.

그 대안적인 관점은 포스트모던 좌파(Left Postmodernists)의 입장인데, 그들은 현대 철학과 문화를 허무주의적인 것으로 생각하는 포스트모던 우파의 진단과 왕구닥다리 자유주의적 심각성을 결합한 것으로 보인다. 포스트모던 좌파는 허무주의의 형이상학적 '진실'을 받아들여, 신학적 진술의 의미는 실재론적으로 이해될 수 없다는 사실을 인정한다. 그러나 이런 입장은 종교적 관념이 사람들을 규제하는 방식으로 작동한다는 관점으로 통하는 길을 열어준다. 즉 종교적 관념은 우리가 어떻게 우리의 세계를 건설해야 하며, 그 세계를 가치 있는 것으로 만들고, 새롭게 가치를 부여하는 방법을 보여주며, 그렇게 함으로써 우리가 말하는 방식을 통해 허무주의를 정복하는 길을 보여준다는 식으로, 종교적 관념은 우리를 규제한다는 관점이다. 우리는 하느님을 위하여 하느님의 역할을 맡도록 되어있다. 포스트모던 좌파는 불교를 찬양하며, 허무주의가 어떤 면에서는 하나의 심오한 해방적 교리라고 생각한다. 그러나 불교도들이 순수한 우연성을 찬양하고 공(空)에 집착하는 데 반해, 포스트모던 좌파 기독교인들은 오히려 '생명'의 텅 빈 흐름, 열정, 인간 세계에 충실하려는 종교적 휴머니스트들이다. 최근에 그들은 자신들을 탈교회적 하느님 나라 기독교인들(post-ecclesiastical Kingdom Christians)로 생각하기에 이르렀다(물론 그들이란 바로 나를 포함해서 몇몇 다른 이들이다).

이런 것들이 오늘날 진지한 종교적 믿음을 위해 선택할 수 있는 가능성들이다. 당신은 자신의 종교가 내부자들에게만 허락되는 경험에 의해 증명되기 때문에 컬트처럼 작용하는, 일종의 아이러니를 모르는(unironical) 복음주의자가 될 수 있다. 당신은 또한 자신의 종교적 세계와 우리의 세속적인 포스트모던 세계 사이에 거리를 잘 알고 있지만 그런 아이러니와 더불어 살아가는 데 만족하는, 즉 아이러니를 느끼는(ironical) 보수주의자, 혹은 '포스트모던 우파' 가 될 수도 있다. 반항적인 기분으로 '포스트모던 우파' 는 복음을 큰 소리로 단언하여, "이것은 나의 간증이다. 나는 여기에 목숨을 건다" 고 말한다. 마지막으로 당신은 포스트모던 좌파가 되어, 모든 교리적 선언을 포기하고 교회를 방어하거나 개혁하려는 노력도 하지 않을 수 있다. 지금은 어떠한 정책도 실현가능하지 않다는 것이다. 그 대신, 포스트모던 좌파는 우리 시대의 서구문화와 공(空) 안의 인도주의(humanitarianism-in-the-Void)를 하느님 나라가 (불완전하게) 세속적으로 실현된 것으로서 진단한다. 그들은 이런 서구문화를 부수려고 하지 않는다. 그들은 거기 연합하여, 그 발전에 종교적으로 기여할 수 있기를 추구한다. 그는 서구문화가 그 자체의 종교적 기원과 가능성을 인식하게 되기를 원한다.

이 책에서 우리는 포스트모던 좌파의 전략을 제시하며 옹호한다. 우리는 교회의 개혁을 주장하지는 않는다. 교회 개혁이 불가능한 두 가지 이유는 다음과 같다. 첫째는, 교회의 내적 권력구조와 집단 역학이 결합되어, 교회가 항상 비극적 종말에 이르기까지 개혁에 저항할 것이라는 사실을 확신시키기 때문이다. 16세기 초에 종교개혁을 위한 대의명분이 발동을 걸 수 있었던 것은 오로지 북유럽의 많은 제후들이 교회개혁을 통해 자신들이 중대한 정치적 이득을 볼 것으로 생각하여 신속하게 루터의 편에 가담했기 때문이었다. 오늘날에는, 그처럼 교회개혁을 위한 외부의 정치적 후원이 나타나지 않을 것이며, 교회는 심지어 그 자체의 죽음에 이르러서도,

예비 개혁자들을 쉽게 쫓아낼 것이기 때문이다. 자유주의적 종교 개혁이 있을 수 없는 두 번째 이유는, 신학의 지적인 몰락이 너무 많이 진행되어 자유주의 신학이 다시 종교적 믿음의 핵심을 지적으로 존중받는 목록으로 제출해낼 능력에 대한 전망이 도무지 없기 때문이다. 엄격하게 합리적인 근거에서 보자면, 당신의 딸이 통일교 신자가 아니라 수녀가 되었다고 해서 기뻐해야 할 이유란 없는 것이며, 이것에 대해 이미 모두가 알고 있다.

현재의 기독교의 상황은 1948년 세속적 시온주의가 그 목표를 성취했던 때, 즉 많은 사람들이 이스라엘 국가수립에서 이스라엘의 회복이라는 오랜 종교적 희망이 세속적으로 실현된 것으로 생각했던 때의 유대교의 상황과 비교할 수 있을 것이다. 핵심적인 신학적 주제는 이것이다. 즉, 우리는 우리의 종교적 희망이 성취된 것, 즉 하느님의 특별한 개입이 아니라 단지 역사적 사건들의 일상적인 과정을 거쳐 그 종교적 희망이 성취된 것에 대해 종교적으로 만족할 수 있을 것인가? 극단적 정통주의(ultra-Orthodox) —오늘날의 구쉬 에누밈(Gush Enumim, 1968년 태동한 정치적 운동으로서 하느님이 이스라엘에게 준 땅을 차지할 때 메시아 시대가 시작된다고 주장한다. - 역주)과 샤스당(Shas, 1984년 창당한 이스라엘의 종교 사회주의 정당 - 역주)—은 만족하지 않을 것이다. 그들은 이스라엘 국가의 종교적 합법성을 인정하기를 거부하고, 건설사업을 방해하는—보통 그 자리에 유대인들의 뼈가 묻혀 있다는 이유로—사소한 태업을 벌이는 일에 전념할지도 모른다. 샤스당은 모든 종교적 전통 속의 '근본주의자들'처럼, 세속 문화 속의 종교적 가치를 인정하기를 거부하고, 가장 구체적이며 편협한 종교적 가치를 공격적으로 다시 주장하려 한다. 그러나 이스라엘 국민의 대다수는 샤스당에 찬성할 시간이 거의 없다. 세속적인 이스라엘인들은 그들의 종교적 유산을 사랑하지만(물론 비실재론적 방식으로), 계몽주의적 가치, 곧 민주주의, 인권, 다원주의, 삶의 모든 일상적 환희를 또한 좋아한다. "왜 우리가 근대 이스라엘에서 그 오래된 신앙의 세속적 실현을 보아서는 안 되는가? 만일 샤스당이 정권을 장악한다면, 그들은 어떤 형태의 사회를 만들어낼 것인가?" 한 발 더 나아가, '포스트모던 좌파' 이스라엘인들은 다음과 같이 주장할 것이다. "우리의 지금 세계는 극단적 정통주의가 우리를 되돌아가게 만들려고 하는 그 세계보다 이미 더 나은 세계이다. 그러나 그들의 저항을 없애기 위해서는, 우리가 더 나아갈 필요가 있다. 우리는 유대적 하느님 나라(kingdom Jewishness)를 만들어야만 한다. 즉 우리는 우리 자신의 역사적 시대에 알맞은 새로운 유대적 가치와 생활방식을 창안해야만 한다. 우리는 종교로서도 극단주의자들보다 더 좋은 종교를 만들어야 한다. 우리가 그러한 것을 만들 때, 우리는 그들의 존재이유를 벗겨내게 될 것이다."

기독교 내의 상황은 이와 비슷하지만 훨씬 더 스케일이 크다. 대략 제1차 세계대전 이래로 서구의 낡은 위계질서적이며 훈육적인 문화는 꾸준히 새로운 매우 대중적인 레저와 자기 표현 문화에 의해 대체되었다. 이 문화의 정치학은 자유주의적 민주주의이며, 세계관은 공(空) 안에서 실천되는 인도주의와 개념적 예술(conceptual art)이며, 그 영성은 삶에 대한 태양처럼 뜨거운 확증 같은 것이다.

역사적으로 이 새로운 문화는 급진적 기독교와 유럽의 역사에 뿌리 박고 있지만, 21세기에 이 문화가 융성한 것은 상당부분 미국, 즉 지난 백년동안 세계를 주도했던 미국 덕분이다. 미국의 이런 주도성은 미국이 그 시작에서부터 순수한 종교적 자유와 이 땅 위에 하느님 나라의 건설하려는 시도를 꿈꾸어왔기 때문이다. 미국에서 가장 종교적으로 새롭고 고상한 일이 바로 그 세속적 전통이라는 것을 우리는 이해하고 있는가?

나는 이처럼 새롭고 점점 더 지구촌화 되어 가는 서구 문화 속에서 기독교적 희망이 세속적으로 성취된 것을 인정해야만 한다고 주장해왔다. 만일 우리가 이 새로운 문화의 역사와 그 종교적 중요성을 보여줄 수 있다면, 그리고 그 안에서 우리가 새로운 종교적 가치들과 생활방식을 개척할 수 있다면, 우리는 참으로 점진적으로 '예루살렘을 건설' 할 것이며, 그 모든 것을 가능한 최대한의 종교적 희망의 실현으로 바꾸어놓을 수 있을 것이다.

이 프로젝트의 가장 큰 장애물은 바로 샤스당의 기독교적 버전, 즉 우리 가운데 새로운 문화를 그냥 미워하면서, 그것을 허무주의적이고 하느님에 대한 거대한 반역의 산물로 바라보는 염세적 종교적 보수주의자들의 무리들이다. 나는 그들이 잘못되었다고 생각한다. 그들은 그들의 성서를 제대로 알지 못하며, 대체로 그들의 하느님 나라 신학을 망각하고 있다. 200년 전 칸트와 헤겔 같은 사상가들만 해도 교회 신학으로부터 하느님 나라 신학으로 옮아갈 때 어떻게 '신학적 실재론'이 뒤에 남겨지게 되는지, 곧 하느님이 어떻게 구별된 존재로서 존재하기를 중단하고 내재 속으로 들어오는

지를 이해했었다. 이 세상과 분리된 종교적 영역이란 없으며, 하늘에 있는 성전이란 없다. 또한 신비가들은 하느님과의 합일 상태에서는 사람이 하느님을 별개의 존재로 경험하지 않는다는 사실을 알고 있다. 그러나 내 자신의 경험에 따르면, 신학의 쇠퇴가 이제 너무 많이 진행되었기 때문에, 이제 더 이상 교회 지도자도, 신학자도, 심지어 종교철학자들 조차도 하느님 나라 신학을 이해하지 못한다. 이러한 이해의 부족은 그들로 하여금 교회 신학에 고착되게 하며, 그것을 넘어가는 사다리로서 교회 신학을 이용할 수 없도록 만든다. 그래서 이스라엘의 샤스당처럼, 그들은 전통적인 종교적 희망이 오늘날 겉보기에 세속적인 것처럼 실현된 현실 속에서 종교적 가치를 보지 못하는 것이다.5)

교회중심적 사고와 하느님 나라 중심적 사고 사이의 상호작용에 관한 재미있는 예화로서, 지금 이 주제를 조명해줄지도 모를 예화는 혼인의 경우이다. 비록 후대에 발전되었을지라도, '기독교적 혼인'은 교회 신학의 매우 매력적이고 지속적인 창조물이다. 기독교적 혼인은 자연을 도덕적인 것으로 만들려 한다. 그것은 장기적이며 교훈적이다. 서로간에 생명이 다할 때까지 신실할 것을 서약함으로써, 무조건적인 어떤 것이 이 한시적인 세계 속에 확립된다. 그것은 참 좋은 것이다. 그러나 하느님 나라 종교에서는 혼인이 중단된다. 혼인에 담겨 있는 질투하며, 배타적인, 그리고 교훈적인

---

5) 마크 테일러(Mark C. Taylor)는 현대 문화의 종교적 중요성에 대한 가장 뛰어난 통찰력을 지닌 현대 종교 철학자이다.

성격은 혼인이 교회의 '역사적' 시대에 속한 것이라는 표시지만, 하느님 나라가 도래하면, 더 이상 장가가거나 시집가는 것이 없다.6) 급진적 기독교가 항상 알아 왔듯이, 하느님 나라의 시대는 자유 연애(Free Love)의 시대이다. 그리고 오늘날은 이모든 것이 일어나고 있다. 즉 낡은 가부장적 구조는 점차 무너져 내리고 있으며, 혼인은 필수적이지 않게 되었다. 혼인은 죽어가고 있다. 이것은 하느님 나라 시대가 시작되었다는 또 하나의 표징이다. 우리는 성(性)이 단지 인격상호간의 가장 좋고 풍부한 교환수단임을 배우고 있다. 바로 이 대목이 가장 놀랍게 지성적인 어떤 친구가 나를 반대했던 순간이다. "근데, 왜 당신은 그렇게 애처가요? 혼인은 순수한 교회론적인 사건이야. 만일 당신이 정말 하느님 나라 시대로 가기를 원한다면, 지금 당장 자유 연애를 시작해야 하는 것 아니야?"

　만일 당신이 나의 주장을 지금까지 놓치지 않고 따라왔다면, 당신은 나의 최선의 대답을 짐작할 것이다. 즉, 하느님 나라에서 가능한 자유 연애의 한 형태는 같은 파트너를 계속 선택하면서 날마다 새롭게 그 똑같은 파트너의 마음을 얻는 것이다. 그것이 '태양 같은' 혼인이다, 그렇지 않은가? 우리는 앞에 언급한 혼인의 장기적이고, 교훈적이고, 질투하며, 배타적인 성격을 잊어버리고서, 그 대신 공(空) 안에서의 태양 같은 혼인, 즉 '죽기까지'의 혼인에로 나간다.

　정반대의 예화는 이것이다. 동성연애자들은 매우 '하느님 나라'

---

6) 마태복음 22:30, 마가복음 12:25, 누가복음 20:34 이하.

적인데, 왜 그들은 교회 안에서 완전한 승인을 얻으려고 애쓰는 것인가? 나 큐핏(Cupitt)은 도덕적으로 이미 교회지만, 그 자신 하느님 나라로서 살고 싶은 것이다. 그리고 동성연애자들은 이미 도덕적으로 하느님 나라지만, 교회 안에 들어오기를 원하는 것이다. 왜 그들은 이토록 열심히 양서류가 되려 하는가?

이 질문에 대한 대답은 종교개혁에 관한 답변을 준다. 개념적 예술은 그것이 예술로서 인정받을 수 있는 공간을 제공해주는 전통적인 미술관이 아직 필요한 것이다. 이와 유사하게, 새롭게 떠오르는 하느님 나라 종교는 그 혁신적인 종교적 의미가 가장 분명하게 읽혀질 수 있는 무대를 제공해주는 교회 배경이 필요한 것이다.

12

개혁의 틀짜기

20세기 중반까지 예술작품들은 보통 어떤 틀(frame)에 보관되었다. 조각작품은 대좌 위에 올려져있거나 실내에서는 작은 받침 위에 놓여졌다. 그림은 주위와 분리시켜 두드러지게 하는 도금한 틀에 담았기 때문에, 그 작품을 바라보는 것은 마치 창문을 통해 밖의 한 장면을 바라보는 것 같거나, 혹은 인테리어 벽의 문을 통해 실내를 바라보는 것 같았다. 틀은 "이것 좀 봐!"라고 말했다.

그 후, 예술 작품의 주제와 작업 스타일이 크게 바뀌기 시작하고, 많은 예술가들은 그 틀을 내다버렸다. 그들은 관람객들에게 그들은 새로운 작품을 하고 있다는 것을 알리기를 원했고, 또 그 작품이 우리를 어떤 한 가지 방식으로만 보기를 강요하지 않으면서, 홀로 서기를 원했다. 미술관에서 회화작품들은 그동안 각국의 화파(畵派)와 역사적 순서에 따라 배열되었으나, 근대 회화작품들은 역사나 국적에서 떠나기를 원했다. 만일 대중들이 하나의 예술 작품이 예술로서 무엇을 말하려고 의도했는지를 파악하기가 어렵다고 불평하게 되면, 예술작품이란 예술가로 인정된 이들에 의해 만들어져서, 예술품 중개인들에 의해 팔리고, 미술관에 전시되는 것이라고 대답했다. 한 작품이 이제까지의 예술과 다르더라도 그 작품이 미술관처럼 제도적 세팅에서 전시되고 있다는 사실 자체가 그 작품이 예술임을 보여준다는 말이다.

예술가들은 우리가 너무 많은 선입견들을 갖기를 원치 않기 때문에, 작품이 전시되는 환경을 가능한 한 산뜻하게 그리고 중립적으로 만들기를 바랬다. 런던의 세인트 존스 우드 구역의 바운더리 로드에 있는 싸아치 미술관(Saatchi Gallery)이 그 좋은 예이다. 이 미술관은 사용하지 않게 된 큰 규모의 공장들을 이용해서 만든 미술관으로서, 원래 창문이 없고, 천장의 자연 채광(採光)으로만 조명이 되던 곳이었다. 그 건축가는 실내 공간에 마치 관람객들이 거대하고 휜 텅 빈 공간에서 떠다니고 있는 것처럼 느끼도록, 부드러우며 하얀 색의 아무런 장식 없는 벽들과 마루를 만들었다. 그 미술관은 찰스 싸아치(Charles Saachi)가 좋아하는 예술, 곧 도발적으로 전통 파괴적이며, 품위 없고, 심미적이지 않으며, 방약무인한 최첨단의 작품들의 전시가 가능하도록, 최소한의 장식조차 하지 않았으며 중립적인 공간으로 바뀌었다. 나는 이 곳을 좋아하지만, 싸아치 미술관은 그 최소한의 장식조차 없는 곳에서도 그것이 보여주는 작품을 해석하느라 분주하다. 사람들은 싸아치가 무엇이든지 가능한 빠른 시간에 최신식으로, 그리고 눈을 끌도록 하는 광고업계 종사자라는 것을 알고 있으며, 그는 그의 미술관을 어디서부터 오는지 알 수 없는 작품들을 통해 관객들에게 충격을 주는 일종의 미지의 미술관(a Nowhere)으로 만들려는 것이다. 싸아치 미술관에 가면,

우리는 그것을 요구할 것이고, 틀림없이 그것을 얻게 될 것이다.

요컨대, 싸아치 미술관은 찰스 싸아치가 좋아하는 예술작품을 보고 구매하는 가장 이상적인 장소이다. 그는 말하자면 일종의 전 세대의 예술가들을 만들어냈다. 중요한 예술작품 구매자들은 그렇게 한다. 즉 그들의 기호는 해석적이다. 사람들이 무엇이라 반대하든 간에, 틀은 항상 필요하고 또한 항상 제공된다. 이 논증을 한 단계 더 발전시켜, 철학자 단토(Arthur C. Danto)는 예술작품은 항상 하나의 '예술 세계' 속에 태어난다고 덧붙여 말했는데, 그 말은 예술작품이 사람들의 특정 집단, 역사적 맥락, 계속되는 비판적인 수용과 평가과정 속에 태어난다는 말이다.1) 또한 예술사가 및 비평가들 역시 예술작품에 '틀'을 제공하고, 우리가 보고 있는 것을 토론할 수 있는 어휘를 우리에게 제공해준다.

요약하자면, 이 예화의 교훈은 가장 반역사적이며 혁신적인 예술작품일지라도 사회적으로 예술로 '만들어진다'는 사실인데, 이것은 그 애호가들이 취향에 따라 그 작품을 선택하고, 전시되는 공간, 제도적 맥락, 그 작품을 받아들이는 역사와 비평에 의하여 그 작품이 하나의 예술로서 사회적으로 만들어지고 구성된다는 말이다. 이 모든 재료들이 그 작품의 '틀을 이루는 것'이고, 그 작품에 '의미'를 부여하는 것이다. 그러므로 모든 예술은 그와 같은 해석적 작업들과 사회적 구현이 필요한 것이다.

이제 이 유비를 새로운 종교 개혁이라는 우리의 물음에 적용해 보자. 개혁은 어디서 일어나며, 어떻게 인식되고, 무엇이 그것을

---

1) Arthur C. Danto, "The Artworld". 또한 B.R. Tilghman, *But is it Art?*도 보라.

'틀지우고' 해석하는가?

　이 물음은 신기할 정도로 흥미 있으면서도 어렵다. 우리는 지금까지 교회에 남아 있는 사람들 가운데 누가 과연 그 자체의 개혁을 촉발시킬 것인지, 곧 교회 지도자들 가운데 한 사람일 것인지, 아니면 어느 신학자의 저술이 그럴 것인지에 대해 이야기해왔다. 우리는 모든 종교 조직들이 그들 자신의 전통에 대해 매우 방어적이며, 특히 그들이 위협 당하고 있다고 느낄 때에는 더욱 방어적이기 때문에, 개혁이란 것이 일어나기가 매우 어렵다고 결론지었다. 새로운 사상이란 그 말 자체의 정의상 잘못된 것이며, 교회는 중보적이며 신조에 기초한 교회 형태의 종교 시대는 이제 끝났고, 지금은 기독교의 마지막 역사 발전 단계, 곧 전통적으로 '하느님 나라'라 불려진 '태양 같은' 직접적 종교 시대를 향해 움직여갈 때라는 사실조차 받아들이려 하지 않는다. 16세기 종교개혁은 반만 진행되었고, 단지 교회의 개혁에서 멈췄다. 지금은 곧바로 하느님 나라에로 가는 길 외에는 다른 대안이 없으며, 나는 지난 몇 년간 하느님 나라 종교는 어떤 것인가를 보여주려고 노력해왔다. 하느님 나라 종교는 공(空) 안의 휴머니즘(humanism-in-the-Void)이며, 역사 이후적(post-historical)이며, 단기적이며(short-termist), 표현적이고(expressive), 태양처럼 사는 것(solar living)이며, 생명에 대한 강렬한 종교적 사랑이다. 만일 당신이 전통적 언어를 사용하기를 원하고, 권위 있는 본문을 인용하기를 원한다면, 그것은 산상설교의 종교이다. 아마도 '황홀한 내재성'(Ecstatic immanence)이라 할 것이다.[2]

---

[2] 나의 책 *After All*, pp. 80에 소개된 구절.

교회 종교와 하느님 나라 종교 사이의 관계는 회화에서 전통적 사실주의(realism)와, 모더니즘 운동이 진행되던 1880년대부터 점진적으로 나타난 표현주의(expressionism) 사이의 관계와 비슷할 것이다. 오랜 사실주의자의 세계관으로 보자면, 저 바깥에 하나의 객관적 질서—초자연적 실재의 질서이건, 자연의 질서이건—가 존재하며, 화가는 그것을 복사하거나 재현한다. 즉, 인간이 진리를 받아들였던 것이다. 즉 사람이 그것을 받아들이고 성실하게 그것을 복사해낸다. 그러나 새로운 표현주의자의 관점에서는, 만물은 완전히 뒤바뀌었다. 즉 예술이나 인생에서 자아는 그 자신을 표현에로 쏟아 놓는다. 자기 표현 속에서 자아는 끊임없이 그 자신이 되며 사라져가며 죽어 가는 삶을 산다. 그리고 똑같은 과정에 의해 우리의 세계는 계속 형성되며 자신을 채색한다. 그러므로 "공(空) 안의 휴머니즘"(humanism-in-the-Void)이다. 하느님 나라 기독교는 불교와 같지만, 예수의 종말론적, 혹은 '태양 같은' 긴급성과 생명에의 사랑에 의해 수식되어진 불교와 같다. 그것은 텔로스(telos), 곧 만물의 목적이다. 그러나 그것은 어떻게 틀을 갖추어야 하며 사람들에게 알려지는가? 그리고 그것은 어떻게 사회적으로 구현될 수 있는가? 그것은 매우 강렬하며 직접적이기 때문에, 대부분의 사람들이 그것을 종교로 알아볼 수 없다면, 무엇이 대중들에게 그것을 해석해줄 것인가?

나의 대답은 교회가 아직도 필요한 무대라는 것이다. 한편으로는 교회가 아직 우리의 생활방식과 영성에서의 새로운 주도권을 선포하고 시험할 수 있는 최선의 대중 공간 혹은 무대이기 때문이며,

다른 한편으로는 교회에는 아직 그 자체의 기억 속에 하느님 나라 종교를 설명하고 해석하는 데 필수적인 개념들이 깊이 묻혀있기 때문이다. 교회가 아직도 최선의 이용 가능한 틀이며 무대라는 것은 그들 자신의 해방신학, 여성신학, 흑인신학, 녹색신학, 흑인여성신학 등을 선전하기 위하여 교회를 이용하고 그 어휘들을 빌려 사용했던 모든 이들에 의해서 인정되고 있는 것이다. 동성연애자들 역시도 성적 소수자들의 사회적 해방이라는 대의를 추구할 유용한 무대와 입증 근거로서 교회, 혹은 교회에 남겨진 것들을 이용하기를 주저하지 않는다. 나는 그들이 옳다고 생각한다. 결국, 다양하게 이름 붙여진 대의(大義), 즉 가난한 이들, 여성, 소수인종, 성적 소수자, 그리고 지구 그 자체의 해방이라는 대의는 모두 좋은 견고한 하느님 나라의 대의다. 그렇다면, 왜 우리가 그들로부터 격려를 받으면서, 교회를 심지어 참된 기독교를 선전하고 시험해보는 무대로 사용하는 궁극적인 주도면밀함을 추구하면 안 되는 것인가? 이 말이 더할 나위 없이 냉소적인 전략으로 들리지만, 교회는 아직도 적절하고도 필요한 대조적 배경을 제공하고 있다. 우리가 여기서 말하고 있는 프로젝트는 키에르케고르의 프로젝트, 즉 기독교를 기독교세계에 밀수입하려는 키에르케고르의 프로젝트와 동일한 것이 아니다. 그는 그가 참된 기독교라고 이해한 것을, 게으르며 자기만족적인 중산층 문화(스스로를 기독교 문화라고 상상하는 문화) 속에 들여오려고 노력했던 것이다. 그러나 그의 '참된 기독교' 개념은 전통적으로 분투노력하며 수덕적(修德的)인 기독교이며, 성서에 대한 그의 태도는 애석하게도 단축된 그의 문학적 경력의 말기 무렵에 스트라우스(D.F. Straus)를 읽기 전까지는 대체적으로 (역사적) 비판 이전적(pre-critical) 태도였다. 그는 '역사적 예수'와 '신앙의 그리스도' —키에르케고르가 죽은 후 여러 해가 지난 다음인 1865년에 도입된 구절이다3)— 사이의 깊은 간극을 결코 충분히 파악하지 못했으며, 교회 종교와 하느님 나라 종교 사이의 대조도 결코 적절하게 발전시키지 못했다. 당신이 말할 수 있는 최선은 초기의 '심미적 문헌'은 감추어진 내면성을 찬양하고 있는 반면, '2차적 문헌들'은 보다 더 자기를 드러내기를 요구한다는 것이다. 한 세대 후에 빈센트 반 고흐(Vincent van Gogh)가 진지한 젊은 복음전도자로부터, 그의 성숙한 그림들에 나타나듯 극히 열정적이며 태양 같은 하느님 나라 종교에로의 변화를 경험했다. 확실히 교회 종교와 하느님 나라 종교 사이의 대비는 19세기 동안 매우 점진적으로 분명해졌다. 오늘날에는 대학 수준에서 성서를 공부한 사람이면 누구에게든 그것은 분명하고 또 그래야만 한다.

교회—혹은 교회에 남아있는 것—는 하느님 나라 종교에 훌륭한 틀을 제공하는데, 그 이유는 교회 자체가 하느님 나라와 복합적이며 양면적인 관계를 갖고 있기 때문이다. 성서와 교회사, 특별히 신비주의와 종교개혁 급진파의 역사는 하느님 나라 종교에 대한 폭넓은 범주를 제공해줄 뿐만 아니라, 교회는 하느님 나라의 자유를 위해 우리를 준비시키는 과도기의 연단을 위한 제도라는 생각도 공급해준다. 그러나 하느님 나라를 거부하기 위하여 교회가 드러낼 있는 격렬함은 교회와 하느님 나라 사이의 역설적이며 변증법적인

---

3) D.F. Strauss, *The Christ of Faith*.

관계를 매우 분명하게 보여준다. 그래서 교회는 경건하게 다음과 같이 말할 수 있다. 즉 "이제 우리는 거울로 보는 것같이 희미하나, 그 때에는 얼굴과 얼굴을 맞대어 볼 것이다." 교회는 믿음(belief)이란 것이 그 자체가 마지막 목표가 아니라 단지 우리가 가능한 한 빨리 나아가고 싶어하는 종교적 목표에 도달하기 위한 탈신조적(post-credal) 직접적 관계를 위한 것이라는 사실을 완전히 잊어버렸기 때문에, 사람들이 감히 직접적이고 믿음에 얽매이지 않는 (beliefless) 종교를 따라 실천하려고 하면, 즉각적으로 분노하며 일어나 그들을 불신자들로 내몰 것이다. 실제로, 교회 안에 있는 모든 것들이 일종의 수단이지만 사실은 물신화되어(fetishized) 그 자체가 목적으로 둔갑하였는데, 이 점은 교회 안에서 하느님 나라 종교를 살고 실천하려고 시도하면 분명하게 입증될 수 있다.

신학적 연구 가치가 있는 재미있는 사례는, 1918년에서 1957년 어간에 천성적으로 하느님 나라 기독교인이던 화가 스탠리 스펜서(Stanly Spencer)와 영국 버크셔의 쿠크햄-온-테임즈 마을 교회 및 그 주민들과 사이의 관계에 관한 역사에서 볼 수 있다. 그가 화가로 일하는 동안, 스펜서는 복음서 사건들이 그 마을에서 벌어진 것으로 상상했다. 그의 작품 가운데 많은 그림들이 교구 교회에 걸릴 목적으로 그려졌으며, 혹은 확장되고 이상화된 버전으로서 그려졌다. 내가 아는 두 사람, 곧 1920년대 쿠크햄에 살았던 젊은 소녀들은 그들이 스펜서가 사는 거리로 내려갈 때는 위험하게 그의 집에 가까이 가지 않도록 포장도로 건너편으로 가라고 배웠다. 한번은 스펜서가 당시 왕립 아카데미 의장으로부터 외설이라는 핍박을 받으며 위협 당한 적도 있었다. 단지 그의 생애 말년에 기사의 작위를 받고서야 비로소 그는 받아들여지고 교구 교회 안에서 회고전을 열 수가 있었다. 사후에, 그의 명성은 꾸준히 높아갔으며, 그의 작품은 오늘날 터너(Turner) 이래 다른 어떤 영국 화가보다도 경매에서 높은 가격을 지키고 있다. 쿠크햄 마을은 그에 대해 회상하며 매우 자랑스러워한다. 아마도 '하느님 나라' 기독교 역시 이와 비슷하게 먼 훗날 사람들이 회상하면서 이해하고 받아들일 것이다.

13

채색된 베일 벗겨내기

플라톤에서 유래된 전통을 따르자면, 전체 감각 경험의 세계는 우리와 영원한 세계 사이에 매달려 있는 '채색된 베일'(a painted veil)이다.1)

나는 이 은유를 빌리고 싶다. 중보종교의 그림같이 아름다운 세계—교리, 성서, 조직, 교회력, 예전, 예술—는 우리와 우리가 매우 두려워하는 어떤 것, 우리가 아직 대면해보지 않은 것, 그리고 그것에 대한 유일한 적절한 대응방식은 직접 종교(immediate religion)를 실천하는 것뿐인 그 세계와의 사이에 채색된 베일, 혹은 성상막(iconostasis: 동방 정교회의 신랑[身廊, nave]으로부터 성소를 구분하는 아이콘으로 장식된 막 - 역주)으로 항상 매달려 있다. 중보종교는 매우 자기 도취적이며, 그 에너지의 상당부분이 자신을 선전하고 설명하는 데 바쳐진다. 따라서 거의 모든 설교들은 성서를 설명하고, 기독교 교리를 해명하며, 교회의 다양한 의식들을 설명해주고, 교회 절기

---

1) 몇 년 전, 한 저명한 로마 카톨릭 신학자가 내게 말하기를, 그는 공(空, Void)이 감각경험의 스크린의 다른 면에서 시작한다는 생각에 의해 갑자기 공포에 휩싸였다는 것을 말한 적이 있다.

혹은 현재 축하하고 있는 축제의 상징적 중요성을 풀어주는 데 바쳐진다. 채색된 베일은 그 자체를 장식하고 풍부하게 하기를 좋아한다. 참으로 그것은 그 자체가 목적이 되려고 한다. 우리는 그것을 그 반대편에 있는 모든 것으로부터 우리를 방어하는 방패로 이용해왔다. 우리는 그것이 알 수 없는 것을 견딜만하게 하도록 만드는 것을 사랑한다. 그러나, 지금은 그 방패가 더 이상 작동하지 않는다. 우리는 개혁에 대해, 그 채색된 베일 전체를 벗겨버리는 것에 관해 말하고 있다. 이것은 곧 다음에 일어날 종교개혁은 이전보다 훨씬 더 광범위한 규모로 상징물 파괴를 가져온다는 것을 의미한다.

    나는 매우 광범위한 규모로 상징물이 파괴될 것을 말하는 것이다. 살로메가 관능적인 춤을 추면서 그녀의 일곱 개의 베일을 하나씩 벗어 던지며 마지막 베일을 벗겨내어, 마침내는 아무것도 남지 않았을 때, 사람들은 그녀의 육체와 유혹이 단지 그 베일들이 움직임으로써 만들어진 환영에 불과한 것임을 깨닫게 되는 것을 상상해 보라. 모든 남성들은 여성들의 자석처럼 끌어당김은 사회적 조건 반사에 의해, 매너와 제스처에 의해, 보석류에 의해, 화장발과 꽃단장에 의해, 슬쩍 노출시키면서 감추는 식의 계략, 기타 등등에 의한 일종의 주술적 환상일 뿐이라고 어렴풋이 의심의 눈초리를 보낸다. 그러나 이 남성들은 거기서 해방되기를 전혀 원하지 않는다. 그들은 발가벗겨진 진리를 원하지 않는다. 왜냐하면 그것은 아무것도 아닌 것이기 때문에. 그들은 채색된 베일에 집착하기를 더 좋아한다.

종교도 마찬가지다. 교회 종교로부터 하느님 나라 종교로 나아가기 위하여, 우리는 채색된 베일 모두를 벗겨낼 각오를 해야만 한다. 즉 모든 교리를 포기하고, 모든 거창한 이름들을 포기하고, 중보종교의 모든 주술적 환상을 포기해야만 한다. 인생 전체를 채색된 베일에 바친 평균적 교인들은 그 마음 속에서 이미 모든 것을 벗어 던질 때 무엇이 남을 것인지를 알고 있다. 아무것도 남지 않는다는 사실을 잘 알고 있다. 이것이 물론 오늘날 기독교가 개혁을 원하지 않으며, 채색 베일을 벗지 않으려는 이유이다. 교회는 그 신앙이 실재적(realistic)이라고 주장한다. 즉, 교회는 채색된 베일이 참된 그림임을 믿노라고 주장한다. 다시 말해서 교회는 채색된 베일 위에 위의 이미지들이 영원한 세계와 그 거주민들을 거의 칼라사진 수준으로 만들어준다는 것을 믿는다고 주장한다. 그 상징은 어떻게든지 그것이 상징하고 있는 신적인 실재를 복사한다. 그래서 교회는 믿는다고 우겨대며, 그 주장에 감히 의문을 제기하는 자들을 저주한다. 그러나 보수적인 종교적 변증론자들 사이에서 교조주의(dogmatism)와 회의주의(scepticism)는 여러 세기 동안 서로를 가려주면서, 또한 각자의 유일한 대안으로 자처하면서, 매우 밀접하게 엉켜있었다. 초창기부터, 교조적인 플라톤주의자들, 정통 유대인들, 가톨릭 신자들, 이슬람교도들, 개혁교인들, 혹은 복음주의적 개신교 신자들은 모두 자신들의 교조주의에 의문을 제기하는 이들은 누구든지 회의주의 또는 허무주의라는 마지막 저주에로 곧장 추락하는 위험에 빠진다고 선언하는 데 익숙해져 있다. 한편 그 똑같은 문화권에서 회의주의자들은 자신들이 의심이라는 무한한 역행과 소용돌이에 휩싸여 있는데, 그곳에서 구출될 수 있는 유일한 방법은 오직 하나의 교조적인 바위를 발견하고 거기 매달리는 방법뿐이라고 믿어왔다. 도그마에 대한 유일한 대안은 회의주의이며, 회의주의로부터 벗어나는 유일한 대안은 도그마를 받아들이는 것이다. 이처럼 소위 '보수적인' 종교적 신자들은 거의 언제나 회의주의라는 비밀스런 공포감을 품고 있는 교조주의자들이거나, 아니면 가장 가까이에서 잡을 수 있는 교조주의적 생명줄을 움켜잡고 있는 자연적 회의주의자들이다. 그리고 이들이 바로 우상숭배자들이 되는 사람들, 곧 중보종교의 채색 베일 자체가 그들을 구원해 줄 유일한 것인 양 거기 매달리는 근본주의자들이다. 그들은 그들이 마음 속에 알고 있는 진실을 직시하는 것을 참을 수 없는 광신적 교조주의자들이다. 즉 그들은 그 채색 베일 뒤에 보편적 우연성(universal contingency), 보편적 텅 빔(universal Emptiness), 무(Nothing)와 존재(Being)라는 이름으로 다양하게 일컬어지는 것이 있다는 진실을 직시하는 것을 참지 못하는 것이다. 아니면 내가 생명의 두려울 정도로 외경스런 순수한 우연성(Life's awesome pure contingency), 소여성(givenness), 무상(transience), 달콤함(sweetness)과 허무(nihility)라고 부르기를 좋아하는 것을 대면하는 것을 견뎌낼 수 없는 광신적 교조주의자들이다.

　나는 당신에게 보수적 신자들에 관한 진실을 말해주겠는데, 이것은 이전에 어느 누구도 말한 적이 없는 것으로 생각한다. 죽음이 다가올 때, 그는 자신이 잘못 생각했다는 것을 결코 깨닫지 못할 것이며, 자신의 신앙이 왜곡된 것이라는 사실을 결코 직면하지 않을 것이라는 생각으로 자신을 위로한다. 그렇게 그는 내생에 대한 희망에 차서 죽는다. 그리고 그것이 그의 종말이다. 그는 결코 산 적이 없기에, 개인적으로 나는 그가 안타깝다. 그는 생의 진실을 결코 충분히 알지 못했고, 태양 같은 삶(solar life)의 지고한 종교적 기쁨을 알지도 못했다. 그는 단지 믿음 충만한 은혜의 상태에서 죽기를 원했을 뿐이다. 그래서 그는 교회 종교의 채색된 베일에 열정적으로 매달렸으며, 그에게 요구되는 모든 것을 행한 것이다. 그는 그 모두를 믿었다. 즉, 그는 그가 믿는 모든 것에 대해 심각하게 의심하는 것을 허락하지 않았다. 그러나 거기에는 다음과 같은 생각으로부터의 은밀한 위로를 거두어들이는 그 자신의 치명적인 궁지가 놓여 있다. 그 생각이란 바로 만일 내가 어찌되었건 거룩하다는 평판 속에 죽는다면, 나는 내가 틀렸다는 것을 결코 모를 것이고, 나의 기억을 추모하는 생존자들도 내가 잘못되었다고는 절대 확신하지 않을 것이라는 것이다. 나는 결코 완전히 그리고 최종적으로 잘못되었다는 것이 드러나지 않을 것이기 때문에, 내가 이긴 것이다.[2] 미래의 세대들은 내 신앙 때문에 나를 부러워할 것이다. 이것이 임종 때에, 내가 전혀 기대하지 않았던 방식으로 나의 회의주의가 나의 교조주의를 위로하는 방식이다.

최소한 중세 말기 이래로 교회 종교는 바로 그와 같은 교조주의

---

[2] 로마 카톨릭 작가인 Anthony Burgess는 그의 말년에 이런 방식으로 주장한 적이 있었다: 그는 매우 심각하게, '당신이 알다시피, 그것들은 모두 사실일 수도 있다'고 말할 것이다. 그리고 그 때가 왔을 때, 사제를 부를 가치가 있을 수도 있다고 생각할 수도 있다. 왜냐하면 '교회의 의식에 의해' 기운이 북돋아지는 죽어가는 사람은 영원을 얻든가 아니면 아무것도 잃는 것이 없을 수도 있다. 다시금 파스칼의 오래된 도박 논증(Wager Argument)이다.

와 회의주의 사이의 은밀한 계약에 기대어 왔다. 많은 이들이 이 주장이 설득력 있다고 느낀다—혹은 최근까지 그렇게 느껴왔다. 신앙 안에서 행복하게, 그러나 결코 자신들이 틀렸다는 것을 알지 못한 채 죽는 사람들이 부럽지 않은가? 이집트의 파라오, 곧 그를 오시리스(Osiris, 이집트의 태양신 - 역주)와 연합시킨 왕조 이데올로기의 금박 누에고치 속에서 영원히 봉인된 파라오가 부럽지 않은가?

진실을 알 수 있는 시금석은 이것이다. 당신이 교황의 임종 곁에 있다고 상상해 보라. 그의 환상을 벗겨내는 것이 윤리적으로 옳은가, 아니면 오류 속에서 행복하게 죽도록 놔두는 것이 더 좋은가? 1990년대 초까지만 해도, 나는 죽어 가는 이의 환상을 방해하는 것에 대해 주저했었지만, 브라이언 무어(Brain Moor)의 소설 <다른 생은 없다>(No other Life)3)는 근 7년 동안 나의 상상력에 영향을 미쳤다. 그리고 나 자신도 이제 점점 늙어간다. 1990년대 이래로, 나는 니체 이후 인간은 스스로에게 거짓말하는 것에 대해 어떤 변명도 할 수 없게 되었다고 생각해왔다. 우리의 마음 속에서 우리 가운데 절반 이상은 우리 삶의 진실을 안다. 우리가 그것을 정면으로 들여다보기 전까지는, 우리는 아직 성인이 되지 못하며, 아울러 우리가 태양 같은 삶(solar life)—그동안 '영원한 삶' (eternal life)이라 불러온 것을 새롭게 말하는 것—을 시도하기 전까지는, 또한 우리가 태양

---

3) Brian Moore, *No Other Life*. 이 소설의 제목이 된 구절은 제4장에서 사제-해설자의 죽어 가는 어머니가 처음 사용한 말이다. 그녀의 마지막 말은 '다른 생이란 없어'이다. 이 책은 하이티와 에쿠아도르 중간의 카리브해 연안 국가에 살고 있는 한 총명한 젊은 흑인 사제가 해방신학의 영향을 받아 그 나라의 대통령이 되는 것을 그리고 있다.

같은 삶을 맛보기 전까지는, 우리는 인생의 종교적 기쁨이 어떤 것인지를 깨닫지 못한 것이다. 임종의 순간이라 할지라도, 한 사람이 마땅히 되어야만 할 그런 존재가 되는 데에는 너무 늦은 것이 아니다. 다른 생이란 없기 때문에, 만약 우리가 이생에서 그럴 기회를 놓친다면, 우리는 영원히 놓칠 것이다. 그리고 이것은 매우 중요한 것이기 때문에 심지어 죽어가는 교황에게라도 말해져야만 한다. 이것은 그토록 중요한 것이기 때문에, 기독교인으로 하여금 그 채색된 베일을 벗어버리고, 나아가 그 배후에 있는 것에 대해 경악하도록 함으로써 그들 자신의 신앙을 개혁하도록 설득하는 것, 그리고 하느님 나라 종교를 향한 고통스런 작업을 해나가도록 시도하는 것만으로도 충분히 가치가 있다. 기독교인들을 설득해서 예수를 심각하게 받아들이도록 노력하는 궁극적이며 불가능한 이단을 왜 범해서는 안 된단 말인가?

14

태양성과 역사

 교회가 예수를 심각하게 받아들이도록 설득되는 것이 왜 그토록 상상하기 어려운 것인가? 두 가지 이유가 있다. 첫째는, 서구 교회가 점차적으로 인류 역사상 가장 거대하고 가장 찬란한 중보종교 조직 및 영적 능력의 피라밋 구조로 발전해왔다. 그러나 예수는 무엇보다도 바로 이런 종류의 종교를 비판했다. 따라서 그를 심각하게 받아들일 수가 없었다. 두 번째 이유는, 예수의 태양성(solarity) —그의 강렬하게 초점을 맞춘 의식 형태—은 예언자나 환상가, 즉 그들의 사상이 곧바로 만물의 종말에로 돌진해 가는 예언자나 환상가의 전형이다. 그는 상대성이나 수단, 역사의 긴 기간, 혹은 어떤 거대한 규모의 사회적 사고를 위해 소모할 시간이 없다, 그리고 이것이 또한 커다란 책임을 지고 있는 이들이 예수에게 할애할 시간이 없는 이유이다. 그는 너무 급했으며, 그리고 아마도 그래야만 했었다. 그러나 우리의 문제는 그와 다르다. 우리는 수백 년에 걸쳐 생각해야만 한다.

 이 두 가지 문제, 즉 예수와 중보(혹은 '제도적', '조직화된')

종교와의 관계, 그리고 역사에 대한 그의 세계관과의 관계는 만일 우리가 발전하려 한다면, 반드시 논의해야 할 필요가 있다.

예수가 회당과 성전에 대해 강하게 비판한 것은 분명하다. 그것은 그의 대적자들의 수와 다양성—곧 '대제사장, 서기관, 바리새인, 헤롯당, 사두개인'—에서 나타난다. 중보종교 장치가 점점 더 정교하게 발전할수록, 거기에 개인적으로 깊이 개입된 사람들의 모든 계층들이 생겨난다. 그들은 그 중보종교의 의식들과 특권들에 너무 매여있기 때문에, 결코 그것이 성취되는 시간을 알 수 없으며 또한 알려고도 하지 않는다. 바꿔 말해서, 그들은 그 중보종교로부터 분명하게 결별해야 할 결정적 순간을 알 수도 없으며 알려고도 하지 않는다는 말이다. 그것은 마치 당신이 하느님 나라의 도래를 위해 기도하다가 그런 종교의식을 만들었기 때문에, 당신은 그 나라가 도래하는 순간을 결코 알 수 없으며 포착할 수 없는 것과 같다. 회당에서는 오래되고 익숙한 예언서 본문들이 다시 읽혀지고 있는 동안, 노인들이 그들의 기도 숄과 성구함을 지닌 채 정해진 의자에 앉아 경건하게 고개를 끄덕이고 있다. 그들은 예수가 회당에서 병자를 고치는 동안에도 움직이지 않고 그들의 할 일을 하고 있었으며,[1] 예수가 일어나서 "보라, 모든 것이 시작되었다. 이것이 당신들이 기다려온 것이다"라고 말한다. 그리고 그는 소요 사태를 일으키고, 그들은 그를 죽이려고 한다.[2] 그들이 깨어서 하느님 나라를 기다리는 것이 종교의식이 되었기 때문에 그들은

---

1) 마가복음 3:1-6.
2) 누가복음 4:16-30.

그 의식을 포기하지 않을 것이다. 그 종교의식을 심지어 하느님 나라 자체와도 절대로 바꾸지 않을 것이다.

성전에서도 메시지는 동일했으나 좀더 강력했다. 왜냐하면 성전은 백성들의 잉여 농산물의 거의 전부를 소모할 정도로 커진 중보 종교 체계의 고전적 표본이었기 때문이다. 그것은 마치 중세교회와 같았다. 중세교회는 여전히 "당신의 나라가 임하옵소서' 라고 기도하지만, 성직자들이 너무 많고 풍족하게 지내기 때문에, 그들 모두가 실제로는 속으로 " 그러나 제발, 나의 시대에는 당신의 나라가 오면 안 됩니다! " 하고 속삭였던 것이다.

성전은 중보(mediation), 도구성(instrumentality), 장기적인 관점과 '모든 것이 마땅한 질서 속에 있는 것' (라틴어 *rite*)이다. 성전은 강력한 사회적 제도로서, 그 자체의 사회적 중요성을 확신하며 '수세기 동안 생각해 온' 것을 자랑한다. 예수는 성전에 맞서서 그 자신의 종말론적 혹은 태양 같은 의식을 갖고 성전과 싸웠다. 상대적으로 고상한 이 의식은 매우 강렬하고, 직접적이며, 단기적인 것이다. 이 의식은 사람들의 눈을 핵심에 너무 가깝게 초점을 맞추도록 하기 때문에 사람들은 그밖에 다른 아무것도 생각하지 않는다. 이것은 모든 장기적 계획 및 도구적 사고를 조롱함으로써 모든 가치가 본래적인(intrinsic) 것이 될 정도로 바뀐다. 예수의 세계관에서는, 만물은 무한히 중요하게 되든가, 아니면 완전한 시간 낭비가 되든가 한다. 가치는 바로 **지금** 이 순간에 인식, 포착, 실천, 확인되어야 한다. (에크하르트의 *Nu*, 곧 그의 지금 이 순간[Now Moment]은 더욱 신비적인 반면, 예수의 지금은 더욱 도덕적임을 주목하라. 당신은 그 지금을 기꺼이 받아들임으로써가 아니라, 지금을 위해 결단하고 온 마음으로 당신 자신을 지금에 헌신함으로써 지금을 포착하는 것이다).

이제 결정적 지점에 이르렀다. 극단적으로 장기적인(long-termist) 사고방식과 극단적으로 단기적인(short-termist) 사고방식 사이의 대조에 대해 생각하는 사람들 대부분은 장기적인 사고방식이 더 '역사적'이라고 생각한다. 즉, 얼핏 보기에 성전의 장기적 종교가 예수 같은 예언자의 극단적인 긴급성과 단기성보다 더 확실하게 역사적으로 형성된 사고방식처럼 보인다. 그런 노선을 따라, 기성 교회 형태의 기독교는 '기독교는 역사적 종교'라고 자화자찬한다. 즉 기독교는 광범위하게 사회적으로 뒷받침된 종교적 중보체계로서, 그 자체의 장구한 역사적 기원과 전통, 성직 계급, 일 년 주기의 장엄한 의식들의 거행 등에 커다란 중요성을 둔다는 의미에서 역사적 종교라고 선언한다. 그런 체계가 발전하는 데는 여러 세기가 걸리며, 수천 년 동안 지속된다. 그 중보체계는 매우 오래된 과거를 돌아보며 또한 그만큼 긴 미래를 내다본다. 또한 그것은 매우 역사적인 의식 구조를 갖고 있다. 반면에 집도 절도 없이 노천에서 감히 눈을 치켜 뜨고 똑바로 쳐다보는 청중들을 향해 설교하는 헙수룩한 호언장담꾼이란, 쳇! 제깐 놈이 무어라고... 독자 여러분, 나는 대규모의 '조직화된 종교'에 관련된 사람들은 자신들이 강한 역사적 감각을 지닌 중요한 사람들이라고 생각하기 쉬우며, 예수를 매우 반(反)역사적이었던 인물로 보는 경향이 있다는 사실을 말하는 것이다. 그는 역사의 종말에 대해 지나치게 흥분한 예언자였는

데, 역사의 종말에 대한 그의 기대는 단순히 틀린 것으로 판명되었다. 그들은 말하기를, 예수의 근시안적인 안목은 그로 하여금 우리들보다 무언가 '궁극적인' 것을 더욱 분명히 볼 수 있도록 만들었지만, 핵심적인 문제에서는 그가 틀렸다는 것이 곧 판명되었다는 사실을 인정할 필요가 있다고 말한다. 엘리야는 십자가에 못 박힌 그를 데려가려고 나타나지 않았다. 그는 죽었으며, 역사는 계속되었고, 지금 우리는 여기에 있다는 식이다.

그러나 나는 뒤집어서 말하고자 한다. 또한 정말로 반(反)역사적인 것은 예수의 종교가 아니라 성전 종교라고 주장하고 싶다. 즉 성전은 민중을 역사 밖으로 끌어내, 매년 예전적으로 순환되는 거대한 신화의 백일몽 속으로 인도하는 반면에, 예수의 종말론적인 종교의식(religious consciousness)은 지금 순간(Now Moment), 곧 그 안에서 자아가 그 자신을 헌신함으로써 그 자신이 되는 지금 순간에 강력하게 헌신한다. 예수의 가르침은 어떻게 종교적 행위가 완전히 이 세상적이며 역사적인 행동일 수 있는지를 보여준다. 반면에 성전의 행동 개념, 즉 예전적 행동 개념은 단순히 하나의 신화에 대한 주기적인 재연(再演)이다. 그것은 인간을 그 어디에로도 인도하지 못하며 그 무엇도 달성하지 못하기에, 결코 인간적인(human) 행동이 아니다.

왜, 그리고 어떻게, 교회, 특별히 기독교는 그 중심에서 역사로부터 완전히 벗어나 신화의 세계 속으로 실종되고 만 것인가? 그 대답은 기독교가 발전시켰으며 거기에 확고하게 매달려 있는 우주적 타락과 속량이라는 거대한 이야기(Grand Narrative) 속에 있다. 그 신화 속에서, 우주적 역사는 몇 개의 단계 혹은 섭리적 세대(dispensations)로 나누어지며, 각각의 단계는 하느님이 연출하는 우주적 드라마의 각 '장'(Act)이다. 이 섭리적 세대들은 낙원 시대, 족장시대, 모세의 율법시대, 복음 혹은 은혜의 시대, 그리고 마지막으로 그리스도가 영광 속에 재림하는 것으로 시작되는 천년왕국 시대 등으로 나누어져 있다. 각각의 세대에, 인간 존재는 모든 일이 그들에게 어떻게 될 것인가가 정해져 있는 고정된 종교적 상황 하에서 살며, 또 거기에 종속되어 있다. 한 세대에서 다음 세대로의 변화가 전체 우주적 드라마를 이끌어 가는 것이지만, 그 변화는 인간 주체에 의해 일어날 수 없고, 하느님의 특별한 행위를 필요로 한다. 하느님의 그런 특별한 행위는, 예를 들면, 아담과 이브를 낙원에서 추방시킴으로써 낙원 시대에서 족장 시대로의 전환이 일어나며, 모세에게 율법을 수여함으로써 족장 시대에서 율법 시대로의 전환이 일어나며, 예수의 출생, 죽음, 및 부활, 그리고 그 이후 오순절 성령의 은사를 통해 율법 시대에서 은혜 시대, 곧 지상의 교회의 시대에로의 전환이 일어나며, 그리스도의 재림을 통해 전투적 교회(Church Militant)의 종말과 그리스도와 그의 성자들의 지상의 천년왕국(the Millennial Kingdom of Christ and his saints on earth)이 시작된다.

나는 하나의 결정적 요점을 밝히기 위해 한때 익숙했던 커다란 이야기의 엉성한 개요를 열거한 것이다. '기독교가 역사적 종교'로서 그 전체 신학을 타락과 속량이라는 거대한 우주적 이야기의 형태로 표현하게 되었다는 것은 어떤 점에서 사실이지만, 우리는 여기서 그 ('역사적 종교'의) 역사라는 것이 어떤 인간의 수고와 노력에 의한 이야기가 아니라, 단순히 하느님의 구원 행위에 의한 거대한 이야기로서 간주된다는 사실도 분명히 명심해야만 한다. 즉 하느님이 거의 유일한 역사적 주체이다. 그 이야기 속에서 결정적인 중심에 있는 유일한 인간의 행위는 아담의 불순종(disobedience)이며, 그 정반대에 서 있는 그리스도의 순종(obedience)의 공적(功績)이다. 마리아 숭배주의자들은 여기에 속량의 경륜 속에서 그녀에게 부여된 역할을 받아들인 마리아의 순종의 공적도 끼어 넣기를 원할 것이다. 이런 것들과는 별도로, 하느님은 우리가 현재의 세대가 끝날 때까지 그 아래에서 살아야만 하는 한계들을 설정해놓은 역사의 주인이라는 것은 여전히 사실로서 남아 있다. 서방교회의 정통주의는 항상 예정론적(predestinarian)이었다. 즉 하느님은 모든 사건을 미리 예정했다. 총감독으로서의 하느님은 알프레드 히치콕(Alfred J. Hitchcock)보다 훨씬 더 절대적 감독이다.3)

이 모든 것으로부터, 서방교회의 고전적 신학이 인간의 공동 산물로서의 역사에 관한 개념이 전혀 없었으며, 우리의 세속적 역사적 삶의 일상과정에 대해 매우 비관적인 입장을 가졌다는 사실을 알 수 있다. 우리가 행하는 것은 아무것도 어떤 변화도 이루어내지 못한다. 즉 우리는 역사적 행위을 통해 우리 스스로 인간 존재의 어떤 기본 조건도 바꾸지 못한다. 우리는 단순히 그리스도의 두 번

---

3) 히치콕은 그의 배우들을 '소떼'로 생각했다. 전통적 종교는 사람을 목자의 인도를 받아야 하는 '하느님의 소떼' 혹은 '양떼'로 생각했다. 물론 히치콕은 가톨릭 신자이다.

째 강림으로부터 시작되는 새로운 섭리의 단계를 기다려야만 한다. 이것이 바로 기독교 신학이 발전함에 따라, 기독교인들이 역사로부터 물러나서, 그들의 에너지를 우주적 속량 드라마의 다양한 중요 일화들을 기념하는 연중 축제 및 금식 전례의 순환에 쏟아 붓게 된 이유이다. 이것이 바로 오늘날까지 기독교인들이 주로 하는 일이 성탄절, 부활절, 성신강림 대축일 등등에 '교회 나가기'이고, 설교자들이 그들의 주된 노력을 '기독교 교회력'의 다양한 사건들을 해석하는 데 쏟아 붓는 이유이다. 아무도 이 모든 것을 도대체 무엇을 위해 하는지 감히 묻지 않는다.

줄리앙 로버트(Julian Roberts)가 이 문제에 관해 한 가지 재미있는 언급을 했는데, 그는 고전적 프로테스탄티즘이 로마 가톨릭보다 인간의 역사적 행위에 대해 훨씬 더 비관적이었다고 지적한다.

> 그리스도가 떠난 이후와 최후의 재림 사이에 그의 영향력이 이 세상 속에 얼마나 많이 남아 있는가 하는 문제는 교리적인 문제이다. 트리엔트 공의회(16세기 종교개혁 이후 열린 공의회 - 역주) 이후의 가톨릭은 그리스도가 교회와 교황 안에서 이 지상에 현존한다고 가르쳐왔으나, 개신교는 보통 반대로 그리스도는 이 땅을 완전히 버렸으며, 이 땅에서 그의 현존을 찾으려는 모든 시도는 허망함을 강조했다. 이런 교리에 설득 당한 윤리적, 정치적 정신상태를 발터 벤야민(Walter Benjamin)은 침울(melancholy)로 묘사했고, <독일 비극의 기원>(The Origin of German Tragic Drama)이란 책에서 자세하게 분석했다. 오직 개신교의 태도만이 참으로 메시아적이다. 가톨릭의 관점은 무언가 혼합된 것이다.

그는 특히 독일 사상에 대해 쓰면서, '역사에 대한 메시아적 관점'이라고 묘사한 것에 대해 다음과 같이 덧붙였다.

> 메시아주의의 핵심은 결렬과 단절이다. 메시아주의에서 메시아의 도래는 완전히 '역사'의 불가피한 조건이다. 메시아 이전에는 우리가 자연 조건 속에 있으며 무의미한 구조 속에서 잃어버린 존재들이다. 메시아 이후에는, 우리가 자유하다. 자연적 속박상태로부터 자유롭다. 이 두 시대 사이의 중간 단계는 없다…첫째 시대의 타락은 너무 전체적이며, 둘째 시대의 구원은 그만큼 완전하기 때문에, 이 두 시대 모두에서 똑같은 것은 아무것도 없다. 키에르케고르와 복음주의적 기독교인들이 말하는 것처럼, 개인은 다시 태어나야만 한다. 이 말이 (많은 사상가들에게) 의미하는 바는 합리성 또한 타락했다는 것이다.4)

위의 글은 우리로 하여금 어떻게 기독교가 예수와 정반대가 되었는지를 다시 한번 보게 해주는 명료한 말이다. 물론 내가 여기서 말하는 예수는 유대교 교사로서, 20세기 동안 매우 점진적으로 재발견된 예수를 가리킨다. 왜냐하면 우리는 예수가 죄와 속량에 대한 신학을 전혀 만들지 않았다는 것, 그리고 교사로서 그는 구원사 전통보다는 유대인들의 지혜 전통(Wisdom tradition)에 더 속해 있다는 것에 대해 깨달음을 얻게 되었기 때문이다. 그는 거대한 이야기꾼(a grand-narrativist)이 아니다. 그는 우리가 역사로부터 사라지고 교회 속으로 들어가서는 매년 우리의 삶을 기독교의 거대한 속량

---

4) Julian Roberts, *German Philosophy*, p. 7.

신화라는 쳇바퀴를 따라 도는 데 소모하기를 원하지 않는다. 대신에 그는 메시아주의로부터 만물이 달라질 순간(Moment)이 다가오고 있다는 사상을 취하여, 우리가 그 순간을 위해 깨어 있고 적극적으로 그 순간을 포착하는 것을 가장 크게 강조한다. 그럼으로써 그는 메시아주의로부터 결별하는데, 그 이유는 예수가 우리 개인들의 인간적인 도덕적 결단 및 행동에 종말론적 중요성을 부여하기 때문이다.

교회는 "당신 스스로는 아무것도 변화시킬 수 없다. 그러니 와서 예배자가 되라!"고 말한다. 그러나 예수는 말한다. "당신은 마치 세상의 종말에서 사는 것 같은 방식으로 삶에 당신 자신을 헌신할 수 있다. 우리가 그처럼 살 때, 우리는 스스로를 변화시키기 시작하며, 모든 것을 변화시키기 시작한다."

개신교 종교개혁의 급진파는 교회를 넘어 하느님 나라를 추구하였다. 불가피하게도, 그것은 도덕적으로 매우 적극적이고, 정치적으로는 혁명적이 되었다. 이것은 급진적 기독교가 참으로 매우 '역사적' 임을 보여준다. 충격에 휩싸인 교회 개혁자들과 경건한 제후들은 무력으로써 그것을 억압하였다. 그러나 이것은 아직도 다음으로 넘겨져야 할 필요가 있는 영역이다.

15

태양같은 행동

우리 시대에 우리가 논의하고 있는 종교개혁, 즉 교회 기독교를 넘어서, 애초에 계획된 기독교 역사 발전의 마지막 단계에로 직행하는 것은 종교개혁 프로젝트는 매우 특별한 의미를 가지고 있다. 이것은 사람들이 어떻게 완전히 전신망으로 연결되고 지구화된 미래 인간 세계 속에서 종교적 의미와 가치를 창출하고 발견할 수 있는가에 대해 생각하는 것을 의미한다.

비록 교회로부터 하느님 나라에로 밀어붙이던 급진적 기독교인의 꿈은 종교개혁 시대에 박살났다 할지라도, 역사의 종말에 올 '예루살렘'의 꿈, 즉 사람들이 전체 지구적으로 화해되고, 서로에게 완전히 투명한 보편적 복지 세계에 대한 꿈은 17세기 이래로 서구인들의 마음 속에 지속되어왔으며, 다양한 유토피안들과 비전을 보는 정치학에 영감을 불어넣었다는 사실은 이상한 일이다. 오늘날은 이런 꿈이 그 어느 때보다도 성취되기에 가까운 것으로 보인다. 그것은 '예루살렘'이며, '아메리카'이며, 약속의 땅이며, 목적의 왕국이며, 무정부주의와 사회주의다. 오늘날 그 꿈은 어느 정도 세속화된 형태를 취하는데, 그 이유는 미래에 전 지구적 생태인본주의(globalized ecohumanism)가 매우 열렬하게 소통되어 그것이 우리 각자가 하나의 뇌세포가 되는 단일한 세계의식을 만들어낼 것이라는 기대 때문이다.

이 세계는 무엇과 같을 것인가? 그것은 악몽—미국의 한 작가가 '전체주의적 속물'이라고 말한 것—과 같을까? 아니면, 미래에는 사람들이 상징적 의미와 가치가 너무 풍성하게 되어 사람들이 그 미래 세계를 최소한 이 땅 위에 확립된 하느님 나라로 이해할 수 있게 될 것인가? 이 질문은 매우 큰 질문인데, 그 이유는 단순히 하느님 나라가 도래하지 않는 방식이 지금까지의 기독교 전 역사를 통해 아직 결론이 나지 않았기 때문이다.

그 요점은 신약성서 독자들에게 익숙한 것이다. 예수의 선교는 '교회를 세우는 것'이 아니요, 더구나 교황에게 신임장을 주는 것은 더욱 아니라는 것은 사람들이 오랫동안 동의해왔던 것이다. 예수는 감독들을 중요하게 만들기 위하여 자기 자신이 이 땅에 온 것으로는 생각하지 않았다. 그는 전혀 그런 종류의 인물이 아니다. 실제로 그는 하느님의 나라의 예언자였다. 즉, 그는 세계의 대변동이 곧 닥칠 것을 기대했다. 선과 악의 세력간의 최후의 전쟁이 있을 것이며, 그 전쟁으로부터 전혀 새로운 세계 질서, 곧 보편적 복락, 즉 구원의 시대가 도래할 것이다. 그러나 그는 그가 희망했던 새로운 시대를 보지 못하고 죽었으며, 그것이 지연되었기 때문에 교회가 임시변통으로 발전하게 되었다. 교회의 역사적 과제는 거대한 사람들의 무리, 곧 '모든 나라로부터 선택한 자들'을 불러모아, 그들로 하여금 마침내 새로운 세계가 도래할 때, 들어가서 그 새로운 세계를 이어받을 준비가 되어 있는 질서정연하고, 훈련되고, 기대에 가득찬 태세로 유지하는 것이다. 가끔 교회는 자기 자신을, 옛날 이스라엘이 약속의 땅을 향해 광야를 행진했듯이, 행군 중에 있는 군대에 비유하려 했다. 이 군대에서 성직자는 장교이며, 평신도는 보병이었다.

교회는 이처럼 큰 미래의 사건을 향해 행진하고 있었는데, 그 미래의 사건을 위해 교회는 성도들을 준비시키고 있었다. 교리는 그 사건에 관한 것이고, 그것의 도래는 성직자의 권위와 그들이 부과하는 엄격한 규율을 정당화시키는 것으로 생각했다. 그러나 성직자들, 교회법과 교리 등의 모든 장치와, 거룩한 세계(교회 및 최후의 구원의 새 시대와 관계 있는 것들)와 주변의 세속 세계 사이의 구분 등의 모든 장치들은 전환기에만 유지되고, 새로운 시대가 실제로 도래하면 사라질 것이다. 새로운 시대에서의 지적 및 사회적 조건은 그것들이 교회 안에 있을 때의 조건과는 매우 다를 것이다. 즉 교회와 교회의 사고방식은 그때에는 기쁘게 사라질 것이다. 하느님은 더 이상 별개의 존재로 간주되지 않을 것인데, 그 이유는 신적인 것이 성만찬과 오순절이 상징하는 것에 의해 완전히 사람들 속으로 돌아왔을 것이기 때문이다.

그러나 불행하게도, 하느님 나라는 오지 않았다. 그 나라는 지연되고 또 지연되어, 마침내 그 실현이 죽음 이후의 하늘 나라에로 연기되었다. 그리고는 이제 마치 '이 땅에서의 전위부대'인 교회의 시대가 인류가 계속되는 한 계속될 것처럼 보이기 시작했다. 그리스도는 예측할 수 있는 미래에는 이 땅에 돌아오지 않을 것처럼 보였다. 즉 그는 하늘(Heaven)에 남아 있을 것 같았다. 이것은 종교적 관심이 천상의 세계에만 그 초점이 확고하게 맞추어지고, 교회의 직무는 이제 사람들을 이 땅 위의 하느님 나라가 아니라, 죽음 이후의 심판(Judgment after death)을 위해 준비시키는 것이 되었다. 교회는 사람들에게 하늘 나라에 유효한 티켓을 주는 권위, 곧 막대한 권력을 보유하게 되었다. 이로써 교인들 위에 군림하는 교회의 독재는 영원히 확립되었다. 마치 공산당의 역사에서, 이 땅 위에 세워지기를 희망했던 공산사회가 점차 더욱 더 먼 미래로 밀려남으로써, 절대 정부와 이념적 폭군, 곧 '프롤레타리아트의 독재'가 영원하게 된 것처럼 보였듯이 말이다.

결과적으로, 교회는 자신의 지상에서의 권위를 언젠가는 다가올 하느님 나라에 반드시 인계해야만 한다는 것을 믿기를 중단함으로써, 자신의 지상적 권위를 절대적이고 영원한 것으로 믿게 되었다는 말이다. 그래서 원래 단순히 잠정적인 훈련으로 예정된 것이 영속적인 멍에가 되었으며, 교회 도그마에 대한 믿음이 영속적으로 '구원에 필수적인 것'이 되었다.

이런 경우에, 왜 종교가 쇠퇴하는가? 공산주의가 몰락할 때 일어났었던 일은 사람들이 그 종말론적 약속을 믿기를 중단한 것이다. 즉, 거대하게 강력한 국가 기구가 자발적으로 자체 해산하여 이상적인 공산사회의 세계가 생겨나도록 허용하리라는 것을 믿지 않게 된 것이다. 갑자기 그들은 진짜 구원의 진리를 발견했는데, 그것은 바로 완전한 공포의 독재자는 다만 당신의 그에 대한 믿음

만큼만 강하다고 하는 사실이다. 단지 당신의 동의를 보류하기만 하면, 그것은 무너질 것이다. 그리고 실제로 그렇게 되었다.

교회의 경우는 공산주의의 경우와 사뭇 다른데, 그 이유는 교회의 주장과 권위에 대한 정당화가 죽음 저편에 놓여 있는 것으로 만들어졌기 때문이다. 분명히 사람들이 계속 죽어가고, 죽음 후에 그들을 기다리고 있을 것에 대해 두려워하는 한, 교회의 주장들은 결정적으로 거짓임이 입증될 수 없지 않은가? 분명히 사람들은 그 모든 것은 진실일 것이라며 무한정 계속 두려워할 것이고, 죽음이 다가오면 계속 사제들에게 도움을 요청할 것 아닌가?

이제 이 논증을 더 진전시키기 위하여, 우리는 이 논증의 처음으로 돌아가서 망을 더 넓게 쳐야만 한다. 우리는 거의 3000년을 거슬러 올라가, 조로아스터 신학(Zoroastrian theology) 혹은 마즈다 신학(Mazdaist theology)이 형성되던 시대로 거슬러 올라가야 한다.[1]

세계 역사를 구원의 역사, 곧 몇 개의 장(場, Acts)으로 된 타락과 속량의 긴 드라마라는 사상을 처음 발전시킨 사람은 분명 고대 페르시아의 조로아스터교 사제들이었다. 그들은 선신(善神) 아후라 마즈다(Ahura Mazda)가 악의 세력과의 긴 전투를 행할 무대로서 이 세계를 창조한 것으로 보았으며, 그의 최후의 승리를 지상에서 볼 수 있다고 주장했다.

---

1) 이 전체 주제는 아직도 격렬한 논쟁점으로 남아 있다. J.R. Hinnels의 *A Handbook of Living Religions*에 나오는 Mary Boyce의 입장과 Surherland의 *The World's Religion*에 나오는 매우 조소적인 Julian Baldick을 비교해 보라.

최후의 날들은 늘어나는 사악함과 우주적 재난들에 의해 그 징후가 나타날 것이다. 그리고 구세주 사오쉬안트(Saoshyant)가 영광 중에 올 것이다. 그는 예언자의 씨에서 태어날 것이며, 기적적으로 호수 안에, 그리고 처녀 어머니 안에 보호될 것이다. 선인들과 악인 사이에 ... 큰 전쟁이 있을 것이며, 선인들의 승리로 끝날 것이다. 먼저 죽은 이들의 육체는 부활해서 그들의 영혼과 결합할 것이며, 최후의 심판이 일어날 것이다.... 구원받은 이들은 신들의 음식을 먹을 것이며, 그들의 육체는 그들의 영혼처럼 영원히 죽지 않을 것이다. 아후라 마즈다의 왕국은 다시 완전하게 만들어진 지상 위에 도래할 것이며, 복 받은 자들은 그의 임재 안에서 영원히 기뻐할 것이다.[2]

이것이 아마도 원래의 종말론적 신화, 곧 마지막 날, 마지막 전쟁, 마지막 나팔, 최후의 심판, 그리고 새로워진 이 지상에서의 보편적 지복(至福)과 구원의 천년왕국의 설립에 관한 이야기이다. 이것은 유대인들에게 엄청난 영향을 끼쳤는데, 그들은 아마도 바벨론 포로기 동안에 이 사상을 받아들였을 것이다. 근대 시온주의는 바로 이런 고대 희망의 뒤늦은 작업이다. 이스라엘 예언자들을 통해서 이 사상은 예수에게, 그리고 기독교와 이슬람에 전달되었으며, 보다 최근에는 서구 역사주의와 정치적 유토피아주의에 전달되었다. 이 사상은 심지어 힌두교와 불교의 종말론에도 영향을 주었다. 이 사상은 북아메리카의 초기 역사에서, 북미가 '신세계' 그 자체라는 생각 속에 두드러지게 나타나며, 또한 무정부주의자들과 공산주의자들의 희망의 핵심이었다. 최근에 이 사상의 가장 유명

---

2) Hinnels의 *Handbook*, pp. 178의 Mary Boyce에서.

한 표현은 1960년대 마틴 루터 킹의 아메리칸 드림 선언과 70년대 존 레논의 서정시 '상상해보게!' (Imagine)이었다.

매우 오랜 기간에 걸쳐 대부분의 인간의 역사, 특별히 서구 역사는 이 위대한 이야기에 큰 영향을 받았다. 무엇보다도, 이 이야기는 사람들을 전통주의라는 폭군으로부터 구출했다. 이 사상은 우선 우리에게 미래는 과거보다 더 나아질지도 모르며, 더 나을 수 있을 것이고, 더 낫게 될 것이라는 사상을 부여해주었다. 과거의 황금 시대에 정해진 행동 패턴과 표준에 영원히 속박되는 대신에, 사람들은 희망 속에서 더 나은 세계가 오리라는 희망을 가질 수 있었다. 그것 이상으로, 그들은 더 나은 세상은 어떨 것인가를 상상하도록 초대되었다. 그것은 단지 열망의 대상뿐 아니라, 또한 가능한 행동의 목표가 되었다. 당신이 살았던 삶에 의하여, 당신은 그 새로운 세계를 위해 당신이 준비하는 것보다 조금 더 큰 일을 할 수 있다. 즉 당신은 실제로 그 세계의 도래를 촉진시킬 수 있다. 최소한, 당신은 그 새로운 세계의 가치를 실현하는 일을 시작할 수 있다. 이것은 종교가 처음에는 새로운 가치와 더 나은 세계를 상상하고, 그 다음에는 실제로 그 새로운 가치와 더 나은 세계가 생겨나도록 일할 수 있는 우리의 인간적 방식으로 이해될 수 있도록 초대한다. 다시 말해서, 종교란 우리 자신에 대해 다시 상상하고 다시 창조하며, 우리의 가치를 투사하는 공동의 방식이라는 말이다.

세계를 다시 만드는 이 과정은 긴 시간이 걸린다. 혹은, 최소한 지금까지는 긴 시간이 걸려왔다. 이유를 알려면, 다가오는 더 나은 세상의 중요한 구조적 특성들 가운데 많은 것들이 놀라울 정도로 변함 없었다는 사실을 기억하라. 만일 조로아스터로부터 존 레논까지 그 구조적 특성들이 거의 변함이 없었던 것이 아니라면, 확실히 예언자 이사야로부터 칼 마르크스와 현대까지는 그러하다. 가장 간단한 성서적 관련 구절 이상을 제공할 필요가 없다는 희망에서, 나는 간단히 그 새로운 세상의 주도적 특징들만을 설명하겠다.

첫째로, (하늘의 왕국, 혹은 공산사회라는) 더 나은 세상에서는 종교가 더 이상 분리된 제도나 삶의 영역으로서 존재하지 않는다. 왜냐하면, 종교가 그 역할에서 맡은 과제는 완수되었기 때문이다. 대신에, 삶의 모든 것이 신성한 연속체가 된다. 하느님은 모든 사람들 속에 흩어져 있으며, 정치적으로 군주제는 민주주의로 대체된다. 사회적 서열의 모든 위계질서와 구분이 사라지는데, 그것은 마치 성과 속의 구분이 사라진 것과 마찬가지다.3)

둘째로, 이들 변화와 매우 긴밀한 연관 속에서, 삶 바깥에는 더 이상 어떤 가치가 존재하지 않기 때문에, 삶의 모든 가치가 본래적이 된다. 우리가 그 마지막 세계, 곧 세계의 종말, 역사의 종말에 올 세계에 이르게 되면, 그때에는 지금 여기를 넘어선 그 이상의 실재가 없으며, 따라서 거기에는 도구적 가치가 존재하지 않는다. 더 이상 기대해야 할 더 좋은 미래가 거기에는 없기 때문에, 도구적 행동은 없을 것이다. 우리는 더 이상 인간 해방이나, 우리 자신의 영혼의 구원처럼, 더 나은 미래나 장기적 선(long-term good)을 위하

---

3) 중보종교의 종말에 관하여는, 예를 들어, 예레미야 31:33절과 성전파괴와 성전의 휘장이 찢어지는 것에 관한 복음서의 주제를 보라. 거룩한 영을 나누어주심에 대해서는 요엘 2:28이하를 보라.

여 행동하지 않는다. 모든 것은 그 자체를 위하여, 지금 여기에서 가치를 가져야 하며, 확증되고, 사랑받고, 이루어져야 한다. 우리의 가치평가를 정당화해야 할 필요를 느끼지 않기에, 어떠한 윤리이론도 필요하지 않다. 그리고 어떠한 도구화도 없기 때문에, 어떠한 은폐나 기만도 없다. 아무것도 감추어진 배후가 없기 때문에, 감추어진 동기를 가질 필요가 없다. '그 너머의' 것이란 더 이상 없다. 모든 의사소통은 완전히 열려있고 투명하다. 일광(daylight)이 영원하고 만물을 채운다.4) 당신은 더 이상 일하고 걱정해야 할 미래가 없는 노인처럼 차분해진다.

셋째로, 그 새로운 세계에서는 사람들이 어떤 외적인 권위나 성문법의 멍에 아래 있지 않을 것이다. 대신에, 모든 것이 마음으로부터 흘러나올 것이다. 도덕적 현실주의(즉, 실질적인 외부의 도덕적 표준은 존재하지 않는다)는 없을 것이고, 대신 윤리학의 유일한 기초는 우리의 새롭게 실현된 완전한 상호인간성(co-humanity)이 될 것이다. 그 결과, 윤리학은 순수하게 인도주의적으로 될 것이다. 모든 삶은 종교적 언어로 '교제'(communion)라고 불리는 것, 그리고 현대 언어로 '의사소통'(communication)이라 일컬어지는 상호 교환의 흐름이 될 것이다.5)

---

4) 종말이 오면, 장기 계획과 도구적 사고방식이 어리석음이 드러날 것이다. 예를 들면, 누가복음 12장 16-20절. 아무것도 감출 수 없다. 모든 것이 환히 밝혀질 것이다. 예를 들면, 누가복음 2장 33-36절. 사람들은 전적으로 현재에 산다. 예를 들면, 마태 6장 25-34절.
5) 외적 율법(사람들이 지키지 않는)은 마음에 쓰여진 법에 의해 대체될 것이다. 사도 바울은 이 주제를 고후 3장에서 그의 공감(sympathy)의 윤리 안에서 매우 아름답게 인도주의적으로 다룬다.

그리고 넷째로, 인간들이 상호간에 그리고 세계와 완전히 화해하게 됨으로써, 세계는 완전히 인간에게 적합해진다. 사도 바울은 다음과 같이 단순하게 말함으로써 그 요점을 말한다: "모든 것은 여러분의 것입니다." 물리적 세계와 인간의 사회적 세계는 일치한다. 인간의 문화는 완전히 지구화된다. 언어 차이에서 오는 오해와 인종 차이에서 오는 갈등은 사라진다. 어떤 형태의 세계 정부에 대한 암시가 있게 된다.6)

네 가지 요점을 반복하자면, 그 새로운 시대에는 모든 삶이 단일의 신성한 연속체가 되며, 삶의 모든 가치는 본래적이 되고, 윤리학은 순수하게 인도주의적으로 되며, 인간의 의식은 완전히 지구화된다. 그리고 이 네 가지 요점은 이스라엘 예언자, 공관복음서의 예수의 가르침, 그리고 사도행전이나 요한계시록 같은 다른 신약성서의 책들에서 쉽게 그 예를 찾아볼 수 있다. 그리고 동일한 주제들이 여전히 20세기 사람들에게 호소력을 지닌다.

우리가 아는 교회들이 실제로 얼마나 많이 위에 설명한 새로운 세계를 창조하려고 애써왔는가? 초대교회는 그러한 일을 시도한 것으로 알려져 있다. 즉 초대교회는 고대 이스라엘의 희생제도와 결별하였으며, 정결한 것/부정한 것에 관한 기존의 구분을 극복하려 하였고, 이방인을 환영하는 완전히 호혜적인 투명한 사회의 창

---

6) 성령강림은 바벨탑을 뒤집어놓으며, 새로운 세상에서는 민족주의를 초월한다. 예를 들어 이사야 선지자에게서 새 시대는 단지 이스라엘을 신원하기보다는 모든 백성들을 위하여 도래한다(예, 25장 6-9절). 초기 기독교 예술 및 저작에서, 그리스도는 우주 위에 즉위하는데, 이것은 인간 세계가 물리적 세계를 최후로 완전히 자신들의 것으로 삼는 것을 상징한다.

조를 시도했으며, 가난한 이들에게 재분배함으로써 인도주의적 윤리를 실천하려 했다.7) 그러나 교회가 점점 죽음에 대비하여 자신들의 영혼을 준비하고 있던 사람들에게 성례전의 은혜를 베풀어주는 구원 기계로 변함에 따라, 처음의 추진력이 점점 사라졌다. 그 후, 훨씬 후대에, 종교개혁 때에 나타난 어떤 급진적 집단이 그 처음의 프로그램을 실천하려고 새롭게 노력을 기울였다. 퀘이커교도들이 눈에 띄는 예다. 즉 그들은 삶의 전 종교적 영역(교회, 성직자, 성례전)을 폐지했으며, 철저한 비폭력의 실천가가 되기까지 생명의 가치를 확언했고, 그들은 현대 인도주의적 윤리의 대표적 선구자들이었다. 정치적으로 그들은 국가를 초월하려 애썼다. 서구 종교사상의 본래적 논리에서, 만일 모든 종교적 행위들이 궁극적으로 그 새로운 세계의 수립을 목표로 한다면, 퀘이커교도들이 가장 철저한 기독교인이었다는 결론은 피할 수 없다.

자, 다시 오늘의 교회와 종교의 쇠퇴 문제로 돌아와서, 오늘날 서구의 현 상황을 우리는 어떻게 해석해야 하는가? 나는 나의 결론이 이미 당신에게 떠올랐기를 바란다. 계몽주의 이래로 서구의 세속 문화는 그 고대의 종교적 꿈에 대한 역사적 실현을 향해 꾸준히 움직여왔다. 그것은 교회보다 더 나아갔다. 예를 들어, 서구 세속 문화는 교회보다 더 평등주의적이고 민주적이었으며, 더 일관되게 인권을 존중했다. 세속 문화는 더 지구화되었고 국가의 경계를 넘었으나, 반면 교회는 너무도 자주 단순히 국가적이었을 뿐만 아니라, 자신의 과거에 대한 자화자찬에 빠졌다. 매우 놀라운 것은, 세

---

7) 사도행전 2장 41-47절, 4장 32-37절 등.

속문화는 최근에 진보에 대한 믿음을 믿기를 중지했으며, 그 영향으로 사후의 생에 대해 믿는 것을 중단하게 되었다. 따라서 세속문화는 우리가 살고 있는 이 세상이 마지막 세상이며, 이 세상 너머에 어떤 다른 세상이 없을 것이라는 것을 안다. 그러므로 세속문화는 이미 자신을 지금 여기에, 생명의 가치에, 그리고 생명의 새로운 종교에 헌신하고 있다.8) 이처럼 우리가 죽음 이후의 삶에 대해 믿기를 중단하게 될 때, 종교는 더 진지해진다. 더 나아가, 새로운 지구적 세계질서를 건설하려는 교회연합적(ecumenical) 시도, 유엔, 그리고 일련의 국제기구들은 교회 안에서보다 세속 영역에서 훨씬 더 큰 진전을 보였다. '하느님 나라' 형태의 인도주의적 윤리는 그 어느 교회 기구보다 "국경없는 의사회"(Medicines San Frontieres, 1971년 결성되어 매년 3천 명의 의사, 간호사들이 자원봉사활동을 한다 - 역주)같은 기구의 작업 속에서 더 발달되었다. 마침내, 세속문화는 지구적 규모로 열심히 소통되고 있으며, 교회에서보다 훨씬 더 언론의 자유에 투신하고 있다.

나는 이 모든 것으로부터 세속문화는 서구전통 속에서 계몽주의 이래로 역사의 종말에 올 그 새로운 세계에 대한 고대종교의 꿈을 계속 추구해왔으며, 상당한 성공을 이루어왔다고 결론짓는다. 서구 세속문화가 건설해온 세계, 곧 유엔, 국제법, 민주 정치, 끊임없는 지구적 커뮤니케이션과 인도주의적 윤리학의 세계는 오늘날 여성 해방과 인종적 및 종교적 차별의 화해에 헌신해왔다. 우리들의 이 새로운 세계는 원래의 그 기독교 프로그램이 교회에서 가능

---

8) 나의 책 *The New Religion of Life*를 보라.

한 그 어떤 프로그램보다도 훨씬 더 발전된 형태임을 보여준다.

여기서 우리는 소위 '종교 쇠퇴'(decline of religion)의 이유를 발견한다. 만일 교회 자체의 기준에 의하여, 교회가 '세계'라고 생각하는 것이 오늘날 교회 그 자체보다 훨씬 더 참으로 기독교적으로 되어가고 있다면, 교회는 없어도 좋은 여분(redundancy of the church)이라고 표현하는 것이 더 좋을 것이다. 즉 기독교가 과거로부터 벗어나 보다 큰 외부 세계 안에서 계속 발전해오는 동안에도, 교회는 과거 안에 남아 있었다.

이 모든 것은 매우 특별한 방식으로 종교는 무엇을 위한 것인가라는 질문을 제기한다. 근대 서구에서, 종교는 일반 평신도들에게 두 가지로 여겨진다. 곧 신조를 믿는 것과 교회에 가는 것이 그것이다. 사람들은 초자연적 믿음 체계에 동의하고 집착하며, 그러한 믿음들이 재연되고 기념되는 연중 전례를 지킴으로써 교회에 참여한다. 그러나 왜 그렇게 하는가? 오늘날 그런 것들 중 아무것도 사람들이 사는 방식에 어떤 두드러지는 변화를 만들어내지 못하며, 세계와 삶과 죽음에 관한 명백한 사실들은 믿는 자나 안 믿는 자나 똑같다. 그렇다면, 교회 종교의 핵심은 무엇인가? 그것은 무엇을 성취하는가? 사람들은 그로부터 무엇을 얻는가?

교회의 신앙이 주로 죽음에 대한 두려움에 관한 것이라는 쇼펜하우어의 견해는 회피하기 어렵다. 이 생각의 전제는 매우 많은 사람들이 계속 죽기를 두려워하고, 죽음 이후에 그들의 몫으로 기다리고 있을 것으로 생각하는 것을 두려워한다는 것이다. 특별히 로마 가톨릭에서는 이것이 임종시에 가장 가치 있는 교회의 목회 사역으로 여겨진다.

그러나 이런 종교관은 매우 불편한 결과들을 초래한다. 즉 죽음 이후의 삶을 준비하는 데 자신들의 한평생을 쓰는 사람들은 이생, 곧 우리의 유일한 삶에 최선을 다하는 일에는 실패한다. 사람들이 어떤 종류의 사후의 삶에 대한 믿음도 포기할 때, 현재의 이 삶을 최종적인 삶이며 종교적으로도 고귀한 것으로 보기 시작할 것이다. 그들은 죽음 지향적인 종교를 가치 없게 여기기 시작할 것이며, 우리가 살고 있는 동안의 이 삶을 최대한 선용하도록 하는 종교를 찾을 것이다. 그리고 이처럼 사후의 삶이 아니라 현재의 삶에 종교적 관심을 쏟는 것이 오늘날의 종교 현장을 특징짓는 것이다. 예를 들어, 영국에서는 죽음조차도 오늘날에는 삶 지향적인 방식으로 접근하고 있다. 즉 장례예배는 누구 누구의 삶에 대한 감사예배, 추도예배는 누구 누구의 삶에 대한 기념예배, 이런 식으로 그 명칭이 점점 바뀌어지고 있다.

우리가 보아왔듯이, 종교의 목적들에 관한 대안적 견해는 고대 종말론적 믿음으로 돌아가고 있다. 종교적 사상은 상상을 불러일으키고, 유토피아적이었다. 사람들은 종교적 실천을 이 지상에서 선과 악 사이 최종적 충돌과 역사 시대의 종말에 도래할 지상에의 새로운 시대를 준비하는 방법, 혹은 재촉하는 방법으로 보았다. 종교는 기본적으로 초자연적인 믿음에 관한 것이 아니라, 희망에 관한 것이다. 종교는 우리가 어떻게 우리의 삶과 우리의 세계를 더 낫게 만들 수 있는가에 관한 꿈을 만들어내는 우리의 공동체적 방법이다. 우리는 그 꿈을 위해 우리 자신을 준비시키며, 그리고 어떻게 그 꿈이 모두 실현되도록 실제로 시작할 것인가에 대해 생각하기 시작한다.

그러므로 이제까지 내가 주장해왔던 것처럼, 소위 '종교의 쇠퇴'란 죽음에 직면한 사람들에게 위로와 확신을 약속하는 일에 몰두해왔던 교회 종교에 대해 오늘날 사람들이 집단적으로 포기하는 것이다. 그 대신에 우리는 종교사상과 실천을 상상을 불러일으키며 유토피아적인 것으로 이해해야 한다. 즉 종교는 자아와 세계를 다시 상상하고, 다시 만들어내는 공동체적 방법이다. 종교는 우리가 무엇에 의해, 그리고 무엇을 위해 사는가에 관한 것이다. 정치사상이 매우 모험적이지 못하고, 세계가 기술문명에 의해 압도적으로 지배되는 때에, 우리는 인류 역사상 그 어느 때보다도 종교를 더욱 필요로 한다. 우리는 인간적이며 가치 창조적인 활동으로서의 종교를 필요로 한다. 그러므로 새로운 종교개혁의 모습은 다음과 같다. 즉 나는 새로운 종교개혁을 교회로부터 하느님 나라에로의 전환(a switch from Church to Kingdom)으로, 곧 자아(self)를 그 자체를 정화하며 죽음을 준비하기에 바쁜 불멸하는 영적 실체(immortal spiritual substance)로 보는 것으로부터, 새로운 하느님 나라의 자아 이해, 곧 지속적으로 상징적 표현과 흘러감 속에 자기 자신을 쏟아붓는 태양같은 과정(solar process)으로서의 자아(selfhood)에로의 전환으로 기술하고 있다. 우리의 과제는 공동체적 인간 세계에 속한 우리의 몫 속에 종교적 의미와 가치를 주입하고, 우리 각자가 그 전체를 위해 공헌하도록 만드는 것이다.

이것이 바로 내가 태양같은 행동(solar action)이란 말로 의미하는 것이지만, 두 가지 소설의 예를 인용함으로써 일반 대중의 반대에 대해 간단히 다룰 필요가 있겠다. 즉 브라이언 무어(Brian Moore)의 소설 <다른 삶은 없다>(*No Other Life*)에서 지노로 알려진 젊은 흑인 사제 장 폴 깡따브 신부는 해방신학에 영향받은 카리스마적인 마술적 설교가이다. 그는 절망적으로 뒤떨어진 카리브해 섬의 가난한 자들을 편들고, 그의 탁월한 언변은 그로 하여금 대중적 열광의 물결을 타고 대통령에 선출되게 만든다. 그러나 그는 환상가이며, 현실 정치와의 힘든 접목을 이루어낼 시간이나 인내가 없다. 그의 정부는 곧 실패하고 그는 잠적해버린다. 가난한 자들에게 그는 거의 메시아처럼 여겨졌다. 가난한 사람들은 그를 신화화하지만, 그는 실패자였다.

이와 비슷한 일이 로렌스(D. H. Lawrence)의 소설 <무지개>(*Rainbow*) 9) 속에서 이상주의적인 젊은 선생들에게, 특히 우살라 선생에게 일어난다. 그녀가 가르치는 학급의 많은 어린이들은 그녀에게 의심과 잠재적 적대감의 장벽을 표현한다. 그녀는 자신의 매력과 진지한 선한 의지와 젊음으로 그들을 압도할 수 있다고 생각하지만 실패한다. 수업시간에는 항상 의지들 사이의 전투가 벌어지며, 교사는 기술이 필요한데, 곧 전문적 기술과 약간의 교활함이 필요한 것이다. 지노 신부가 실패한 것처럼, 우살라 선생도 실패한다. 단지 열심 하나만으로는 이 세상에서 지속적인 것을 만들거나 세울 수 없다. 누구나 관련 기술과 실천적 지혜를 얻고 행하는 일에 열심히 노력해야만 한다. 정치에서 단지 성자이기만 한 사람은

---

9) D. H. Lawrence의 *The Rainbow*, 23장 'The Man's World'.

단지 귀찮은 존재일 뿐이다.

이런 주장이 최근 나의 '태양의 윤리학'(solar ethics)에 대한 반대 주장으로서 제기되었다. 사람들은 나를 빈센트 반 고호, 곧 2~3년간 절정에 도달하여 영광스런 세계에 대한 그림을 그려냈지만 곧 탈진하여 죽었던 고호처럼 열렬하고 무모한 표현주의자로 간주했다. 그런 예술가는 사람들에게 매우 폭넓은 사랑을 받으며 소중하게 여겨지지만, 그는 재난을 당한 사상자일 따름이다. 우리는 그런 사람들이 몇몇 있기를 바라지만, 모든 사람이 그처럼 되기를 바라지는 않는다는 비판이다.

나도 동의한다. 태양의 윤리학(solar ethics)은 오해되어 왔다. 이것은 처음에 도덕적 만병통치약으로서가 아니라 '영성'으로서 소개되었다. 즉, 죽음의 공포를 정복하는 삶에로 우리 자신을 관계시키는 방법으로서 영성이라는 말이다.[10] 과거에 사람들은 보통 하느님 나라에 대해 매우 초자연적인 생각을 가지고 있었으며, 이 땅 위에 시간 속에서 사는 사람들이 하느님 나라에서는 아담과 이브가 지녔던 최초의 '자연적 불멸성'이 자신들에게 회복될 것이라고 믿었다. 오늘날 우리는 분명히 그런 것을 믿을 수 없다. 다른 삶은 없으며, 시간 속에 살고 있는 우리 인간은 언제나 죽을 수밖에 없는 가멸적 존재일 것이다. 그러므로 내가 태양의 윤리학을 만들어낸 이유는 시간 속에 살면서 그의 유한성을 알고 있는 인간에게 그럼에도 불구하고 어떻게 영원한 생명을 가질 수 있으며, 가장 높은 종교적 행복을 향유할 수 있을 것인가를 보여주기 위해서였다. 나

---

[10] Don Cupitt, *Solar Ethics*, p. 2를 보라.

로서는 태양의 윤리가 불행과 죽음에 대한 공포라는 독소에서 벗어난 채, 이 땅에서의 행복을 가능하게 해 준다. 나는 미래에 모든 종류의 사람들, 심지어 행정가들과 전문 과학기술자들까지도 이 태양의 윤리를 가르치고 실천하기를 소망한다.

16

하나의 세계

　매우 오래 지연된 후, 단지 매우 최근에 들어서야 비로소, 우리는 완전히 그리고 공개적으로 오직 하나의 세계, 곧 이 세계, 우리의 세계만이 존재한다는 것을 받아들이기 시작했다. 이제 우리 주변에 있는 것이 존재하는 것의 전부라는 사실이 명백하기 때문에, 우리는 우리의 지역 바깥에 있는 어떤 독립적인 센터(Center), 곧 그 센터를 향해 우리의 중력이 쏠리고, 그 센터로부터 우리의 삶이 통제되는 외부의 독립적 센터를 기대하지 않으며, 우리가 그런 센터 바깥의 교외지역에 살고 있지도 않다. 가까운 것이 궁극적이다. 즉 우리에게 가장 가까운 것은 또한 우리에게 최종적인 것이다. 이것이 우리가 생각할 수 있는 모든 세계 현실 그 자체이다.
　오직 하나의 세계만이 존재한다는 것에 대한 깨달음은 한꺼번에 네 가지 차원 이상으로 등장했기 때문에 더 큰 힘으로 우리에게 다가왔다. 우리는 어떤 형태의 죽음 이후의 삶도 믿지 않는다. 우리는 어느 때든지 이 세상의 일에 개입하여 그 자신을 우리에게 계시하거나 우리를 도우면서, 모든 것을 **통제하는 숨겨진 초자연적 질서를**

믿지 않는다. 우리는 감각 대상(sense objects)의 세계뿐만 아니라, 구별되고 변하지 않는 사고 대상(thought objects)의 세계가 존재한다고 믿는 플라톤주의자들이 아니다. 그리고 우리는 진보를 믿지 않는다. 즉, 궁극적인 자연 정복과 사람의 완전가능성에 대한 오래된 논의는, 만일 우리가 조만간 우리의 자연 환경과 안정된 관계를 갖게 되면, 우리가 잘 해낼 수 있을 것이라는 냉정한 깨달음에 그 자리를 내어 주었다.

어떤 사람들은 이것들 중 일부 영역에서는 아직도 심각한 논쟁이 진행 중이라는 사실에 대해 반대하고 싶을 것이다. 예를 들면, 수학적 진리는 발견될 뿐이지, 만들어지는 것이 아니라고 주장하는 수학적 플라톤주의자들이 아직도 있다. 형식주의자들(formalists)은 아직도 자신들의 방법을 갖고 있지 못하다. 그리고 우리의 자연과학이 단지 이 세계에 수학적 질서가 있음을 밝히는 것 이상을 한다고 믿는 우주론적 실재론자들(cosmological realists)이 아직도 있다. 그들에 의하면, 자연과학은 외부에 미리 존재하며 우리의 생각으로부터 독립된 어떤 세계질서를 복사하거나 추적한다는 것이다. 그러나, 철학 분야에서는 우리가 모든 논쟁이 다 끝나고, 모든 일이 전적으로 논쟁이 해결되기를 기다릴 수도 없고, 또한 기다리지도 않는다. 그래서 나는 오직 하나의 세계만이 존재한다는 것이 여러 면에서 이제 우리에게 명백해졌다는 것을 단지 주장할 따름이다. 모든 것은 내재적이며, 만물은 서로 연결되어 있고, 모든 것은 우연적이며, 그리고 만물은 어떤 식으로든 우리 인간을 통해서 전달된다(channelled).

이 마지막 요점, 곧 급진적 인본주의(radical humanism)는 우리의 언어가 어떻게, 그리고 왜 우리의 세계에 대한 최선의 이미지인가 하는 사실을 이해함으로써 가장 잘 파악된다. 나는 인간 게놈(genome)의 첫 번째 도면이 완성되었다는 것이 발표된 날에 지금 이 글을 쓰고 있다. 어떤 시사해설은 게놈이 이미 **정보로서**—실제로 우리에 의해 해독되고 읽혀지기를 원하는 하나의 **텍스트로서**—외부에 존재했었다는 것을 내포하고 있다. 그러나 그것은 사실이 아니었다. 사실은 오히려 전체 게놈에 대한 최초의 약간 거친 도면이 과학자들에 의해 **텍스트로서 발표**되어왔으며, 인터넷에 발표되었기 때문에, 이제는 일반적인 상식이 되었다. 실재론자들은 인간이 게놈을 풀어냈다고(decoded) 생각하지만, 그것이 아니다. 오히려 우리는 게놈을 하나의 암호들의 연쇄고리로 표시하면서 **코드화했다**(encoded).

바로 이런 방식으로 우리는 언어 사용에 의하여 우리의 세계를 우리의 것으로 삼으며 구조화하고, 우리의 세계, 곧 우리에게 알려진 세계(known world)로 만든다. 일상생활의 업무는 사실상 거의 전적으로 언어를 통해 상징적 의사소통의 매우 특수화된 형태들로 처리되며, 이처럼 언어를 주고받음이 날마다의 삶을 형성하고 유지하는 것이다. 우리의 다양한 지식 분야의 특수화된 어휘들이 계속 일상적 언어에 덧붙여지고, 필요할 때 사용된다.

이것은 급진적 인본주의가 뜻하는 것을 이해할 수 있게 해주며, 만물은 어떤 방식으로든 인간을 통해서 전달된다(channelled)는 주장을 이해할 수 있게 해준다. 우리는 우리 자신의 세계보다 더 큰,

다른 어떤 세계관에 대하여 아는 바가 없으며, 우리의 언어 외에 어떤 다른 매개체를 이용할 수도 없다. 인간중심주의(Anthropocentrism, 우리의 조그맣고 수다스런 자아를 만물의 중심에 두는 것을 의미한다)는 더 이상 주제넘어 보이지 않는다. 오히려, 우리는 다른 어떤 대안을 상상할 수 없기 때문에, 인간중심주의는 당연해 보인다. 우리는 우리를 통하여 이 세계가 세계로 되는 바로 그런 사람들이다. 즉 바로 우리의 언어 작용을 통하여 우리는 이 세계를 우리의 것으로 삼고, 우리의 것으로 만들며, 이 세계를 구조화하고, 선명하게 만들며, 이 세계를 우리들 공동의 공적인 세계, 알려진(known) 세계로서 만든다.1)

그렇다면 철학적으로, 이 세계가 인식되고 온전히 그 자체가 된 것은 바로 우리를 통해서다. 자연과학에 관해 놀라운 것은 우리가 이미 세계 구조 속에 주어진 다양한 정보들을 단순히 그럭저럭 복사했다는 것이 아니라, 오히려 우리를 통해, 우리의 소통적 행위들을 통해, 이 세계가 조직화되었고, 선명하게 되었으며, 세계로서 알려졌다는 사실 때문이다. 이 세계를 우리의 세계로 만듦으로써, 우리는 이 세계를 완성했는데, 이것은 모든 세계, 또한 모든 부속 세계(subworld)는 하나의 주체 혹은 주체들, 즉 그 세계가 누구의 것인지가 실제로 필요하다는 일반적 법칙을 암시한다. 영국에서는,

---

1) 급진적인 인본주의자의 관점을 잘 드러내는 이 매우 단순한 방식, 즉 모든 것은 우리를 통한다. 왜냐하면, 오직 우리들 안에서만 이 세계가 그 자체를 선명하고 완결되고, 알려진 세상으로서 의식하게 된다는 점은 종종 다른 비철학적인 과학자들에 의해서 지적되었다. 나는 이 요점을 1998년에 출판한 두 권의 존재에 관한 책, 곧 *The Religion of Being, The Revelation of Being*에서 약간 철학적으로 개진하려고 노력했다.

경마나 개 사육, 혹은 비둘기 장신구 등에 빠진 사람들의 공동체를 가리키는 말인 애호가들 집단(the fancy)이라는, 약간 고대적인 표현이 있다. 그 각각의 경우, 그 애호가들(fans)이 함께 지니고 있는 열심은 하나의 작은 세계를 만들고, 그 세계를 구조화하며, 자신들이 좋아하는 대상에 가치를 부여하는 등 여러 가지 일들이 벌어진다. 그처럼 우리 인간도 타고난 세계 건설자들(natural world builders)인데, 이것은 오래된 기독교의 믿음, 곧 그리스도는 하느님이 하신 말씀이자 또한 가장 보편적 인간(the universal Man)으로서 이 세계를 창조하는 데 하느님의 대리자였다는 믿음을 상기시켜준다. 그러므로 이 세계는 실제로 인간(a Man)을 통해 만들어진다. 여기서 또 다시 우리는 고대의 신학적 사상들을 우리가 실재론적으로 읽었을 때는 기괴한 것이었지만, 비실재론적인 방식으로 읽게 되면 갑자기 그 의미가 이해된다는 것을 경험한다. 참으로, 우리 인간이 이 세계를 만들어낸다는 것은 일리가 있다. 칸트는 그렇게 말한 최초의 근대 철학자였다. 그리고 이 세계는 창조자를 필요로 한다는 낡은 형이상학적 신념은 훨씬 현대적인 사상에 의해 바꾸어질 수 있다. 즉 이 세계는 일종의 환경 혹은 무대이며, 모든 세계는 하나의 세계가 되기 위하여 최소한 그 세계의 주인이 필요하다는 말이다.

세계, 언어, 인간 사이의 관계에 대한 이런 그림은 20세기의 두 철학적 거장들, 곧 비트겐슈타인(Wittgenstein)과 하이데거(Heidegger)의 작업에서, 또 그들의 작업에 의해 분명하게 떠오른다. 그 그림으로부터 우리는 오직 하나의 큰 세계, 곧 우리가 알고 있는 이 세계만 존재한다는 것뿐만 아니라, 만물이 어떤 식으로든 우리를 통하여 전달된다는 말의 뜻을 알게 된다. 우리는 이 세계의 한 부분(the bit)으로서 그 부분 안에서 세계가 그 자체를 인식하게 된다. 우리의 언어와 우리의 세계가 우리에게 잠겨있는(locked) 만큼 우리도 우리의 언어와 세계에 잠겨있다. "만물은 내재되어 있으며, 상호 연결되어 있으며, 우연적이다" 라고 위에서 말했지만, 나는 여기에 "우리를 포함하여" 라는 말을 덧붙인다. 신비롭게도, 우리 자신들은 이 모든 것, 즉 그 자체를 이 모든 것으로서, 우리 안에서만, 우리의 언어를 통해 의식하게 되는 이 모든 것의 부분들이다. 나는 이 마지막 문장을 쓰면서, 우리가 상당히 불교적인 방식으로, 겉으로 반대인 것처럼 보이는 한 쌍을 서로 맞부딪쳤기 때문에, 나는 철학적 현기증을 느낀다. 만물은 전적으로 이 세계의 것이며, 지금 여기에 속해 있다. 또한 만물은 최종적이다. 만물은 지나가며, 지나감 속에 있는 만물은 최종적으로 사라진다. 만물은 우연(chance)이며, 모든 우연은 어느덧 지나가는 마지막 기회(chance)다.

이처럼 흘러가는 순간은 또한 종교적으로 최종적인 지금 순간(Now Moment)이라는 것은 종교의 역사에서 잘 알려진 주제로서, 아마도 용수(Nagarjuna)로부터 도겐(Dogen)에 이르는 불교 저술 속에 많이 등장하여 가장 잘 알려졌으며, 또 서구에서는 예수로부터 에크하르트(Eckhart)와 블레이크(Blake)를 통해 잘 알려진 주제이다. 성서와 키에르케고르에게는, 지금 순간이 무엇보다도 선택과 결단의 순간이다. "만일 야훼를 섬기고 싶지 않거든, 누구를 섬길 것인지 여러분이 오늘 택하시오... 지금이 바로 그 자비의 때이며 오늘이 바로 구원의 날입니다." [2] 이 주제는 익숙하고, 진부하기까지 하다. 그러나 이 말이 지금 훨씬 큰 힘으로 우리에게 다가오는 것은 우리들 자신이 삶의 목표(혹은, 삶의 '의미'라고 말하는 것)를 이 세계 너머의 또 다른 더 나은 세계에 두려는 모든 생각을 이제는 버릴 수밖에 없게 되었다는 사실을 마침내 스스로 받아들이기 때문이다. 우리의 세계는 참으로 바깥이 없다. 죽음 후에는 아무것도 없으며, 저 위에나 저 미래에도 아무것도 없다. 즉 만물을 한데 모아 그 모든 것을 의미 있게 하는 그 어떤 것이란 저 위에나 저 미래에도 없다. 어떠한 내재적 목표도 우리를 미래의 만물의 완성에로 데려가지 않는다. 그런 경우, 니체가 명료하게 알았듯이, 우리는 지금, 곧 현재의 시간 외에 어디에도 살지 않는다는 것을 깨닫고 확증해야만 한다. 오래 전 스승들은 지금 순간(Now-Moment)에 호소함으로써 결정을 내릴 시간, 혹은 열반(Nirvana)을 경험할 시간을 놓치지 않고 선택하도록 했다. 교사가 불러일으킬 수 있는 다른 보다 더 점진적인 길들도 있었다. 그러나 지금은 없다. 우리는 우리의 이 마지막 시간에, 문자 그대로 기진맥진해 있으며, 지금보다 더 그 진리를 잘 이해하고 붙잡을 수는 결코 없을 것이다.

  따라서 우리는 하느님 나라 신학과 태양같은 삶(solar living)에로 전환해야 한다. 우리는 교회의 낡은 장기주의(longtermism)—이것은 그 자체의 시대에, 그 자체의 언어에 의해서조차도 비판을 받았다—를 포기하고, 그 대신 우리가 할 수 있는 한 열정적으로, 우리의 삶의 덧없음 속에서 우리의 삶에 투신함으로써, 그 각각의 순간을 가장 고귀한 순간으로 만들어야만 한다.

---

2) 여호수아 24:15 고린도후서 6:2.

시인 로버트 그레이브스(Robert Graves)는 그의 긴 노년 시절에, 우리의 삶을 포도송이와 비교하곤 했다. 우리는 포도나무에 버팀목을 세워줌으로써 포도송이가 아래로 매달리게 한다. 그리고는 위에서부터 아래로 포도를 먹는다. 따라서 "다음 번에 먹게 되는 것은 남아 있는 것 중의 최선이다." 이것은 이교도적인, 심미적인 표현 방식이다. 예수를 따라서, 나는 태양같은 삶이 그 똑같은 이미지를 윤리적으로 읽는 방식이라 주장해왔다. 당신에게는 단지 제한된 수량만이 남아 있으며, 지금 이 순간보다 더 좋은 기회는 결코 오지 않을 것이기 때문에, 절대로 질질 끌지 마라. 현재를 충만하게 살라. 당신이 가진 모든 것을 현재에 쏟아 부어라.

필연적으로, 어떤 이들은 나의 불신앙은 보통 사람들의 신앙보다 더 종교적으로 들린다고 말할 것이다. 그러나 그것은 내가 탈출하고자 하는 진흙탕이다. 물론, 교조적 믿음의 상실, 즉 교회의 집행유예의 종말은 종교를 다시 살아나게 만든다. 당신은 이제는 그것을 틀림없이 알아차렸을 것이다. 즉, 교회 종교는 우리에게 집행유예와 그 중간기(interim)의 교조적 믿음을 제공했는데, 참된 종교로서 그것들을 제공한 것이 아니라, 단지 그 참된 종교의 대용물(substitute)로서 제공했던 것이다. 이제 그 대용물은 더 이상 효력이 없으며, 우리는 스스로 참된 것을 발견해야만 할 의무를 깨닫게 된다.

17

완전한 사회에 대한 꿈

 기원전 387년 혹은 그 직후에, 플라톤은 아테네 교외에, 아카데무스인들에게 신성하게 여겨지는 무덤 가까이에 학교 하나를 설립했다. 소위 '아카데미'라 불린 이 학교는 8세기 동안 플라톤 전통의 하나의 가시적 중심이자 상징으로 남아 있다가 마침내 529년에 유스티니아누스 황제가 폐쇄시켜버렸다.
 그것이 존속되는 동안, 아카데미는 플라톤주의의 일종의 '교회'(church)로서의 역할을 감당했으며, 플로티누스(Plotinus), 포르피리(Porphyry), 프로클루스(Proclus) 등 아카데미의 많은 학장들은 당대에 중요한 인물들이었다. 바로 그들이 플라톤 자신의 철학을 네오플라토니즘(neoplatonism)으로 발전시켰던 것인데, 이것은 후기 로마제국의 문화적 상황에 순응시킨 교리체계였다. 왜냐하면 교회가 있으면, 그 교회는 시대에 맞추어야 하기 때문이다.
 아카데미가 폐쇄되었을 때, 플라톤주의는 더 이상 그것을 가르쳤던 교회에 의해 대변되지 못하였으며, 아카데미의 당시 학장이 플라톤주의의 '교황' 역할을 하는 것도 없어지게 되었다. 그러나 물론 플라톤주의는 죽지 않았다. 플라톤주의는 오늘날까지 번창하고 있는데, 당대의 공식적 해석을 내놓는 '교황'이 없을 때에, 플라톤 자신의 저술들의 미묘한 변증법을 더욱 잘 이해할 수 있기 때문은 아니다. 플라톤주의는 교회 없이도 잘 지내고 있는 것이다.

비슷한 것들이 불교에도 적용된다. 불교는 비조직적이고, 다원적인 것처럼 보인다. 그것은 지역적 전통과 종파들과 때때로 탁월한 개인들로 짜여진 매우 거대하고 느슨한 가족이다. 불교는 유연해서, 자체를 쉽사리 다른 문화적 환경에 적응시킨다. 그리고 그 결과로 근대서구에서 불교는 스며드는 기름과 같다. 그것은 우리의 사고를 느슨하게 풀어주고, 애쓰지 않도록 해주면서 어디든 스며든다. 불교는 조직적이지 않은 것이 하나의 큰 장점이다.

그러면 기독교는 어떠한가? 15세기 무렵까지는 기독교라는 단어가 거의 사용되지 않았다. 단지 교회만이 있었는데, 교회는 매우 발달된 이념과 법률 체계를 가지고 있는, 무한히 강력한 조직이었다. 신학은 교회의 신학을 명료하게 만들고, 교회 구성원들에게 요구되는 것과 약속되는 바를 상세히 설명하고, 무엇보다도 교회와 비기독교인들과의 관계를 정의하는 등의 다양한 일들을 했다. 유대인들이나 이슬람교도들처럼 기독교인들에게도, 거룩한 사람들과 주변의 이방인, 곧 불신자들 사이의 구분은 근본적인 것이다. 근대 서구의 대부분의 사람들은 많은 이슬람교도나 유대인들 혹은 특정 정통파 혹은 복음주의적 기독교인들이 자신들의 행운에 대해, 그리고 특별히 불행에 대해 어느 정도로까지 말하고 싶어하는지를 알아차렸을 것이다. 자기 자신의 민족적 차별성에 사로잡힌 사람들을 가리키는 민족중심적(ethnocentric)이란 말이 있다. 그러나 우리는 자신들의 삶의 태도나 타인들에 대한 태도가 신앙적 충성에 의해 좌우되는 사람들을 뜻하는 말을 가지지 못한 것 같다. 신앙중심적(fideicentric)이라고 해야 할까? 그 같은 사람들이 묻는 첫 번째 질문은 언제나 "당신은 우리들 중의 하나인가, 아니면 외부인, 따라서 우리를 위협할 수 있는 자인가?" 이다. 그들에게는 모든 시간이 전시(戰時)이며, 상대방이 적군인지 우군인지를 즉각 알아야만 한다. 특별하게 발달된 안테나는 그들의 질문에 맞는 답을 매우 빠르게 알아채도록 만들며, 당신을 향한 그들의 모든 이어지는 행동들은 그 답에 의해 지배된다.

교회 기독교는 물론 그와 같아지는 경향이 있다. 그러나 하느님 나라 기독교는 그렇지 않다. 교회 기독교는 곧 교회이며, 이것은 교회의 모든 구성원들 속에 이원론적 이데올로기(a dualistic ideology)를 심어준다. 즉 실재의 모든 영역을 하느님의 도성(교회)과 사람의 도성(세속사회), 신앙인과 이교도, 구원된 자와 타락한자, 은총과 자연, 하느님과 사탄 등으로 나누는 것이다. 그 신학 전체는 거대한 하느님의 군대가 현재 세계의 잠재적으로 적대적인 영역을 통과하여 행진할 때, 흩어지지 않고 당당하게 행진할 수 있도록 하기 위해 설계되었다. 그러나 하느님 나라의 시대에는, 더 이상 거룩한 것과 세속적 영역 사이의 분명하고 첨예한 구분이 없으며, 낡아빠진 맹렬하게 이중적이고 참으로 적대적인 사고 방식은 더 이상 결코 적합해 보이지 않는다. 세속적 생활과 지식의 전체 세계는 거대하게 확장되었고 다양해졌으며 재평가되어 왔으며, 거룩한 것들은 이제 그 안에 두루 흩어져 있다.[1] 그 결과 우리는 교회의 전통적인 이원론적 세계관과 신학이 더 이상 적합하지 않기 때문에, 교회가 그 사회 안에서 불편해진 시대에 살고 있는 것이다. 세속사회 속에서 기독교는 아직도 예술, 도덕성, 정치역학 등에서 아직도 그 새로운 표현들을 발전시키고 찾아내고 있는 하나의 광범위한 문화적 영향력이 된 것처럼 보인다. 그러나 교회는 불행하게도 유용하게 말할 것이 없는 왜곡된 시간 속에 갇혀 있다. 너무나도 자주, 교회는 그 주변 세계에 대해 (너무 지나치게) 인정하지 않는 반대자들과 조롱자들로 구성되어 있다는 인상을 준다. 기독교는 아직도 매우 행복하게 비가시적으로 어디든 존재하는 도덕적 및 상상적 영향력으로서 기능하는 것처럼 보이지만, 그러나 그 눈에 보이는 조직된 형태는 이제 필요가 없다. 우리는 더 이상 교회와 세계, 거룩함과 속됨 같은 것들 사이의 오래되고 날카로운 대조는 소용이 없다.

이제 고려해야 할 가설은 이것이다. 즉 이제 시작된 하느님 나라 시대에는 기독교가 더 이상 여타의 문화에 대항하는 구별된 제도로서 구체화될 필요가 없다는 가설이다. '플라톤주의'나 '불교'처럼 이제 기독교는 문화 생활의 일반적 흐름 내에 있는 일종의 어디든 존재하는 존재나 영향력으로서 그 과제를 더 잘 수행해낼 수 있어 보인다. 그러나 교회는 오랫동안 너무 많은 사람들에게 너무 많은 것을 의미해왔기 때문에, 이 주장은 많은 이들을 놀라게 할 것이라

---

[1] 이 주제에 관하여는 나의 책 *Kingdom Come*을 보라. 종교는 교회중심적으로 집중된 형태보다 곳곳으로 나누어 흩어진 형태 속에서 더 힘이 있고 흥미가 있다.

는 사실도 즉각 인정해야만 한다. 교회는 유효한 천국 입장권(valid passports to heaven)을 발행할 능력이 있다고 주장한다. 교회는 하느님이 만든 제도이며 하느님이 보장하는 사회로서, 사람들은 그들의 지성과 양심까지를 포함하여 그들의 삶 전체를 교회에 아낌없이 헌신할 수 있고, 또 그래야만 하는 것으로 존재해왔거나 알려져왔다. 교회의 가르침은 단순하게 순종해야만 하는 것이다. 조만간 다른 사회들은 당신을 실망시킬 것이지만, 거룩한 어머니인 교회는 끊임없이 인내하며, 결코 당신을 버리지 않을 것이라는 식이다.

여기서 그 요점을 힘있게 도출해내는 것은 어렵지만, 만일 당신이 그동안 감정적으로 완전한 사회, 곧 그 거대한 질문들에 관한 모든 대답을 가지고 있으며, 참으로 당신에게 절대적 안전보장을 약속할 자격이 있는 완전한 사회에 관한 이념에 계속 사로잡혀 왔다면, 당신은 고통 없이는 포기할 수 없는 생각에 영향을 받아온 것이다. 그것은 명백하다. 1830년대 이래로 계속된 세대 속에서, 많은 수의 생각하는 사람들은 '자신들의 신앙을 잃어버리는' 것을 깨닫게되었으며, 외관상 교회와 결별할 수밖에 없게 된 것처럼 보였다. 그들 대부분은 그런 결별이 극도로 고통스러운 것임을 깨달았으며, 그것은 그들에게 하나의 딜레마를 안겨주었다. 그들은 언젠가 비트겐슈타인이 콘 듀러리(Con Drury)에게 설명했던 입장에 대해 어떤 다른 대안을 찾지 못할 것 같다. 그 입장이란 곧 "우리는 어떤 교회에 소속해 있다는 위로 없이 살아야만 한다"는 것이다. 그렇지 않으면, 그들은 고집스럽게 그들이 아낌없이 자신들을 헌신할 수 있으며 그 안에서 절대적 안전을 찾을 수 있는 완전한 사회에 대한 꿈이나 위대하고 좋은 명분에 매달려야 하며, 그 꿈의 실현을 교회 밖의 다른 곳에서 찾아야 할지도 모른다.

만족할만한 교회의 대체물을 발견하려는 욕망은 이제까지 매우 강력했다. 그 욕망은 전형적으로 다양한 형태의 정치적 메시아주의 속에서 표현되어졌는데, 그 동안의 정치적 메시아주의 형태 가운데 가장 중요한 것은 아마도 '아메리카'라는 이념일 것이다. 아메리카는 새로운 세계(New World)의 꿈으로서, 교회 기독교의 잔인성으로부터 피난 온 사람들이 참으로 자유로운 기독교 사회를 건설할 수 있다고 희망할 수 있었고, 이 땅 위에 하느님 나라를 건설하는 위대한 과제를 착수할 수 있었던 하나의 오염되지 않은 땅에 대한 꿈이었다.

논쟁의 여지가 있지만, '아메리카'와 하느님 나라 기독교는 하나였으며, 같은 것이었다는 것은 왜 미국의 국민들이 지금까지도 자기네 나라에 대해 특이하게 강력한 믿음 (그리고 어떤 식으로는 정당화된 믿음)을 가지고 있는가를 설명해준다. 그러나 오해를 피하기 위해, 나는 근대 미국에 확립되어 있는 교회 기독교의 상당히 평범한 모습을 찬양하는 것이 아님을 강조해야만 하겠다. 내가 찬양하는 것, 그리고 하느님 나라 기독교라고 서술하는 것은 미국의 세속적 전통이며, 교회와 국가의 분리, 종교적 자유에 대한 신념, 그리고 아메리칸 드림의 보다 오래된 형태이다. 그러므로 우리는 미국의 청교도주의나 경건주의에 관해 말하는 것이 아니며, 다른 나라들처럼 그 국제관계에 있어 하나의 합리적 이기주의자로서 행동하는 강한 나라로서의 미국에 대해 말하고 있는 것도 아니다. 우리는 '아메리카'의 꿈, 즉 탈교회적(post-ecclesiastical)일 뿐 아니라 '오순절적'이고 탈민족주의적인(post-national) 등대(燈臺)의 나라, 자유의 이념 위에 건설된 새로운 사회에 대해서 말하는 것이다.

아메리카는 결코 그 안에서 우리가 고대의 종말론적 대망들의 탈종교적(post-religious) 성취를 발견하려 할 수 있는 탈교회적 '꿈'의 사회의 유일한 예는 아니다. 우리에게 먼저 떠오르는 두 나라는 러시아와 이스라엘인데, 둘 다 양면적이며 심지어 비극적이기까지 하다.

러시아는 여러 가지 특이한 메시아주의 파도들을 겪었다. 짜아르주의자(Tsarist), 범슬라브주의자(Panslavist), 그리고 마르크스-레닌주의자(Marxist-Leninist) 등이 그것이다. 러시아는 신성 러시아며, 모스크바는 제3의 로마다. 러시아의 제국주의적이며 교회적 메시아주의는 전적으로 두 번째 천년기(1000-1999년 - 역주)에 만들어진 것으로서, 고작 1589년부터 시작된 모스크바의 총대주교(Patriarchate), 그리고 유효했던 황제 교황주의(Casearopapism)는 피터 대제(Peter the Great, 1676-1725)의 통치 때부터였다. 19세기에는 러시아의 메시아주의, 러시아의 교회, 영혼, 고난은 범슬라브주의와 더불어 번창했으며, 동시에 칼 마르크스의 철저하게 세속화된 메시아주의 역시 그 자체가 느껴지도록 시작되었다. 20세기 소비에트 시대에는, 공산당이 고대 러시아 제국 안에서 계획된 유토피아를 창조하려고 시도했던 것은 예수회가 파라과이에서의 시도했던 유토피아적 '축소판'과 비교될 뿐 아니라, 베네딕토 수도회가 서부 유럽의 농민들을 조직화했던 방식과도 비교되었다. 1960년대와 70년대 초강대국들이 대결하던 절정기에, 미국과 러시아는 모두 다 나름대로 자기들 스스로가 등대(燈臺)의 나라(lux gentium), 인류의 최후 희망이라고 선언할 수가 있었다. 또한 그 두 나라 모두 그들의 감명을 불러일으키는 희망이 하느님 나라 기독교의 한 형태라고 주장할 수 있었다.

그러나 오늘날 러시아는 술과 절망 속에 죽어 가는 나라로서, 엄청난 재앙에 시달리고 있다. 러시아에서 통치자들은 자유를 최우선으로 삼지 않았다. 즉 그 유토피아적 꿈은 항상 '강력한 리더십,' 즉 무력에 의해 실현되어야만 했다.

한편 이스라엘은 고대 종교적 희망이 역설적이며 탈종교적으로 실현된 것을 보게되는 또 다른 메시아적 '꿈' 의 나라이다. 많은 유대인들에게 유대인 대학살(Holocaust)은 대규모 종교적 재난으로서 유대인의 하느님에 대한 오래된 형태의 실재론적 믿음이 더 이상 불가능하도록 만들었다. 따라서 1948년의 이스라엘 국가의 독립선언은 이스라엘의 회복이라는 고대의 희망이 하느님에 의해 성취된 것으로는 읽혀질 수가 없었다. 그러나 오랜 종교적 전통을 알고 사랑했던 세속적 유대인들은 현대 이스라엘 속에서 그 오랜 종교적 희망이 진정으로 기쁘게 세속적으로 성취된 것으로 이해할 수 있었다. 그러나 이것보다 그 역설은 훨씬 더 깊은데, 그 이유는 고대의 종교적 희망이 항상 이스라엘과 비유대인 이웃 나라들 사이의 화해였기 때문이다.2) 이 화해는 오늘날 오직 자유주의적이며 세속적인 이스라엘인들만이 추구하려는 화해이다. 극단적인 정통주의자들은 유대인과 비유대인 사이의 분리를 유지하기를 원하고, 평화를 위

---

2) 예를 들어, 스가랴 8:22 이하.

해 땅을 양도하기를 거부한다. 이처럼 고대 이스라엘의 종말론적 희망은 오늘날 세속적 전통에 의해서만 성취될 수 있으며, 종교적 전통에 의해서는 성취되지 못할 것이다. 우리가 사는 시대는 세속화된 종교적 세계관이 과거의 '교회' 종교의 유일한 **합법적** 계승자로 보이는 시대이다.

18

허무주의와 인도주의

우리가 보아왔듯이, 교회 종교는 항상 실재론적이며 우주론적으로 되려 한다. 즉 그것은 하나의 정교하게 구조화된 신성한 우주를 만들어내기를 좋아한다. 그와는 대조적으로, 하느님 나라 종교의 설교자들은 신성한 우주를 해체하려 하고, 허무주의의 도래에 대해 우리를 준비시키는데, 그 허무주의는 우리가 종교적 기쁨을 가지고 끌어안아야 할 것이다. 이제 나는 어떻게 그리고 왜 허무주의가 그처럼 가치 있는 도덕적 및 종교적 정화(淨化)인지를 좀 더 설명할 필요가 있다.

전통적 문화들에서는 매우 공통적으로 이 세계가 일련의 차별이나 분별의 행위들에 의해 창조된 것으로서 생각되어 왔다. 차별과 분별이라는 두 개의 단어는 모두 그 어원이 라틴어 동사 케네레(cernere), 곧 분리하다는 뜻에서 비롯된 말인데, 이 단어는 특히 밀을 겨로부터, 그리고 일반적으로 좋은 것을 쓰레기 같은 것들로부터 분리해내는 체질(체로 거르는 것)과 연관성을 갖고 단어이다. 차별 혹은 분별에는 분명히 평가가 개입하는데, 그 이유는 그것이 경험의 끊임없는 흐름을 단순히 동등하거나 비슷한 두 개의 구역으로 나누는 것이 아니기 때문이다. 반대로, 그것은 두 개의 뚜렷이 다른 사물들이나 원리들, 혹은 지역들이 나타나도록 세계를 구조화하는(structure) 것 같아 보인다. 즉 그 둘 하나는 우선적이고 기초가 되며 규범적이고 투명한 것이며, 다른 하나는 이차적이고 어두우며 덜 안정적인 부분, 혹은 '타자'(Other)이다. 그 둘은 이처럼 대칭적이며 상호보완적인 쌍(pair)을 이룬다. 신화에 나오는 이런 친숙한 사례들은 빛과 어둠으로 시작하는데, 이들은 보통 밀접하게 연결된 쌍들과 연결되어 있다. 즉 자고 깨기, 의식과 무의식, 낮과 밤, 해와 달 등이 그것이다. 보편적으로 익숙한 창세기 이야기 속에서, 우리는 하늘과 땅, 바다와 육지, 동물과 식물, 남자와 여자에 대해 듣는다.

남성과 여성의 구분에 관한 언급은 다음과 같은 질문을 묻게 만든다: "과거에 사람들이—그리고 우리들 자신이 유년기에—성적인 차이를 인지하고 내면화했던 방식은 결과적으로 이 세계에 대한 우리의 전체적 구성 모델 혹은 주형(鑄型)으로 작용한다는 것이 진실인가?" 이 가설에 대한 뒷받침은 다신론의 계보(系譜)에서 찾아볼 수 있는데, 거기서는 우주론적 쌍들(cosmological pairs)이 한 분 하느님의 창조적인 말씀의 구별된 발언들에 의해 만들어진 것이 아니라, 그 우주론적 쌍들 자체가 신들의 쌍(pairs of divinities)으로서, 그들 각각은 그 조상에 의해 태어났으며, 그들은 다시 자신들의 계승자를 낳는다. 이런 경우 여타 만물을 출생시키는 것은 참으로 성적인 차이다.

그러나 우리는 몇몇 사람들에 의해 도출된 결론에 조심해야 하는데, 이 결론에 의하면, 모든 전통적인 상징적 사고방식과 전통적인 세계의 구성 전부가 성차별주의(sexism)를 적용한 것에 지나지 않는다는 것이다. 그러나 좀 어색한 예외들도 많이 있는데, 고대 이집트에서는 하늘이 여성 신 누트(Nut)이고, 땅은 남성 신 겝(Geb)이었다. 대부분의 사람들에게 이런 뒤바뀜은 분명히 매우 끔찍하게 잘못된 것처럼 보일 것이다. 이집트 미술에서 겝(Geb)이 누워서 하늘을 관통시키려고 어색하게 하늘을 껴안으려는 모습은 잘못된 것처럼 보인다. 또한 분명히 가부장적이었을 것으로 믿어지는 독일어에서 태양이 여성 명사(Sonne)라는 것도 매우 잘못된 것이 아닐까? 이밖에도 보기에 일관적이지 않은 다른 많은 것들이 있다. 예를 들어, 영국 문화에서는 여성을 남성보다 변덕스럽게 묘사하는 전통과, 여성을 남성보다 더 덕이 있고 신실하게 묘사하는 전통이 행복하게 공존하고 있다. 우리는 어떤 상투적 표현이든 어느 한 순간 우리에게 적합한 것을 갖다 붙이는 것을 꽤 좋아하는 것 같다.

그렇다면 아마도 우리는 그 가설을 바꾸어, 그 대신 사람들은 어디서나 대칭적인 이중 구조에 의해 그들의 세계를 생각하고 구성하려는 경향이 있으며, 이런 경향을 남성-여성에 적용하고 그밖에 다른 모든 것에도 적용한다고 생각할 수도 있을 것이다. 그 이유는 아마도 (매우 폭넓은 의미에서) 윤리적인 것일 것이다. 어디서든지 언어는 조언하거나 충고할 때 사용된다. 즉, 사람들에게 어디로 돌아가면 모든 것을 알 수 있다든지, 어디로 가야 한다든지, 무엇을 좋아한다든지 하는 식이다. 이것을 취하고 저것은 버려라. 항상 생명의 길과 죽음의 길, 올바른 길과 그릇된 길, 알곡과 가라지, 승자와 패자가 있다. 언어는 잔인하다. 즉 2등을 한 주자는 패자이며, 하느님이 '싫어하는' 자이다. "에서는 야곱의 형제가 아닌가? 그러나 나는 야곱은 사랑하고 에서는 미워했노라" 하고 하느님은 말한다.1) 그러나 이것이 바로 당연히 그래야만 했던 일이다. 그래서 전통적 사회에서는 대칭적인 두 가지가 대조된다는 관점에서 생각하며, 이것은 또한 전통적 가치를 창조하고 확인하는 세계관을 만들어낸다.

이제 우리에게는 두 가지 가능성이 있다. 즉 성적인 관계(sexual relationship)를 원래의 불평등하고 대칭적인 둘이 서로 반대를 이루는 구조—끊임없이 바뀌고 재생되는—로서, 모든 문화와 세계관을 구성하는 기본적인 요소가 된 것으로 생각할 수 있다. 아니면, 만일 이 세계가 원래 단지 하나의 특색 없는 흐름이었다면, 단순히 그 세계를 가로질러 거대한 선을 긋는다고 해서 그 자체로서는 아무것도 창조할 수 없다고 말할 수 있다. 즉 선을 긋는 것은 우선순위의 차별성이나, 권력, 좌와 우 사이의 가치의 차별성을 도입하는 것이다. 즉 그 선의 이쪽 편에 있는 것과 저쪽 편에 있는 것 사이의 차별성을 드러내는 것이다. 이처럼 하나의 우주는 불평등한 대칭적 둘이 서로 반대를 이루는 구조를 확립하지 않고서는 창조될 수 없다.2) 세계가 있기 위해서는, 차별이 있어야만 하며, 이는 경직된 의미에

---

1) 말라기 1장 2-3절.
2) 초기 데리다(Derrida)와 창세기의 창조신화의 관계에 대해서는 Eve Tavor Bannett의 *Structuralism*, 제4장을 보라.

서의 차별을 의미한다. 즉 항상 패배자, 곧 2등이 있어야만 한다. 그러한 순서매기기와 편애가 없이는, 세계는 전혀 존재하지 않을 것이다. 카오스(Chaos)에 구조를 부여하기 위해서는, 반드시 불평등이 강요되어야 한다. 불평등이 없으면, 현실이란 없다.3)

이 이론들 가운데 첫째에 따르면, 성차별주의가 원흉처럼 보이며, 따라서 만일 우리가 성차별을 하지 않는 인간 심리를 만들어낼 수 있다면, 성차별 없는 우주를 만들어 낼 수 있을 것 같아 보인다. 그러나 두 번째 관점에 따르면, 불평등, 대칭, 차이(혹은 차별)는 모든 질서화된 세계의 불가피한 특징이다. 그것들이 언어에서 그러하듯이 말이다. 그렇다면, 의미 그 자체는 항상 무언가(A)를 우선시하고, 바로 그 뒤에 존재하는 그 타자(B)로부터 그것(A)을 차별화함으로써 생성되는 것이 아닌가? 또한 모든 단어들은 그 그림자같은 반대말, 환유어, 관련어, 상당어들이 수반되는 것으로서, 우리는 항상 앞/뒤, 위/아래, 좌/우, 주고/받기, 안/밖, 전/후, 삶/죽음을 생각할 수 있는 것이 아닌가? 아마도 우리 몸의 이원적 대칭구조—그리고 몸의 약간씩 비대칭 구조 역시—는 우리로 하여금 처음으로 이런 방식으로 생각하도록 만든 것일 것이다.

만일 이처럼 두 개를 한 쌍으로 생각하는 사고가 신화들이나 우주론들에 퍼져 있는 특징이라면, 그것은 그 이후의 철학적 및 종교적 사고에서도 매우 큰 역할을 했다는 것에 주목해야만 한다. 플라톤은 이 일에 몰두하여, 그는 "질료와 형상은 존재의 어머니와 아버지다"라고 선언하지 않겠는가? 플라톤 자신이 무척이나 이원론

---

3) 나의 책 *Kingdom Come*의 부록 2. 'Inequality'를 보라.

적이기 때문에, 전체 서구 철학 전통은 지금까지 그렇게 남아 있다. 우리는 아직도 그의 이원론적 용어들, 곧 시간과 영원, 형상과 질료, 존재와 과정, 외관과 실재 등을 사용하고 있다. 이와 비슷하게 종교 전통에서도, 항상 신성한 것과 속된 것, 거룩한 사람들과 보통 사람들, 정결한 것과 불결한 것, 신적인 것과 인간적인 것, 거룩한 하느님과 죄 많은 인간, 은총과 자연, 구원과 저주, 천국과 지옥 등의 첨예한 대조에 의해 사상이 형성되어 왔다.

이것이 종교사상 안에서 작용하는 방식은 엘리자베드 여왕 시대의 개혁교회(칼빈주의) 문필가 윌리엄 퍼킨스(william Perkins, 1558-1602)에 의해서 깔끔하게 예시되었다. <황금 사슬, 혹은 신학에 관한 서술>(*A Golden Chain, or the Description of Theology*, 1590) 이란 책에서, 퍼킨스는 전체 구원계획을 큰 도표로 그렸는데, 그 도표에서 모든 우주의 역사는 두 개로 이루어진 쌍들의 춤으로 나타났다.[4] 그 구원의 큰 이야기(Grand Narrative)는 하느님의 오른손의 선택과 왼손의 배척이라는 영원한 칙령으로 시작되어, 천국과 지옥의 봉인으로 끝난다. 그 이야기의 시작과 끝 사이에서 모든 것은 흑과 백으로서, 하느님의 힘에 의해 엄격히 통제되며, 서로 반대되는 원리들이 대조를 이루고 서로에 맞서 결전을 치르는 명료함이 드러난다. 당신은 하느님이 거대한 차별자(the Great Discriminator)로서, 종말에 모든 것들이 순백이나 흑암의 존재로 드러나도록 분명하게 만드는 분이라고 말할지도 모른다. 처음에 선포되었듯이, 만물은 하느님의 오른손이나 왼손에서 끝맺게 된다.

---

[4] John R. Hinnells가 편집한 *A Handbook of Living Religion*, pp. 76에 재인쇄됨.

지금까지 이 논의의 목적은, 서구 전통 안에서 우리가 실재를 이해할 때 어느 정도까지 구분과 차별, 분별행위에 의해서 만들어진 것으로 보아왔는지를 기억하기 위한 것이었다. 원초적 카오스를 가로질러 거대한 선들이 그어졌으며, 각각의 선은 빛과 어둠같은 상호보완적인 불평등한 짝을 생겨나게 했다. 그런 분리와 차별행위에 의해서 언어적 의미의 세계가 생성되었고, 가치와 무가치가 만들어졌고, 우주는 질서화되었으며, 역사는 그 발동이 걸렸다.

그러므로 플라톤 이래로 서양 철학의 주요 전통과, 최소한 유대 묵시문학 이후의 신학적 주요 전통은 둘 모두 실재론과 차별주의에 확고하게 바쳐졌다. 그래서 우리도 매우 불평등한 세계상에 헌신해왔는데, 그것은 윤리적/존재론적 저울들이 수없이 많이 내장되어 있는 불평등한 세계상이다. 실재론의 원인과 차별—하느님의 부정적 차별, 곧 그의 왼손에서 끝나는 존재들에 대한 거부를 포함하여—의 원인을 주목해 보라. 그 두 가지 원인은 하나이며 똑같은 것이다. 왜냐하면 실재를 만들어내는 것은 차별 자체이기 때문이다. 창조자와 심판자는 하나의 동일한 분이다.

이제 나는 그동안 많이 논의되었던 존 밀뱅크(John Milbank)의 저작들 속에서, 왜 '신학'(theology)과 '허무주의'(nihilism)가 그 자체로서 두 개의 정반대되는 한 쌍으로 설정되었는지를 이해하게 되었다.5) 그에게나 이슬람교도에게나, 가장 위대한 선택은 신학적 실재론과 세속적 허무주의 사이의 선택이다. 밀뱅크는 대략 쉘링과 헤겔 이래로, 서구사상은 점차 플라톤으로부터 멀어졌으며, 플라

---

5) John Milbank의 *Theology and Social Theory* 등.

톤이 주입해놓은 거대한 이원론적 반대구조를 초월하거나, 폐지, 혹은 '해체'를 시도해왔다는 점을 지적한다. 그 결과 밀뱅크는 말하기를, 서구 철학과 세속 문화는 매우 성공적으로 허무주의를 향해 달려왔다는 것이다. 그러나 밀뱅크 자신의 사상 구조에서 허무주의는 매우 나쁜 것으로 간주된다. 오직 신학(그리고 절충주의적인 가톨릭화된 신칼빈주의)만이 우리를 거기서 구원할 수 있다. 좀 더 솔직히 말하면, 오직 하느님만이 서구 사상이 도달하게 된 허무(the Nihil)를 정복할 수 있다. 하느님은 말한다. "빛이 있으라"(Fiat Lux). 그리고 하느님은 그 오래된 차별들을 다시 회복시킬 것이고, 그 좋았던 옛날을 다시 가져올 것이라는 주장이다.

그러나, 밀뱅크가 우리의 현재 종교적 및 문화적 상황을 묘사한 것에 대한 진지한 반대가 있다. 결과적으로 밀뱅크는 신학의 대의를 복합적인 차별행위에 의해 생겨난 매우 차별화된 신성한 우주론의 대의와 동일시했다. 그와 그의 동맹자들에게는 기독교가 중세시대에 전성기를 누렸다. 그러나 우리는 더 이상 그런 형태의 사회에 살지 않는다. 오늘날 우리의 세계는 자연과학에 의해 그려진 세계이며, 종교적 과거로부터 물려받은 다양하게 남아 있는 부정적 차별 형태들에 대항하여 우리는 도덕적 전쟁을 맹렬하게 싸우고 있다. 우리의 윤리적 인도주의는 엄청나게 허무주의적이다. 즉 사람들은 단순히 꾸밈없는 공동 인간성(co-humanity)에 근거해서, 인종, 피부색, 교리, 성, 성적 취향, 교리적 건전성, 그리고 도덕적 공적과 관계없이 다른 이들을 향해 도움을 준다.6) 철저한 반(反)차별,

---

6) 인도주의에 관하여는 예를 들어, 나의 책 *Kingdom Come*, 제7장, 그리고 곧 출간

곧 허무주의는 '정치적 정당성'이며, 우리의 종교적 휴머니즘이라는 상표를 매우 고상하고 아름답게 만드는 것이다. 우리는 매우 의식적으로 차별하지 않는다. 즉, 우리는 사람들을 보살피기 전에 그들을 분류하거나, 다양한 가치척도에 의해서 그들의 위치를 고정시키기를 원하지 않는다. 그와 반대로, 우리는 우리의 전통에서, 종교는 기껏해야 그 종교의 종말을 보기를 항상 갈망해왔다는 것을 기억한다. 즉, '그날에', 이 땅에서의 하느님 나라에서, 하늘 나라에서, 세상 끝의 완전한 세상을 갈망 안에서, 거대한 이원적 구분은 일어나지 않는다. 더 이상 하느님과 사람, 거룩과 세속, 정결과 부정, 성인과 평범한 시민, 남자와 여자, 주인과 종 사이의 어떤 분열은 없으며, 빛과 어둠, 성자와 보통 시민, 드러난 것과 감추어진 것 사이의 구분도 없다. 왜냐하면, 하늘의 왕국에서는 그림자나 감추어진 것이 없이, 모든 것은 열려있고 명시적이기 때문이다.

여기에서의 요점은 성서에서 매우 친숙한 것들이다. 예언자들과 예수는 희생제도와 중보종교의 정교한 전체 기구들을 비판했다. 그것은 구원하지 않는다. 그것은 종교적 행복이 아니라, 단지 비교해볼 때, 가치 없는 '믿음'만을 제공한다. 중보종교는 일반 신도들을 평생 동안 의존하도록 가두어 놓는다. 즉 그들은 마치 신장염 환자처럼 투석 기계에 묶여있어서, 결코 거기서부터 자유로울 수 없을 것이다. 즉 그는 교회의 구원 기계장치에 의해 정기적인 용서와 은총의 주입을 받아야만 한다. 그래서 예언자들과 예수는, 다른

될 Julius Lipner가 편집한 *Fetschrift* 안의 나의 논문 'Humanitarian Ethics'를 보라. 인도주의와 허무주의의 관계에 대한 가장 좋은 출발점은 아직도 알베르 카뮈의 소설 <페스트>(1947: 영역본 1948)이다.

종교적 예언자들이나 개혁가들처럼, 제의적 세계와 구원 기계장치의 종말을 보기를 원한다. 그들은 그 안에서 신적인 것과 인간적인 것, 거룩과 속됨, 정결한 것과 부정한 것의 거대한 구분이, 그리고 거룩한 것들의 상이한 서열이 사라지는, 그래서 종교가 직접적이며 무언가에 대한 믿음이 없는(beliefless) 새로운 세계를 찾는다. 즉 그들은 폭력과 억압이 없으며 지구화되고, 윤리 이후적(post-ethical)이며, 초커뮤니케이션적(supercommunicative)이며 인도주의적이고, 상호투명하고 동등한 인간들의 세계, 칸트의 언어로 "목적의 왕국"(a kingdom of ends), 그리고 그 안에서 신적인 것이 더 이상 대상화되지 않고 사람들의 '가슴 속으로' 분산되며 스며드는 세계를 추구한다. 그들은 우리가 지금 건설하려고 시도하는 종류의 세계를 기대한다. 이처럼, 신성한 우주에서 그것을 구성하고 있는 모든 차별들이 사라진 나라가 곧 하느님 나라이다. 교회 종교가 해체되면 곧 하느님 나라 신학과 같아진다.

우리는 이제 우리 앞에 현재 펼쳐지고 있는 종교적 및 문화적 상황에 대해 근본적으로 다른 두 가지 해석을 보고있다. 신정통주의(neo-orthodox) 해석에 따르면, 예수는 "교회를 세우기 위해," 그리고 고위 성직자들의 주장을 정당화하기 위해 이 세상에 왔다. 이후 발전된 교회들과 그 신학은 예수의 프로젝트가 참으로 연장된 것을 대변하며, 기독교는 중세시대의 거룩한 문명 속에서 그 역사 발전의 절정에 이르렀다. 계몽주의 이래로 가속화된 문화의 세속화는 하느님에 대한 반역을 뜻하며, 따라서 허무주의에로의 전환으로서 이는 20세기에 의해 완성되었다. 탈근대성(postmodernity)은 세속적

인간이 홀로 서려는 시도가 실패한 것을 인정하고, 다시 오래된 라틴 기독교 문화를 복원할 기회를 뜻한다. 세속적 이성은 파산했으며, 지금은 어거스틴에게로 돌아가야 할 때이다.

한편 우리의 현재 상황에 대한 급진적인 기독교적 해석은 전적으로 다르다. 우리가 보기에, 예수는 "교회를 세우기 위해" 이 땅에 오지 않았다. 그는 하느님 나라의 예언자로서, 그 나라에 대한 희망 속에서 그는 살았고 또한 죽었다. 그러나 하느님 나라는 지연되었으며, 그의 죽음 이후 교회가 미봉책으로 존재하게 되었다. 그것은 사람들을 모아서 하느님의 나라를 준비하며 기다리도록 훈련하는 일종의 훈련조직이었다. 그러나 세대가 흘러가도 하느님 나라는 오지 않았다. 교회는 점차 그 성격을 바꾸었다. 즉 지상에 도래할 하느님 나라를 위해 사람들을 준비시키는 대신, 교회는 이제 사람들로 하여금 죽음 이후의 하느님의 심판과 하늘의 세계에서의 삶을 위해 준비시켰다.[7] 교회는 성례전을 관장하는 고위 성직자들에 의해 지배되었으며, 그 자체를 '흠없는' 존재로 생각하기 시작했다. 교회는 더 이상 인류의 종교사에 있어서 하나의 단순한 전환단계가 아니었다. 즉 교회는 영원한 기관이 되었다. 교회의 규칙과 중보종교는 영원히 인간의 운명이 되었다. 즉 교회 신학에서는 종교적 소외가 감추어져 있다는 것은 매우 주목할만하다. 그리스도론과 신비신학에서는, 하느님과 인간 사이의 분리는 매우 엄격하

---

7) 하느님 나라의 지연과 그 결과에 대해서는 알버트 슈바이처의 말년의 논문, 'The Concept of the Kingdom of God in the Transformation of Eschatology….'를 보라.

게 유지되었다. 종교적 중보의 필요성과 교회의 필요성이 축소되지 않도록 유지하기 위하여, 교회 신학은 우리의 최종적 구원과 종교적 행복을 영원히 연기시켜버렸다. 그것은 항상 '믿음' 이지, 향유가 아니다. 왜냐하면, 화이트 퀸(White Queen)이 앨리스(Alice)에게 말하였듯이, "규칙은 미래와 과거는 환상적이지만, 결코 오늘은 환상적이지 않다는 사실이다."

급진적 신학은 그처럼 지독한 비관주의를 견딜 수 없다. 그것은 교회 신학을 하느님 나라 신학으로 해체하는 일, 무엇보다도 하느님과 인간 사이의 분리를 해체하는 일에 투신한다. 이는 신비주의를 통한 해방,8) 그리고 개신교를 통한 해방을 추구한다. 그리고 교회의 시대를 뒤에 남겨둔 채 떠나고, 이 땅 위에 하느님 나라의 세계를 창조하기를 시도하는 일에 매진한다. 이러한 시도는 많은 형태를 취했었다. 즉 회중주의(congregationalism), 퀘이커주의, '아메리카,' 무정부주의, 사회주의, 공산주의, 자유 민주주의, 인도주의적 윤리학 등이 그것이다.

급진적 신학이 해석하였듯이, 여기에 오늘날 우리들의 고통스럽고 역설적인 조건들이 존재한다. 17세기 이래로, 그 오래된 교회는 자신의 단순히 전환기적인 성격을 망각했으며, 그 자신의 근본적인 하느님 나라 신학이라는 급진적 전통과의 연관성을 잃어버렸다. 그 대신에 교회는 그 자체를 절대화했으며, 그 자체의 단순한 중보종교 체제와 그 교리체계를 일종의 절대적인 것으로 만들었

---

8) 나의 책 *Mysticism After Modernity*를 보라. 이 책은 교회가 구원을 약속하기만 할 뿐, 구원을 실제로 가져다줄 수는 없다는 사실의 결과에 대한 것이다.

다. 교회는 그 자체를 흠이 없고 틀림이 없는 것으로 선언하였다. 교회는 더 이상 그 자체보다 더 높고 더 좋은 것을 알지 못하기 때문에, 더 이상 구원하지 못한다. (교회는 더 이상 참된 교회가 아니다. 왜냐하면 그 자체가 스스로 참된 교회라고 말하기 때문이다.) 그동안, 교회 주변의 세속문화는 진보적 해체와 낡은 중세의 유산의 민주화를 통하여 꾸준히 발전하였다. 특히 그 자체가 신 세계(New World)인 '아메리카'의 주도로, 우리는 아직도 모든 종류의 차별과의 전투를 계속되고 있다. 즉 우리의 인도주의적 윤리학, 페미니즘, 반인종차별주의, 정치적 정당성과 환경주의는 우리가 아직도 이 땅 위에 하느님 나라를 세우려고 분투하고 있음을 보여준다. 이 모든 것들의 역설적 결과는 오늘날 교회 바깥의 가장 좋은 세속적 도덕성이 교회 안에서 찾아볼 수 있는 것보다 훨씬 더 발달한 형태의 기독교를 나타낸다는 사실이다. 동성연애자들을 다루는 문제에서처럼, 오늘날 교회는 그 자체가 '세계'라고 부르는 것으로부터 그 자체의 종교(its own religion)를 배울 필요가 있다.

그러므로, 급진적 기독교인들에게는 모든 곳에 존재하며 흩어져 있는 종교성을 갖고, 온갖 차별에 대해 반대하는 포스트모던 문화는 전통적인 하느님 나라의 세속적 실현이다. 나는 라스 베가스에서 이 땅 위의 하느님 나라를 보는 마크 테일러(Mark C. Tayor)[9]만큼 멀리 나가지는 않지만, 우리의 포스트모던 인도주의적 윤리에서 지금까지 이 땅에서 보아온 최선의 기독교적 이상의 실현을 본다.

---

9) Mark C. Taylor, *About Religion*, 제7장 "The Virtual Kingdom,' 그리고 *The Real: Las Vegas NV* (책과 함께 미국에서 발간된 CD-Rom).

19

실천가능성

이제 우리는 개혁의 실천가능성에 대한 많은 결론들을 도출해야 할 시점에 도달했다.

교회 기독교는 애초에 중간기(interim)의 임시방편으로서, 예수의 하늘로의 승천과 그가 다시 약속된 하느님 나라와 함께 영광 가운데 재림할 때 사이의 기다림의 기간을 채우는 중간기의 조치로서 출현했다. 교회의 직무는 실질적 신자들의 (국제적) 모임을 모으고 그들을 적절하게 깨어있도록 훈련하여, 그들로 하여금 주님을 영접하고 그 나라가 올 때에 하느님 나라에 참여하도록 하는 것이었다. 교회는 스파이부대(fifth column, 세상 종말의 신호를 탐지하던 무리들 - 역주)와 화물숭배(cargo cult, 메시아 시대의 도래와 함께 죽었던 영혼들이 부활할 것을 기다리던 신앙 - 역주)와 영접위원회(reception committee, 깨어서 그리스도의 재림을 기다리던 무리들 - 역주)의 기묘한 혼합체였으며, 사도들만이 처음에는 그 지휘관들이었다.

이처럼 교회의 준(準)군사적이며 훈련 역할로 인해 교회는 다민족 농경문화의 거대한 기성종교로 발전하는 것이 쉬웠으며, 3~4세기 안에 교회는 참으로 거대한 중보종교 장치―마치 옛 유대 성전처럼, 그러나 국제화된 종교장치―가 되었다. 사도들의 권위는 사회적 권위를 일반적으로 정당화했으며, 하느님 나라는 죽음 이후로 연기되었고, 보통 신자들에게는 이 땅에서의 신앙, 순종, 평생 동안의 고통의 댓가로 죽은 후에 안식과 영광에 대한 소망이 약속되었다.

여기서 약간의 역설과 위험이 제기된다. 왜냐하면 근대사회가 그 위에 서 있는 '물적 토대'는 조직 기술(습득을 조직화하는 기술, 거대한 지식체계를 적용하는 기술, 정치경제적 경영 기술 등)인 반면에, 산업 사회 이전 사회에서는 모든 사람들이 모든 것은 농민(Piers Plowman)의 어깨에 달려 있음을 익히 알고 있었다. 교회가 이 농민들에게 제시한 우주적 위로와 약속은 믿을 만 해야 했다. 이것은 교회(중보종교의 전체적 상징 장치)가 가능한 한 크고 웅장하며 아름답고 확신을 주는 것이어야 할 필요가 있었음을 뜻했다. 귀착되는 역설은 곧, 교회가 농민들을 희생시켜 그 자체를 더욱 크고 아름답게 만들기 위해서, 농민들을 더욱 철저히 착취할수록, 교회는 그렇게 하는 것이 더욱 정당화되는데, 왜냐하면 그들의 불행과 비참함이 커질수록 그들의 종교적 위로에 대한 요구도 커지기 때문이다.

이런 역설은 궁지에 몰리게 되었다. 교회는 마침내 그 자체를 농민들을 위한 거대한 우상으로 만들 수밖에 없었는데, 이 작업은 그 도그마가 분명히 또한 불변하는 참된 것이라고 선언하고, 그 자체도 흠이 없고 틀림이 없으며 구원을 위해 전적으로 필요한 기관이라고 선포함으로써 스스로를 거대한 우상으로 만들었던 것이다. 즉 교회는 스스로를 절대화했지만, 그것에 대해 어느 누구도 비난할 수 없게 되었다. 왜냐하면 성직자들은 그 농민들의 영적인 복락에 대해 매우 진지한 목회적 관심을 갖고 있었으며(지금도 여전히 그렇다), 또한 농민들 자신도 종교의 아름다움과 위로를 진정으로 필요로 했을 뿐만 아니라, 종교로부터 이득을 얻는 것이 있었기 때문이다. 따라서 농민들이 무지와 문맹, 무력감에 사로잡혀 있던 한, 그들이 안내와 위로를 받을 수 있었던 곳이 교회 이외에는 아무데도 없었다.

그러나 18세기에, 바로크 스타일은 중부 유럽의 거대한 베네딕토 수도원에서 절정에 달해 로코코로 나아간다. 그리고 이 전체 체계가 마침내 그 정상을 넘어가는 것을 우리는 보게 된다. 유럽에서 가장 아름답고 가장 슬프게 떠오르는 건물인 슈타인하우젠(Steinhausen)과 피어젠하일리겐(Vierzenheiligen)의 능가할 수 없는 아름다움에 감동되지 않는다는 것은 불가능하다. 그러나 이것 이후 교회는 몰락의 길을 걷는다. 로코코 양식의 의식적 환상주의(conscious illusionism)는 교회가 농민들에게 제시했던 것이 단지 주술적 환상, 하나의 갈채를 노린 극적인 장면(a coup de théatre), 즉 그 뒤에 아무것도 없는 채색된 베일일 따름이라는 것을 알기 시작했음을 드러낸다. 그것은 모두가 환영(maya), 곧 아름다운 꿈이다.

1740년경부터, 교회는 그 자신이 교회의 신앙을 더 이상 믿지 않고 있음을 가슴 깊은 곳에서 알고 있었고, 모든 위대한 성직자들은 그 자신들이 신앙의 황혼기(the twilight of faith)에 살고 있음을 허심

탄회하게 받아들이는 블라우그램 감독(Bishop Blougram)같은 이가 되었다.1) 이 책에서 나는 지금 기독교의 미래를 위하여, 교회에 대한 우리 자신의 과거의 과도한 감정적 투자를 이제는 거두어들여야 할 뿐 아니라, 교회 자체를 위해 치명적으로 부풀렸던 주장들에 대한 우리의 찬동(assent)도 이제는 거두어들여야만 한다고 결론짓고 있는 것이다. 교회는 지금 막다른 지경에 빠져 있으며, 자신을 개혁하려 하지 않는다. 18세기 중엽 이래로 최선의 지속적인 기독교 운동 가운데 상당부분은 계속 발전해왔다. 그러나 교회 밖에서 인간해방, 인권, 인도주의적 윤리, 자유 민주주의적 정치학 등에 대한 관심 속에 발전되어왔다. 그 결과, 오늘날에는 그것을 위해 살거나 죽을 가치가 있는 것이 교회 안보다는 교회 밖에 더 많다.

우리 스스로 교회로부터 약간 거리를 두게 되면서, 우리는 전체 초자연적 교리 체계를 포기하게 된다. 초자연적 질서라는 것은 존재하지 않는다. 오직 이 세계, 우리가 살고 있는 세계만이 있으며, 지금 여기는 우리가 알게 될 마지막 세상이다. 우리는 우리의 기독교와 원래의 예수와 그의 메시지 전체에 대한 탈초자연화(desupernaturalized)되고 비판적인 관점을 일괄적으로 '하느님 나라' 형태의 기독교로 전환해야만 한다. 우리는 어떻게 곧바로 직접적 형태의 종교를 사는 방법을 배울 것인가에 대해 말해왔다. 그러나 우리는 물론 이 땅 위에 하느님 나라가 초자연적으로 실현되는 것에 대해서는 말하는 것이 아니다. 우리는 단지 기독교의 자연적이고 순전

---

1) Robert Browning의 시 '블라우그램 감독의 변명' (Bishop Blougram's Apology)를 보라.

히 내재적인 역사적 발전에 의해서 하느님의 나라가 자연적 혹은 세속적으로 실현되는 것에 대해서만 말하고 있다. 수세기에 걸쳐, 많은 훌륭한 사람들은 그들의 종교가 희망하도록 가르친 그러한 세계를 만들기 위해 애써왔다. 나아가, 이스라엘 국가와의 관계에 대하여 위에서 논의한 바와 같이,[2] 고대 종교가 희망했던 세계를 실현하는 것은 오늘날 새로 나타난 공격적이고 분노하는 종교적 우파 집단보다는 세속적 전통이 훨씬 더 그런 옛 희망을 실현하기가 쉽다.

오늘날, 기독교를 개혁하는 프로젝트는 '하느님 나라' 형태의 종교적 사고와 생활을 이루어내고, 그것을 살아내는 방법을 배우고 전파하는 프로젝트이다. 여러 면에서, 이것은 교회 기독교의 다른 한 면이자 더 좋은 반쪽이다. 즉 비록 이 프로젝트가 세속적이라 할지라도, 교회 기독교가 아직도 기다리고 있노라고 고백하는 것에 대한 완전하게 진정한 실현이다. 따라서 교회와 그 언어들을 군소회사(shell company, 주식의 매입 대상이 될 만한 군소 회사 - 역주)로 이용하여 하느님 나라를 설명하거나, 하느님 나라에서 무엇이 고상하고 특징적인가를 보여주는 하나의 편리한 배경으로 이용하는 것이 필요하다. 나는 몇 년 동안 이 방법을 사용하고 있다. 나는 법적으로는 교회 안에서 정식 사제로 남아 있으며, 비록 성만찬 예식 —하느님 나라 의례—을 집례하지는 않지만, 그에 참여함으로써 교제를 나눈다. 나는 지금도 주로 기독교인 청중들 앞에서 강연하는데, 왜냐하면, 그 안에서 아직도 우리 자신을 이해시킬 수 있는

---

[2] 이 책의 17장 pp. 236 참조.

최선의 기회를 갖기 때문이다. 그래서 나는 교회의 신앙을 배경으로 이용한다. 그러나 나는 교회 자체에 속한 것에 대해서는 과대평가하는 반면, '세상적인' (그 자체로 독립적인) 것에 속한 모든 것에 대해서는 폄하하도록 이끄는 교회의 전통적인 이원론적 사고방식에 사로잡히는 것을 피하고 싶다. 하느님 나라는 삶에서 거룩한 영역과 세속적인 영역이라는 전통적인 이원론(교회와 국가, 은총과 자연, 하느님의 도성과 인간의 도성)을 떠났다. 하느님 나라 종교는 직접적이기 때문에, 최대한 이 세계를 긍정하며 비이원론적 (non-dualistic)이 되도록 촉구한다.3)

　기독교를 개혁하기 위하여, 우리는 '교회' 방식의 사고와 생활로부터 우리 자신을 조용히 떼어내고, 그 대신 새로운 '하느님 나라' 방식의 사고와 생활을 개발하고 전파해야 한다. 이것은 예를 들어, 도와주는 직업들(성직자, 변호사, 의사, 교사 등 - 역주)과 거대한 인도주의 구호 단체들 안에 있는 많은 사람들처럼, 익명으로 그리고 거창한 이름을 붙이지 않은 방식으로 행해질 수 있다. 주목할만한 기부가 "신앙의 바다"(Sea of Faith)처럼 비공식적인 종교단체에 의해 이루어진다. "신앙의 바다"에서 사람들은 그들의 연합의 기초가 종교적 신조가 아니라, 단순히 다른 이들의 종교적 자유에 대한 존중에 있을 때에, 그들이 얼마나 밀접하게 결합되는지를 발견한다. 또한 지난 몇 년간 내가 시도해왔던 바와 같이, 최소한 저술을 통해 하느님 나라 종교를 탐색하고 상술하려는 사람들을 많이

---

3) 이것이 *The New Christian Ethic*의 핵심 주제였다. 나는 순전히 확신적이고 비이원론적인 도덕적 전망에 대해 그려보려 시도하고 있었다.

요구하고 있다. 그러나 이 작업은 키에르케고르와 같은 사람의 능력을 요구하는 것으로서 특별히 스트레스가 많고 어려운 과제이다. 오늘날 누가 그러한 힘을 가지고 있겠는가? 키에르케고르가 '제2의 문학'인 기독교 저술을 쓰고 있을 때, 그는 30대 후반이었으며, 그 작업을 심지어 그처럼 탁월한 사람을 죽이기까지 했다. 우리는 그에 필적할만한 다른 어떤 재능을 만들어낼 전망이 있는가? 결국, 학자들에 대해 말할 필요가 있는 모든 것이란 학자들은 그저 누가 정말로 탁월한 사람인지를 알 정도의 사람들로서, 우리는 그런 탁월한 사람들이 아니라는 사실을 아는 사람들이다. 그러나 우리 모두는 최소한 태양같은 삶을 실천하는 것을 배울 수 있으며, 사회윤리학에서 "공(空) 안에서의 인도주의"를 배우고 그 결과를 보고할 수는 있다. 비진리(非眞理)가 없는 종교를 실천하는 것은 너무 고상하고 아름다운 것이기에, 누구든 그런 실천을 진지하게 시도하는 사람은 그것에 대해 말할 재미있는 무언가를 경험하지 않을 수가 없을 것이다.

　이 모든 것으로부터 자연스럽게 따라나오는 결론은 우리가 어떤 개인적 영웅이나 교회의 혁명적 변혁(revolutionary transformation)을 주창하지 않는다는 사실이다. 그것은 낭만적인 어리석음이 될 것이다. 새로운 루터는 출현하지 않을 것이다. 왜냐하면 그런 영웅적 천재는 한때 유럽의 특별한 자랑거리였으나, 오늘날에는 한물간 타입이기 때문이다. 대신에, 우리의 전체적으로 세속적이고 자연주의적인 세계관과 일치하여, 우리는 교회가 그 본질을 지켜나감으로써 서서히 쇠퇴하는 길을 택할 것으로 생각해야 할 것이다. 그럴 경우, 나와 같은 개혁가 지망자들은 교회에 대한 우리의 감정적 예속에서 조용히 물러서고, 그 대신 교회를 배경으로 하여 '하느님 나라' 형태의 기독교를 개발하고 펼쳐나가는 방법을 찾아야 할 것이다.4)

문제는 아주 점진적으로 하느님 나라 종교, 그 직접 종교가 참으로 교회 신앙의 실현이지, 사악한 축소가 아니라는 사실을 교회에 설득하는 일이다. 경험상, 기독교인들은 거의 모두가 자신들의 종교에 대한 어떤 최신의, 합리화된, 혹은 세속화된 형태를 전통적 신앙의 거룩한 풍성함을 비위에 거슬리게 망쳐놓고 왜소화시키는 것으로 생각한다. 그들에게는 채색된 베일, 즉 중보종교의 정교한 상징적 장치의 모든 부분들이 바로 기독교다. 전형적인 정통주의자들에게는 기독교의 충만함이 거룩한 전통의 충만함이다. 만일 당신이 그들에게 채색된 베일 뒤에 무엇이 있는지, 우리가 죽음에서 어디로 들어가는 것인지를 보여주려 하면, 그들은 두려워하고 분노할 것이다. 채색 베일 뒤에 무엇이 있기 때문인가? 우리에게 중보하려고 하는 것은 무엇인가? 여기 좋은 만큼 나쁘기도 한 몇 가지 답이 있다. 즉 신적인 심연(the divine Abyss), 존재, 무한, 삶의 외부란 더 이상 없음과 순수한 우연성, 공(sunyata), 곧 보편적 텅빔(universal Emptiness), 서늘한 푸름(cool Blue) 등이 그것이다. 각각의 적절한 의미와 무게를 얻기 위하여, 이 각각의 단어들은 수백 가지

---

4) 우리의 현재와 미래 교회와의 관계를 내가 나의 책 *Radicals and the Future of the Church*에서 제시한 것과 비교해 보라. 교회의 상황 및 종교적 전망은 단지 십 년 남짓의 세월만에 상당히 악화되었다.

적절한 단어들로 둘러싸여 구체화되는 것이 필요할 것이다. ('푸름'은 일본에서는 하늘로, 데렉 자만의 영화에서처럼 '블루' [Blue]로, 불교에서는 열반, 공[空], 무한히 서늘하고 현란한 텅 빔에로 사라지는 환희라는 관점에서 설명될 것이다.) 그러나 있는 그대로 일지라도, 그 단어들은 잘못된 것이 아니다. 그 단어들은 모두 그 의미를 드러낼 것이다. 그리고 물론 그 단어들은 그 채색된 베일을 사랑하고, 특별히 죽음에서까지도, 그 베일에 매달려 있기를 원하는 보통 신자들을 섬뜩하게 만들 것이다. 어려운 과제는 교회 기독교인들로 하여금 그들의 우상들을 던져버리고 태양같은 삶(solar life)이 주는 더 큰 행복을 배우도록 설득할 수 있을 만큼 우리가 그런 태양같은 삶을 살아내는 것이다. 우리 자신과 우리의 모든 견해를 포함하여 모든 것이 우연성임을 긍정하는 삶을 살아내는 것이다. 한 묶음으로서의 삶과 죽음의 통일성과 현실에 대해 긍정하는 삶을 살아내는 것이다. "이 세상을 사랑하는 객관성 속에 자아를 잃어버리는" 삶을 살아내는 것이다.[5] 신조 없고(beliefless) 직접적인 '하느님 나라' 형태 종교의 특별한 행복을 그려내고 전달할 수 있는 것은 보통 집필을 통해서만 가능하다. 그러나 경우에 따라, 우리는 아주 운이 좋게 그런 종교적 행복을 발산하는 인물을 만날 수 있다. 그러나 일반적으로는 하느님 나라 종교가 '기독교'는 아니라고 계속 말하는 사람들을 우리가 오랫동안 만나게 될 것이라는 점을 대비해야만 한다. 그 채색된 베일에 대한 우상숭배는 오랫동안 확립되어 왔다. 나는 이 우상숭배가 쉽게 포기되지 않을 것이라

---

5) 나의 책 *Solar Ethics*, p. 56의 한 구절.

확신하며, 아마 영원히 포기되지 않을지도 모른다. 따라서 내가 망설이면서 충고해야만 하는 것은 교회에 대해 약간 떨어진 관계를 갖는 일이다. 우리는 이에 대해 침착해야만 한다. 우리가 확실히 지금의 교회를 그와 비슷한 어떤 것으로 대체하지 않을 것이기 때문에, 우리는 교회를 내버려두어야 한다. 하느님 나라에서는 물론 그 자신을 그처럼 높이는 주장을 하는 그 어떤 구별된 종교 모임도 없다. 그것의 존재 이유는 사라졌다.

20

전망

나는 지금까지 비록 역사적으로 서방 기독교, 곧 가톨릭과 개신교 모두가 현재 가파른 몰락 속에 있지만, 그들은 새로운 종교개혁의 욕구를 전혀 가지고 있지 않으며, 그런 개혁을 발전시킬 것 같지도 않다는 분명한 사실을 강조해왔다. 오랫동안의 그들의 역사는 자신들의 단지 잠정적이며 중간기적 지위를 망각하고, 그 자신과 그들의 교리에 관한 터무니없는 주장들, 곧 이제는 돌이킬 수 없는 주장들을 하도록 이끌었다. 즉 교회의 행동과 그 가르침은 틀림이 없도록 하느님이 보장하고 보호한다는 주장이었다. 교회는 결점이 없고, 오류가 없다. 사실상, 교회는 모든 우주적 역사 속에서 가장 중요한 제도이다. 교회의 도그마는 확실하고 움직일 수 없는 진리이며, 기타 등등이다. 교회가 그런 자기 이미지를 가지고 있었기에, 갈릴레오와 관련된 불행한 사태에서 교회가 아주 조금이나마 잘못 다루었다는 것을 받아들이는 데 350년이나 걸렸다는 사실은 전혀 놀랄만한 일이 아니며, 17세기 이래로 지금까지 서구 교회가 그 자신이 영원히 방어적인 입장을 취해왔으며, 종교나 신학에서 어떠한 새로운 운동도 그것이 교회의 정통을 재확인해주는 것이 아니라면 결코 교회의 관심을 끌지 못했으며 교회 안에 뿌리를 내리지도 못했다는 사실은 더더욱 놀라운 일이 아니다. 따라서 개신교 전통 안에서, 경건주의, 감리교운동, 복음주의, 그리고 오순절 운동들이 모두 신정통주의적(neo-orthodox)이었다. 이처럼 교회는 전통에 대해 매우 방어적이며, 교회 안에서의 신앙의 정치학은 항상 기존의 정통주의를 옹호하는 방향으로 기울어져 있다. 비판적인 자유주의 신학은 실패를 거듭했다. 기껏해야, 그런 신학은 잠시동안 관용되었지만, 결코 경청되거나 지속된 적이 없었다.

그 가장 극단적인 예가 오늘날 성서에 관한 학문적 성과에 대한 교회의 둔감성이다. 지난 200여 년에 걸친 신약성서에 대한 철저한 비판적 연구에도 불구하고, 서구 전역에 걸쳐 설교자들은 모순에 대한 아무런 두려움 없이 매 주일마다 "예수는 '내가 곧 길이요, 진리요, 생명이다' 라고 말했다" 라고 선언한다. 그들은 역사의 예수(the Jesus of history)는 간단하게 무시해버리고, 전통적 신앙과 이태리 예술이 뒤죽박죽된 불가능한 신적 그리스도(the divine Christ)를 계속 설교한다. 학문적 신학과 교회 사이에는 죽의 장막이 쳐졌으며, 더욱 기묘하게도 학문적 신학의 작은 세계 안에서조차 신약학자들과 기독교 교리를 가르치고 저술하는 사람들 사이에도 죽의 장막이 세워져버렸다. 최근 유행하는 젊은 신학자들은 또 다시 신정통주의자들로서, 마치 같은 층의 다른 연구실에 있는 신약성서 학자들이 전혀 존재하지 않는 것처럼 저술하고 있다.

이것은 매우 이상한 것이다. 왜냐하면 최근에 신약학자들은 역사적 예수에 관한 다량의 훌륭하고, 방대하며, 폭넓게 읽혀지는, 완전히 조직적인 기초신학(summae)을 생산해냈기 때문이다.[1] 왜 이 모든 작업들이 교회에 거의 아무런 영향도 끼치지 못하며, 현재의 기독교 교리에 대한 저술에 대해 전혀 아무런 영향도 주지 못하고 있는 것인가?

이 물음은 내게 어처구니없다는 생각을 갖게 한다. 즉 교회 기독교는 치명적으로 몰락하고 있으며, 그 신적인 그리스도는 (a) 뒤죽박죽된 모습이며, (b) 결코 존재하지도 않았었다. 나는 수년간 다행스럽게도 역사적 예수와 그의 하느님 나라 종교는, 그와 반대로, 살아 있고 지적으로 매우 흥미 있다는 것을 주장하려고 노력해왔다. 그러나 몇 가지 면에서, 증거들은 나의 주장에 반한다. 교회와 교회의 신적인 그리스도는 정말로 사라져가고 있다. 그러나 역사적 예수는 아직 인기를 얻지 못하고 있다. 나는 여러 해 동안 역사적 예수는 서구의 의식 속에서 마침내 사라졌으며, 아마도 그 무엇도 그를 되돌려올 수 없을 것이라는 생각 때문에 힘들어했었다. 나는 교회와 교회가 가르치는 '기독교'를 잃어버리는 것에 대해서는 별로 마음쓰지 않는다. 그러나 예수를 잃어버리는 것은 훨씬 더 심각한 타격이다.

문제는 보통 사람들이 부처와 모하메드가 누구였으며, 그들이

---

1) 예를 들자면, Gerd Theissen and Annette Metz, *The Historical Jesus*, Gerd Lüdemann, *Jesus after Two Thousands Years*, E. P.Sanders와 Geza Vermes의 잘 알려진 여러 저술들, 그리고 미국의 R. W. Funk 및 예수 세미나와 연관된 여러 신학자들의 저술들. 이 그룹들은 그 누구보다도 평신도들에게 예수가 교회 안에서 그들에게 표현된 방식에 대해 질문하도록 격려했다.

무엇을 위하여 살았는지에 대해 상당히 명백하고 특징적인 모습을 이미 알고 있거나 혹은 곧 알게 될 것이라는 사실에 대해 아무도 의심하지 않는 데 반하여, 예수에 관한 기억과 그 유산에 대해서는 예수의 죽음 직후에 시작된 그에 관한 대규모적인 신학적 변형에 의하여 치명적으로 그리고 영속적으로 혼미하게 되었으며, 혼란스러워 보인다는 사실이다.2) 심지어 공관복음서가 쓰여지기 이전부터 이미 그에 관한 전통들이 왜곡되기(corrupt) 시작했다. 근대의 학문적 성과는 그것에 대해 바로 잡을 수 있었을 것이다. 그러나, 문제는 요한복음이 신약정경 속에 포함됨으로써, 요한의 신적 존재로서의 예수상, 즉 하느님의 영광을 우리에게 보이기 위하여 인간의 형태로 성육화한 요한의 예수상에 대해 오늘날 교회가 철두철미 헌신하고 있다는 사실 때문에 그 문제가 더욱 복잡하게 되었다. 교회가 그 자신을 그런 예수상 속에 가두어놓음으로써, 교회가 진짜 예수(the real Jesus)를 진지하게 받아들이는 것이 전혀 불가능하게 만들었다. 마침내, 그 교회의 관(棺)에 마지막 못을 박은 사람은 알버트 슈바이처(Albert Schwitzer)였다. 그는 19세기말에 요하네스 바이스(Johannes Weiss) 등 학자들에 의해 역사적 예수의 메시지와 그의 세계관이 마침내 회복되었을 때, 그 예수는 우리에게 너무 낯설고 먼 인물로 판명되었다고 선언했다.3) 교회는 너무도 쉽게 슈바이처

---

2) Bart D. Ehrman의 *The Orthodox Corruption of Scripture*는 우리에 비해 고대의 저술가들이 이에 대해 얼마나 주저함이 없었는지를 상기시켜 준다.
3) 나는 여기서 *The Quest of the Historical Jesus* 초판이 표준 번역에 의해서 영어권 세계에 주어졌던 인상에 대해 언급하는 것이다. 그 인상은 수정될 필요가 있으며, 오늘날에는 1913년 판에서 많이 수정되고 증보된 제2판이 영어본으로 이용 가능하다(London SCM Press, 2000).

의 결론에 빠질 수 있었고, 그것을 자신들이 역사적 예수를 무시하고 끝없이 계속되는 신학적 반지성주의(perennial theological anti-intellectualism)를 정당화하는 것으로 읽어냈다.

이 문제는 정통 교리 교과서에서는 논의되는 것과 똑같은 것은 아니지만, 우리가 과연 예수를 구할 수 있겠는가? 여러 해 동안, 나는 예수의 세계관과 가르침은 그동안 생각해왔던 것처럼 우리의 것으로 삼기에 실제로 낯설고 불가능한 것이 아니라는 사실을 간접적으로 보여주는 전략을 채택했었다. 그래서 "언어 자체의 철학"에 관한 논의를 개진한 것이 <철학 자체의 종교>(Philosophy's Own Religion)와 하느님 나라 신학 등이다.4) 그 기본 요지는 철학적으로 맥락을 설정함으로써 예수를 자리매김하고 예수의 흥미 있는 이야기를 들을 수 있게 하려는 것이었다. 나는 신적인 구원자로서의 예수(Jesus as divine savior)를 구할 수는 없지만, 윤리적 교사(ethical teacher)로서의 그를 위해서는 무언가를 할 수 있다. 만일 당신이 예수를 틀릴 수 없는 신으로서가 아니라, 올바를 수 있는 인간으로서(not as a god who can't be wrong, but as a man who might be right) 그를 이해하는 것을 배우는 데 마음 상하지 않는다면 말이다. 당신이 만약 이것을 인정한다면, 우리는 예수를 올바로 이해할 수 있는 철학적 배경을 제공하는 것에 의하여 예수를 부활시킬 기회를 갖게 된다. 따라서 현재로서 나는 나의 개혁된 기독교의 틀 안에 예수의 이름과 메시지를 유지하는 것에 대해 변명하지 않는다. 이로써, 한때 신학에 의해

---

4) 예를 들어, 나의 *The Meaning of It All*, pp. 104; *Kingdom Come*; 그리고 *Philosophy's Own Religion*.

박제되었다가, 이제는 철학에 의해 소생된 "하느님 나라 종교"는 그 원래의 저자에게 그 공적을 적절히 돌려드릴 수 있게 된다.

만일 교회가 이것에 대해 전혀 마음을 열지 않는다 해도, 나의 주장은 유지될 것이며 장기적 전망은 결국 꽤 밝다는 것을 희망하는 몇 가지 다른 이유들이 있다. 나의 주장은 이것이다. 즉 교회의 주장들이 점점 높아지고, 그 신학이 점점 더 정교해질수록, 교회의 세계관은 점점 더 이원론적인(dualistic) 것이 되었다. 그 과정은 마침내 17세기 가톨릭과 개신교 스콜라주의에서 정점에 이르렀었고, 잇따른 분열(예를 들어, 자아 안에서 육체와 영혼의 분열, 삶 속에서 시간과 영원의 분열, 그리고 도덕성에 있어 모든 단기적이며 지상적 단순한 도구적 가치와 유일한 내재적 가치, 즉 인생의 최대 목적인 영혼의 영원한 구원 사이의 분열)은 매우 고통스럽게 되었다. 더욱 분명하게 표현될수록—존 돈(John Donne)의 속된 사랑과 거룩한 사랑에 관한 시처럼—필연적으로 더 날카로운 반응을 유발할 수밖에 없게 된다. 몸과 영혼 사이의 분열, 그리고 그 각각의 입장과 주장에 대해 지나치게 날카롭게 분리시키는 것은 남성에게도 나쁠 뿐만 아니라, 여성에게는 더욱 나쁘다. 17세기 이래로, 역사의식의 대두, 소설의 등장, 심리학의 등장, 특히 인간의 발달과 인간의 감정과 행위에 대한 생물학적 해석방법을 심리학이 채택함으로써, 이제는 그 오래된 영혼/육체의 분리를 치유하고, 인간이 무엇인가에 관하여 더욱 통일되고 이 세상적인 이해를 발전시키기 위해 지속적으로 노력해왔다는 사실을 받아들이는 것이 합리적이다. 우리는 그 오래된 플라톤적이고 교회적인 관점, 곧 결국 유일한 본래적 가치(the only intrinsic value)는 지고의 선(the Hightest Good)인데, 그것은 영원하고 명상적이며, 그것과 비교하여 이 세상의 모든 가치는 단지 도구적(instrumental)일 뿐이라는 생각에서 벗어나려 하고 있다. 우리는 그 오래된 영원한 세계를 이 세상 속으로 끌어 내려 오려 하며, 세계관에서 더욱 단기적이고자 시도하고 있다. 인생의 최대 목적을 죽음 너머의 세상에 두는 것 대신에, 지금 여기에서의 삶 속에 우리 자신을 던지는 방식 안에서 지고의 선(the highest good)을 발견하기를 원한다. 어떤 것이든 사랑하고 행동하며 가치 있는 것으로 여길 때, 그 모든 것은 그 자체를 위해서, 또한 지금 여기에서 그렇게 해야만 한다. 따라서 교회적 플라톤주의에서는 지상 생활의 모든 가치는 단지 도구적(instrumental) 가치에 불과한 경향이 있는 데 반하여, 우리에게 모든 가치는 본래적(intrinsic)이 되는 경향이 있다. 영원한 구원을 위해 이 세상과 삶을 부인하던 것은 이제 세상과 삶에 대한 순전한 긍정으로 대체되었다.

　이 전체적 과정을 하느님에 대한 세속적 인본주의의 반역과 기독교에 대한 거부로 간주하는 것이 통례였다. 그러나, 나는 반대로 그 과정 안에서 비교적 왜곡된 교회 단계로부터 최종적인 "하느님 나라" 단계로 나아가기 위한 기독교 자체의 투쟁을 볼 수 있다고 주장해왔다.

　보다 더 생명을 긍정하는 세계관을 위한 투쟁은 결코 하느님에 대한 반역만으로는 정확하게 그려질 수가 없다. 왜냐하면, 그 투쟁은 교회 내에서 일어나고 있으며, 계승되고 있기 때문이다. 이 사실은 20세기 후반 동안에 공식적으로 승인된 중요한 통과의례의 형식들 안에서 일어난 변화들을 분석함으로써 쉽게 입증될 수 있다. 앞에 10장에서 언급한 것처럼, 그 의식들은 상당히 변했다. 로마 카톨릭 사제들은 이제 더 이상 유아 세례 전에 악령추방 의식을 행하지 않는다. 성공회 신부는 더 이상 신랑 신부에게 혼인은 "절제의 은사를 갖지 못한 이들을 위한 하느님의 섭리"라고 설명하지 않으며, 또한 오늘날 장례식에서 "우리의 형제를 이 죄 많은 세상에서 건져낸 것이 당신을 기쁘시게 하는 것으로 인해" 하느님께 감사 기도 드리는 것을 듣기는 거의 힘들다. 인간의 육체는 더 이상 "비천한" 것으로 불려지지 않는다(라틴어 *vilis*는 바닥의, 낮은 혹은 싸구려라는 뜻이다).5)

이처럼 좀더 이 세상적이고, 인본주의적이며, 삶을 긍정하는 세계관을 향한 움직임이 분명하게 교회 자체 내에서까지도 일어나고 있다. 그것이 지속됨에 따라, 우리는 점점 '삶'에 외부가 없는 것(outsideless)으로, 그리고 이 세상을 우리에게 유일하고도 최종적인 것으로 보게 된다. 우리는 우리 주변에서 발전하는 세속 문화를 승인하지 않는 태도로 바라보며, 그것의 "물질주의" "피상성" "이기주의" 등을 한탄하는 오래된 나쁜 습관을 포기하려고 노력한다. 그 대신 우리는 우리의 삶과 세상에 대해 할 수 있는 만큼 일관되게 긍정적이 되는 새로운 습관을 배우려고 노력한다. 점차적으로, 우리는 죽음 이후의 영원한 삶과 영원한 구원을 기다리는 대신에, 그

---

5) 이 문단에서 인용된 구절들은 모 두 영어판 <공동기도서>(*Book of Common Prayer*, 1962)에서 인용했다. 이 책은 현재 사용이 공인되어 있지만, 실제로는 폐기되었다.

것들을 지금 당장 붙잡아야 한다는 것을 이해하기 시작하며, 태양처럼 살아가는 것이 그 방법임을 깨닫고 있다.

이 모든 것은 커다란 종교개혁이 이미 일어나고 있음을 의미한다. 16세기의 교회 개혁, 즉 처음에는 개신교에서 그리고 이후에는 가톨릭에서 일어났던 교회의 종교개혁 이후, 더 큰 종교개혁, 즉 기독교 자체의 개혁이 17세기 후반부터 진행되기 시작하여, 그 이후 서서히 그 추진력을 모아왔다. 그것은 주로 교회 밖에서 일어나지만, 그 영향은 불가피하게 교회 안에서도 느껴진다. 이처럼, 나는 장기간에 걸친 거대한 역사적 흐름은 하느님 나라 종교에로의 점진적 진화를 통해 기독교의 개혁에 호의적이라는 것을 주장하는 것이다. 우리는 초자연적 교리의 쇠퇴가 계속될 것을 예상한다. 그리고 결국에는 역사적 예수와 그의 메시지를 다시 회복하는 쪽으로 진행될 것이다.

여기서 가장 어려운 것은 어떻게 우리가 우리의 죽을 수밖에 없는 운명(mortality)을 다룰 것인가 하는 문제이다. 과거에는—존 돈(John Donne)의 시대와 극히 최근까지도—죽음이 생명의 끝에 기다리고 있는 것으로 생각했으며, 흔히 죽음에 대한 생각이 사람들을 교회의 품안으로 몰아넣는다. 하느님 나라 종교에서는, 우리가 죽음을 삶의 종말에 오는 두려운 것으로 보지 않는다. 그 반대이다.

> 죽음은 삶 속에 있는 사건이 아니다.
> 우리는 죽음을 경험하기 위해 살지 않는다.
> 만일 우리가 영원을 시간적으로 무한한 지속이 아니라,

무시간성(timelessness)을 뜻한다면,
영생은 현재에 살고 있는 사람들에게 속한 것이다.
우리의 삶은 끝이 없다.
마치 우리의 눈에 보이는 평원이 끝이 없듯이.6)

하느님 나라 종교에서, 삶은 끝이 없고, 그 너머가 없다. 오히려 우리는 삶의 우연성, 유한성, 잠정성에 대한 분명한 인식 속에서 우리 자신을 삶에 헌신한다. 우리는 어떤 형이상학적 영혼이나 핵심 자아를 믿지 않기 때문에, 항상 우리 자신을 완전히 그리고 지속적으로 삶 속에 헌신한다. 우리는 항상 죽음으로써 살기 때문에, 죽음을 두려워하지 않는다. 우리는 항상 사라져간다. 그리고 우리는 항상 사라져가고 있기 때문에, 우리는 영원하지도 않고, 또한 어떤 영원한 것을 우리 안에 가지고 있지도 않다는 우리의 의식은 예수의 도덕적 긴박성과 그의 종말론적 의식에 대한 우리의 이해방식(version)이다. 산상설교의 태양같은 귀절들 모두를 받아들이고 흡수하라. 먼저 밑줄을 치고, 다시 읽으라. 그러면 이 모든 것이 이해된다. 분명, 그는 다시 돌아올 수 있다.

---

6) Ludwig Wittgenstein, *Tractatus Logico-philosophicus* , 6.43 II. 나는 세 번째 문장에 콤마를 하나 첨가했다. 그리고 비트겐슈타인은 매우 '하느님 나라'적이었다는 것을 생각하게 되었다.

후기

내가 전에 개혁에 관한 책, <급진주의자들과 교회의 미래> (*Radicals and the Future of the Church,* 1989)를 썼을 때, 나는 미래의 교회에 관한 스케치로 그 책을 끝내야 할 것으로 생각했었다. 즉 미래의 교회는 어떻게 조직될 것인가, 그리고 그 교회는 실제로 무엇을 할 것인가에 대해 간단히 제안을 해야만 했다. 그러나 나의 제안들(원서 166-173쪽)은 많은 비난을 받았다. 그래서 이번에는 개혁의 실천가능성과 전망에 대해서는 최소한으로만 언급했다. 좀더 묻고 싶은 분들에게는, 나는 아직 <급진주의자들과 교회의 미래>에서 서술했던 시나리오를 여전히 나의 제안으로 내놓겠다고 말하고 싶다.

부록 1.

민주적인 삶의 철학

이 아주 간단한 철학 요약은 1998년 초, 뉴캐슬(Newcastle)에서 열린 "신앙의 바다"(Sea of Faith) 모임을 위해 쓴 것으로서, 그 후 "신앙의 바다 잡지"에 실렸다.

1. 약 2세기 전까지만 해도 인간의 삶은 고정된 무대에서 살아가는 것으로, 그리고 진리와 가치의 영원한 규범에 의해 지배되는 것으로 생각되었다. (이 낡은 우주상은 오늘날 '실재론' '플라톤주의' 혹은 '형이상학'이라 불릴 수 있을 것이다.
2. 그러나 이제 모든 것이 우연적이다. 즉, 언어에 의해 인간적으로 가정되고 중재되며, 역사적으로 진화하는 것이다. 이 흐름(flux) 이외에는 아무것도 없다.
3. 모든 의미와 진리와 가치를 결정하는 우리 너머의 어떤 영원한 이성의 질서라는 것은 없다. 언어는 언제나 새롭게 변하는 것이다.

4. 근대 사회는 더 이상 어떤 전체를 포괄하는 권위 있는 신화를 가지고 있지 않다. 현대인은 "고향이 없다." 그리고 허무주의에 의해 위협받고 있다고 느낀다.
5. 우리는 더 이상 어떤 기성의 혹은 "교조적인" 진리를 가지고 있지 않으며, 우리와는 별도로 존재하는 어떤 "확실한 것"이나 "절대적인 것"에 대해 접근할 수 있는 통로를 갖고 있지 않다.
6. 우리는 오늘날 합의된 세계관을 따라야만 하는 민주적인 실용주의자들이며, 또 그래야만 한다.
7. 우리의 가장 확고한 근거와 출발점은 예를 들어, 소설이나 신문같은 전형적인 현대 매체에 표현되는 일상 언어와 일상생활의 어휘들과 세계관이다.
8. 과학과 종교의 특별한 어휘들과 세계관들은 삶의 세계로부터 나온 것들에 의해 세워진 것들의 연장 혹은 보충으로 보아야 하며, 그것들에 의해 다시 검토되어야만 한다.
9. 과학은 삶의 세계를 분화시키고, 인과관계 이론을 발전시키고, 수학적 관계를 확립하고, 기술문명을 발전시킴으로써 삶의 목적을 더욱 진전시킨다.
10. 종교는 허무주의를 극복하는 것을 추구하며, 삶에 가치를 부여한다. 종교 안에서, 우리는 공유된 의미들과 목적, 이야기들을 발전시키기를 추구한다. 종교의 마지막 관심은 죽음에 직면하여 영원한 행복에 있다.

부록 2.

교회 안의 하느님 나라 종교

이 글은 나의 이 책의 초고를 읽었던 친구로부터 온 편지의 일부분을 기초로 다시 쓴 것이다. 이 친구는 교회 안에서 매우 행복하게 또한 실제로 아주 성공적으로 활동하는 친구로서, 하느님 나라 종교와 교회 종교의 상호공존 가능성에 대해 나보다 훨씬 더 낙관적이다.

***

"내가 전화에서 말한 바와 같이, 나는 하느님 나라 종교의 현대적 연관성에 대해 전적으로 당신에게 동의합니다. 나에게 예수의 하느님 나라 가르침은 비실재론적이며 이 세계적인 덧없음의 종교(this-worldly religion of transience)에 대한 기독교적 근거를 제공해줍니다. 그러나, 나는 교회와 하느님 나라 사이의 관계에 대해서는 당신과 의견을 달리 합니다. 이론상 그 둘은 서로 반대됩니다. 즉 하나는 제도적 권위에 관심을 기울이고, 다른 하나는 창조적 자발성에 관심을 기울입니다. 그러나 실천적 차원에서는 교회제도가 하느님 나라 신학에 공간을 허락해왔으며, 하느님 나라 신학은 항상 사회적 구조를 필요로 해왔습니다('Sea of Faith'를 보십시요).

나는 예수 자신의 가르침에서 하느님 나라 종교가 당신보다 더 유력한 것임을 발견합니다. 복음서 안에 "하느님 나라"와 관련된 구절이 400개 이상인 반면, "교회"와 관련된 것은 단지 두 군데뿐입니다. 예수의 가르침에는 어떠한 교리나, 제도나, 규칙도 없습니다. 나는 당신이 예로 든 산상설교를 하느님 나라 선언(a kingdom manifesto)으로 읽습니다. 한편으로 예수는 우리로 하여금 백합화처럼 살기를, 등불처럼 비추기를 요구하십니다. 그러나 다른 한편으로는, 열렬한 자기비판 정신을 요구합니다. 예수는 태양같은 삶(solar living)은 또한 책임적이어야만 한다는 것을 인정합니다. 그러나 태양성을 규제하기 위하여 낡은 형태의 도덕을 제시하기보다, 예수는 개인적 자기비판에 근거하여 그리고 다른 사람을 판단하기를 거부하면서 일종의 "부정의 변증법"(a negative dialect)(혹은 심지어 해제주의?)을 제시합니다. 그가 제시한 종교는 과격하리만치 드문 것입니다. 곧 개인적인 종교적 자선과 기도의 삶이 결코 자랑의 이유가 될 수 없습니다. 다른 곳에서처럼, 종교에 관한 예수의 가르침의 정신은 그 위험성을 강조하는 것입니다.

교회의 첫 딜레마는 어떻게 하느님 나라 종교를 지속할 것인가 하는 것이었나요? 교회가 굴복했던 유혹은 관리자(성직자들, 위계질서)들을 지명함에 의해, 교리와 교조를 작성함에 의해, 그리고 도덕 규칙을 구성함에 의해 하느님 나라를 제도화하는 것이었습니다. 그 이후 교회 제도는 그 제도를 안내하는 하느님 나라의 비전과 충돌하게 되었습니다. 하느님 나라는 교회가 주기도문에서 그 나라의 도래를 위해 기도하는 바이지만, 그것은 또한 교회의 종말을 의미합니다. 그러나 그럼에도 불구하고, 교회는 도처에서 하느님 나라 종교를 전파하고 증진시키기 위해 애쓰고 있습니다. 이것이 내가 교회를 고수하는 이유라고 생각합니다. 복음서들이 하느님 나라 신학으로 가득차 있기 때문에, 교회는 그 자신 하느님 나라 신학에 반대하기가 거의 어렵습니다. 나는 나의 '교회적인' 동료들을 향한 완전한 답변을 가지고 있습니다. 즉 그들에게 성서가 다시 싹트도록 만들기 위한 것입니다!

***

  이 친구에 대한 나의 최선의 답변은 교회의 신학과 하느님 나라 신학 사이의 관계는 여행과 목적지와의 관계, 즉 수단과 목표의 관계라는 사실을 지적하는 것이다. 그러나 실제로는 교회의 신학은 항상 그 자체를 목표로 삼는다. 교회의 신학은 그 모든 권력을 갖고 있다. 즉 정통을 정의하고 진리를 통제한다. 교회의 신학은 누가 안에 있으며, 누가 밖에 있는지를 결정하며, 그 권력 구조가 극복될 때까지는, 하느님 나라 종교가 언제나 방어적이며, 스스로를 변증하고 관용을 구걸하게 된다.

  이 모든 것은 나의 현실 이해가 아직 이원론적으로서, 사물을 흑과 백으로 보며, 내 자신이 야기시키는 갈등에 대해 불평하고 있음을 보여준다. 위의 편지를 쓴 친구는 나보다 "쉽게 쉽게" 살며 어려움 없이 사는 생활방식을 찾을 수 있는 사람으로서, 어쩌면 나보다 더 나의 사상을 예시하는 인물일 것이다.

참고문헌

Bannett, Eve Tavor. *Structuralism and the Logic of Dissent: Barthes, Derrida, Foucault, Lacan.* London and New York: Macmillan. 1989.
Cupitt, Don. *After All: Religion without Alienation.* London: SCM Press, 1994.
Cupitt, Don. *Kingdom Come in Everyday Speech.* London: SCM Press, 1999.
Cupitt, Don. *The Meaning of It All in Everyday Speech.* London: SCM Press, 1999.
Cupitt, Don. *Mysticism After Modernity*, Oxford: Blackwell, 1988.
Cupitt, Don. *The New Christian Ethics.* London: SCM Press, 1988.
Cupitt, Don. *The New Religion of Life in Everyday Speech*, London: SCM Press, 1999.
Cupitt, Don. *Philosophy's Own Religion.* London: SCM Press, 2000.
Cupitt, Don. *Radicals and the Future of the Church.* London: SCM Press, 1989.
Cupitt, Don. *The Religion of Being.* London: SCM Press, 1998.
Cupitt, Don. *The Revelation of Being.* London: SCM Press, 1998.
Cupitt, Don. *Solar Ethics.* London: SCM Press, 1995.
Danto, Arthur C. 'The Artworld,' *Journal of Philosophy* 61(1964), pp.571-84.
Douglas, Mary. *Natural Symbols: Explorations in Cosmology.* London: Barrie and Rockliff, 1970; Pelican Books 1973.
Douglas, Mary. *Purity and Danger: An Analysis of the Concepts of Pollution and Taboo* 1966, London: Routledge and Kegan Paul, 1984.
Ehrman, Bart D. *The Orthodox Corruption of Scripture: The Effect of Eartly Christological Controversies on the Text of the New Testament.* New York: Oxford University Press, 1993.

Funk, Robert W. *Honest to Jesus: Jesus for a New Millennium.* HarperSan-Francisco, 1996.

Funk, Robert W. *The Poetics of Biblical Narrative.* Sonoma, CA: Polebridge Press, 1988.

Funk, Robert W. 'Twenty-One Theses and Notes'. *The Fourth R* II, 4 (July-August 1998), pp. 8-10.

Geering, Lloyd. *Tomorrow's God: How we Create our Worlds.* Wellington, NZ: Bridget Williams, 1994; reprint Santa Rosa, CA: Polebridge Press, 2000.

Hick, John(ed.). *The Myth of God Incarnate.* London: SCM Press, 1977.

Hinnels, John R.(ed.). *A Handbook of Living Religions.* Pelican Books, 1985.

The Image of Christ: The catalogue of the exhibition Seeing Salvation (National Gallery, London). Yale University Press, 2000.

Lüdemann, Gerd. *Jesus after Two Thousand Years.* London: SCM Press, 2000.

Kierkegarrd, *Concluding Unscientific Postscript.* Swenson-Lowrie translation. Princeton University Press, 1941.

MacGregor, Niel, with Erika Langmuir. *Seeing Salvation: Images of Christ in Art,* London: BBC, 2000.

Milbank, John. *Theology and Social Theory: Beyond Secular Reason.* Oxford: Blackwell, 1990.

Moore, Brian. *No Other Left.* London: Bloomsbury Publishing, 1993.

Nietzsche, Friedrich. *Twilight of the Idols*(=*Götzen-Dämmerung,* 1889). Trans. R. J. Hollingdale. Penguin Classics, 1968.

Origen, *Contra Celsum.* Trans. and with an Intro. by H. Chadwick. Cambrideg University Press, 1953.

Parrinder, Geroffrey. *Jesus in the Qur'an.* Oxford: Oneworld, 1995.

Roberts, Julian. *German Philosophy.* Cambridge: Polity Press, 1988.

Schweitzer, Albert. 'The Conception of the Kingdom of God in the Transformation of Eschatology...' Reprinted in E. N. Mozley's *The Theology of Albert Schweitzer*(1950), and Walter Kaufmann (ed.) *Religion from Tolstoy to Camus.* New York: Harper Torchbooks,

1964.

Schweitzer, Albert. *My Life and Thought*. Eng. trans. 1933. London: A. and C. Black, 1933.

Schweitzer, Albert. *The Quest of the Historical Jesus*. First complete edition. Ed. John Bowden. SCM Press, 2000.

Spong, John Shelby. *Why Christianity Must Change or Die*. HarperSan Francisco. 1998.

Strauss, D. F. *The Christ of Faith and the Jesus of History: A Critique of Schleiermacher's Life of Jesus*. 1865.

Sutherland, Stewart, and others. *The World's Religions*. London: Routledge, 1988.

Taylor, Mark C. *About Religion: Economies of Faith in Virtual Culture*, Chicago: Chicago University Press, 1999.

Theissen, Gerd, and Annette Merz. *The Historical Jesus*, London: SCM Press, 1998.

Tilghman, B. R. *But is it Art? The Value of Art and the Temptation of Theory*. Oxford: Basil Blackwell, 1984.

Wittgenstein, Ludwig. *Tractatus Logico-Philosophicus*. Trans. by D. F. Pears and B. F. McGuinness. London: Routledge, 1961.

Vermes, Geza. *The Religion of Jesus the Jew*. London: SCM Press, 1993.